COLEÇÃO DAS OBRAS DE NIETZSCHE
Coordenação de Paulo César de Souza

Além do bem e do mal — Prelúdio a uma filosofia do futuro
O Anticristo — Maldição ao cristianismo e
Ditirambos de Dionísio
Assim falou Zaratustra — Um livro para todos e para ninguém
Aurora — Reflexões sobre os preconceitos morais
O caso Wagner — Um problema para músicos
e Nietzsche contra Wagner — Dossiê de um psicólogo
Crepúsculo dos ídolos — ou Como se filosofa com o martelo
Ecce homo — Como alguém se torna o que é
A gaia ciência
Genealogia da moral — Uma polêmica
Humano, demasiado humano — Um livro para espíritos livres
Humano, demasiado humano — Um livro para espíritos livres — volume II
O nascimento da tragédia — ou Os gregos e o pessimismo

FRIEDRICH NIETZSCHE

ALÉM DO BEM E DO MAL

Prelúdio a uma filosofia do futuro

Tradução, notas e posfácio
Paulo César de Souza

25ª reimpressão

COMPANHIA DE BOLSO

Grafia atualizada segundo o Acordo Ortográfico da Língua Portuguesa de 1990, que entrou em vigor no Brasil em 2009.

Título original
Jenseits von Gut und Böse. Vorspiel einer Philosophie der Zukunft (1886)

Capa
Jeff Fisher

Preparação
José Waldir dos Santos Moraes

Revisão
Thaís Totino Richter
Olga Cafalcchio

Atualização ortográfica
Verba Editorial

Dados Internacionais de Catalogação na Publicação (CIP)
(Câmara Brasileira do Livro, SP, Brasil)

Nietzsche, Friedrich Wilhelm, 1844-1900.
Além do bem e do mal : prelúdio a uma filosofia do futuro / Friedrich Nietzsche ; tradução, notas e posfácio Paulo César de Souza. — 1ª ed. — São Paulo: Companhia das Letras, 2005.

Título original: Jenseits von Gut und Böse: Vorspiel einer Philosophie der Zukunft
ISBN 978-85-359-0641-7

1. Filosofia alemã. I. Souza, Paulo César de. II. Título.

05-2181 CDD-193

Índices para catálogo sistemático:
1. Alemanha : Filosofia 193
2. Filosofia alemã 193
3. Filósofos alemães 193

EDITORA SCHWARCZ S.A.
Rua Bandeira Paulista, 702, cj. 32
04532-002 — São Paulo — SP
Telefone: (11) 3707-3500
www.companhiadasletras.com.br
www.blogdacompanhia.com.br

SUMÁRIO

PRÓLOGO

Supondo que a verdade seja uma mulher — não seria bem fundada a suspeita de que todos os filósofos, na medida em que foram dogmáticos, entenderam pouco de mulheres? De que a terrível seriedade, a desajeitada insistência com que até agora se aproximaram da verdade, foram meios inábeis e impróprios para conquistar uma dama? É certo que ela não se deixou conquistar — e hoje toda espécie de dogmatismo está de braços cruzados, triste e sem ânimo. Se é que ainda está em pé! Pois há os zombadores que afirmam que caiu, que todo dogmatismo está no chão, ou mesmo que está nas últimas. Falando seriamente, há boas razões para esperar que toda dogmatização em filosofia, não importando o ar solene e definitivo que tenha apresentado, não tenha sido mais que uma nobre infantilidade e coisa de iniciantes; e talvez esteja próximo o tempo em que se perceberá quão pouco bastava para constituir o alicerce das sublimes e absolutas construções filosofais que os dogmáticos ergueram — alguma superstição popular de um tempo imemorial (como a superstição da alma, que, como superstição do sujeito e do Eu, ainda hoje causa danos), talvez algum jogo de palavras, alguma sedução por parte da gramática,[1] ou temerária generalização de fatos muito estreitos, muito pessoais, demasiado humanos. A filosofia dos dogmáticos foi, temos esperança, apenas uma promessa através dos milênios: assim como em época anterior a astrologia, a cujo serviço talvez se tenha aplicado mais dinheiro, trabalho, paciência, perspicácia do que para qualquer ciência verdadeira até agora: a ela e suas pretensões "supraterrenas" deve-se o grande estilo da arquitetura na Ásia e no Egito. Parece que todas as coisas grandes, para se inscrever no coração da humanidade com suas eternas exigências, tiveram primeiro que vagar pela Terra como figuras monstruosas e apavorantes: uma tal caricatura foi a filosofia dogmática, a doutrina vedanta na Ásia e o platonismo na Europa, por exemplo. Não sejamos ingratos para com eles, embora se deva admitir que o pior, mais persistente e perigoso dos erros até hoje foi um erro de dogmático: a invenção platônica do puro espírito e do bem em si. Mas agora que está superado, agora que a Europa respira novamente após o pesadelo, e pode ao menos gozar um sono mais sadio, somos nós, *cuja tarefa é precisamente a vigília*,[2] os herdeiros de toda a força engendrada no combate a esse erro. Certamente significou pôr a verdade de ponta-cabeça e negar a *perspectiva*,[3] a condição básica de toda vida, falar do espírito e do bem tal como fez Platão; sim, pode-se mesmo perguntar, como médico: "De onde vem essa enfermidade no mais belo rebento da Antiguidade, em Platão? O malvado Sócrates o teria mesmo corrompido? Teria sido realmente Sócrates o corruptor da juventude? E teria então merecido a cicuta?". — Mas a luta contra Platão, ou, para dizê-lo de modo mais simples e para o "povo", a luta contra a pressão cristã-eclesiástica de milênios — pois cristianismo é platonismo para o "povo" — produziu na Europa uma magnífica tensão do espírito, como até então não havia na Terra: com um arco assim teso pode-se agora mirar nos alvos mais distantes. Sem dúvida o homem europeu sente essa tensão como uma miséria;[4] e por duas vezes já se tentou em grande estilo distender o arco, a primeira com o jesuitismo, a segunda com a Ilustração democrática — a qual pôde realmente conseguir, com ajuda da liberdade de imprensa e da leitura de jornais, que o espírito não mais sentisse facilmente a si mesmo como "necessidade"! (Os alemães inventaram a pólvora — todo o respeito! —, mas ficaram novamente quites: inventaram a imprensa.)[5] Mas nós, que não somos jesuítas, nem democratas, nem mesmo alemães o bastante, nós, *bons europeus* e espíritos livres, *muito* livres, nós ainda as temos, toda a necessidade do espírito e toda a tensão do seu arco! E talvez também a seta, a tarefa e, quem sabe? a *meta*...

Sils-Maria, Alta Engadina
Junho de 1885

Capítulo primeiro

DOS PRECONCEITOS DOS FILÓSOFOS

1. A vontade de verdade, que ainda nos fará correr não poucos riscos, a célebre veracidade que até agora todos os filósofos reverenciaram: que questões essa vontade de verdade já não nos colocou![6] Estranhas, graves, discutíveis questões! Trata-se de uma longa história — mas não é como se apenas começasse? Que surpresa, se por fim nos tornamos desconfiados, perdemos a paciência, e impacientes nos afastamos? Se, com essa esfinge, também nós aprendemos a questionar? *Quem*, realmente, nos coloca questões? O *que*, em nós, aspira realmente "à verdade"? — De fato, por longo tempo nos detivemos ante a questão da origem dessa vontade — até afinal parar completamente ante uma questão ainda mais fundamental. Nós questionamos o *valor* dessa vontade. Certo, queremos a verdade: mas por que não, de preferência, a inverdade? Ou a incerteza? Ou mesmo a insciência? — O problema do valor da verdade apresentou-se à nossa frente — ou fomos nós a nos apresentar diante dele? Quem é Édipo, no caso? Quem é a Esfinge? Ao que parece, perguntas e dúvidas marcaram aqui um encontro. — E seria de acreditar que, como afinal nos quer parecer, o problema não tenha sido jamais colocado — que tenha sido por nós pela primeira vez vislumbrado, percebido, *arriscado*? Pois nisso há um risco, como talvez não exista maior.

2. "Como poderia algo nascer do seu oposto? Por exemplo, a verdade do erro? Ou a vontade de verdade da vontade de engano?[7] Ou a ação desinteressada do egoísmo? Ou a pura e radiante contemplação do sábio da concupiscência? Semelhante gênese é impossível; quem com ela sonha é um tolo, ou algo pior; as coisas de valor mais elevado devem ter uma origem que seja outra, *própria* — não podem derivar desse fugaz, enganador, sedutor, mesquinho mundo, desse turbilhão de insânia e cobiça! Devem vir do seio do ser, do intransitório, do deus oculto, da 'coisa em si'[8] — nisso, e em nada mais, deve estar sua causa!" — Este modo de julgar constitui o típico preconceito[9] pelo qual podem ser reconhecidos os metafísicos de todos os tempos; tal espécie de valoração está por trás de todos os seus procedimentos lógicos; é a partir desta sua "crença" que eles procuram alcançar seu "saber", alcançar algo que no fim é batizado solenemente de "verdade". A crença fundamental dos metafísicos é *a crença nas oposições de valores.*[10] Nem aos mais cuidadosos entre eles ocorreu duvidar aqui, no limiar, onde mais era necessário: mesmo quando haviam jurado para si próprios *de omnibus dubitandum* [de tudo duvidar]. Pois pode-se duvidar, primeiro, que existam absolutamente opostos; segundo, que as valorações[11] e oposições de valor populares, nas quais os metafísicos imprimiram seu selo, sejam mais que avaliações de fachada, perspectivas provisórias, talvez inclusive vistas de um ângulo, de baixo para cima talvez, "perspectivas de rã", para usar uma expressão familiar aos pintores. Com todo o valor que possa merecer o que é verdadeiro, veraz, desinteressado: é possível que se deva atribuir à aparência, à vontade de engano, ao egoísmo e à cobiça um valor mais alto e mais fundamental para a vida. É até mesmo possível que aquilo que constitui o valor dessas coisas boas e honradas consista exatamente no fato de serem insidiosamente aparentadas, atadas, unidas, e talvez até essencialmente iguais, a essas coisas ruins e aparentemente opostas. Talvez! — Mas quem se mostra disposto a ocupar-se de tais perigosos "talvezes"? Para isto será preciso esperar o advento de uma nova espécie de filósofos, que tenham gosto e pendor diversos, contrários aos daqueles que até agora existiram — filósofos do perigoso "talvez" a todo custo. — E, falando com toda a seriedade: eu vejo esses filósofos surgirem.

3. Depois de por muito tempo ler nos gestos e nas entrelinhas dos filósofos,[12] disse a mim mesmo: a maior parte do pensamento consciente deve ser incluída entre as atividades instintivas,[13] até mesmo o pensamento filosófico; aqui se deve mudar o modo de ver, como já se fez em relação à hereditariedade e às "características inatas". Assim como o ato de nascer não conta no processo e progresso geral da hereditariedade,[14] também "estar consciente" não se opõe de algum modo decisivo ao que é instintivo — em sua maior parte, o pensamento consciente de um filósofo é secretamente guiado e colocado em certas trilhas pelos seus instintos. Por trás de toda lógica e de sua aparente soberania de movimentos existem valorações, ou, falando mais claramente, exigências fisiológicas para a preservação de uma determinada espécie de vida. Por exemplo, que o determinado tenha mais valor que o indeterminado, a aparência menos valor que a "verdade": tais avaliações poderiam, não obstante a sua importância reguladora *para nós*, ser apenas avaliações de fachada, um determinado tipo de *niaiserie* [tolice], tal como pode ser necessário justamente para a preservação de seres como nós. Supondo, claro, que não seja precisamente o homem a "medida de todas as coisas"...

4. A falsidade de um juízo não chega a constituir, para nós, uma objeção contra ele; é talvez nesse ponto que a nossa nova linguagem soa mais estranha. A questão é em que medida ele promove ou conserva a vida, conserva ou até mesmo cultiva a espécie; e a nossa inclinação básica é afirmar que os juízos mais falsos (entre os quais os juízos sintéticos *a priori*) nos são os mais indispensáveis, que, sem permitir a vigência das ficções lógicas, sem medir a realidade com o mundo puramente inventado do absoluto, do igual a si mesmo, o homem não poderia viver — que renunciar aos juízos falsos equivale a renunciar à vida, negar a vida. Reconhecer a inverdade como condição de vida: isto significa, sem dúvida, enfrentar de maneira perigosa os habituais sentimentos de valor; e uma filosofia que se atreve a fazê-lo se coloca, apenas por isso, além do bem e do mal.[15]

5. O que leva a considerar os filósofos com olhar meio desconfiado, meio irônico não é o fato de continuamente percebermos como eles são inocentes — a frequência e a facilidade com que se enganam e se perdem, sua puerilidade e seus infantilismos, em suma —, mas sim que não se mostrem suficientemente íntegros, enquanto fazem um grande e virtuoso barulho tão logo é abordado, mesmo que de leve, o problema da veracidade. Todos eles agem como se tivessem descoberto ou alcançado suas opiniões próprias pelo desenvolvimento autônomo de uma dialética fria, pura, divinamente imperturbável (à diferença dos místicos de toda espécie, que são mais honestos e toscos — falam de "inspiração"): quando no fundo é uma tese adotada de antemão, uma ideia inesperada, uma "intuição",[16] em geral um desejo íntimo tornado abstrato e submetido a um crivo, que eles defendem com razões que buscam posteriormente — eles são todos advogados que não querem ser chamados assim, e na maioria defensores manhosos de seus preconceitos, que batizam de "verdades" — estando muito longe de possuir a coragem da consciência que admite isso, justamente isso para si mesma, muito longe do bom gosto da coragem que dá a entender também isso, seja para avisar um amigo ou inimigo, seja por exuberância e para zombar de si mesma. A rígida e virtuosa tartufice[17] do velho Kant, com a qual ele nos atrai às trilhas ocultas da dialética, que encaminham, ou melhor, desencaminham,[18] a seu "imperativo categórico" — esse espetáculo nos faz sorrir, a nós, de gosto exigente, que achamos não pouca graça em observar os truques sutis dos moralistas e pregadores da moral. Sem falar no *hocus pocus*[19] de forma matemática com que Spinoza encouraçou e mascarou sua filosofia — "o amor à *sua* sabedoria", tomando a palavra no sentido correto e justo —, a fim de intimidar antecipadamente o atacante que ousasse lançar os olhos à invencível donzela e Palas Atena —[20] quanta timidez e vulnerabilidade não revela essa mascarada de um doente recluso!

6. Gradualmente foi se revelando para mim o que toda grande filosofia foi até o momento: a confissão pessoal de seu autor, uma espécie de memórias involuntárias e inadvertidas; e também se tornou claro que as intenções morais (ou imorais) de toda filosofia constituíram sempre o germe a partir do qual cresceu a planta inteira. De fato, para explicar como surgiram as mais remotas afirmações metafísicas de um filósofo é bom (e sábio) se perguntar antes de tudo: a que moral isto (ele) quer chegar? Portanto não creio que um "impulso ao conhecimento" seja o pai da filosofia, mas sim que um outro impulso,[21] nesse ponto e em outros, tenha se utilizado do conhecimento (e do desconhecimento!)[22] como um simples instrumento. Mas quem examinar os impulsos básicos do homem, para ver até que ponto eles aqui teriam atuado como gênios (ou demônios, ou duendes) *inspiradores*, descobrirá que todos eles já fizeram filosofia alguma vez — e que cada um deles bem gostaria de se apresentar como finalidade última da existência e legítimo *senhor* dos outros impulsos. Pois todo impulso ambiciona dominar: e *portanto* procura filosofar. — Entre os doutores, é certo, entre os homens verdadeiramente científicos, pode ser diferente — "melhor", se quiserem —, nesse caso pode haver realmente algo como um impulso a conhecer, algum pequeno mecanismo autônomo que, uma vez acionado, põe-se a trabalhar animadamente, sem que qualquer outro impulso tenha participação essencial. Por isso os verdadeiros "interesses" do homem douto se acham normalmente em outra parte, talvez na família, na obtenção de dinheiro ou na política; quase não faz diferença se a sua pequenina máquina é empregada nesta ou naquela área da ciência, ou que o jovem e "esperançoso" trabalhador se transforme num bom filólogo, químico ou especialista em cogumelos: — ele não é *caracterizado* pelo fato de se tornar isso ou aquilo. No filósofo, pelo contrário, absolutamente nada é impessoal; e particularmente a sua moral dá um decidido e decisivo testemunho *de quem ele é* — isto é, da hierarquia[23] em que se dispõem os impulsos mais íntimos da sua natureza.

7. Como podem ser maldosos os filósofos! Não conheço nada mais venenoso do que a piada que Epicuro fez às custas de Platão e os platônicos: chamou-os de *dionysiokolakes*. Isto significa, literalmente e em primeiro lugar, "aduladores de Dionísio", ou seja, clientes de tiranos e puxa-sacos servis; além de tudo quer dizer, porém, que "são todos atores, nada neles é autêntico" (pois *dionysokolax* era uma denominação popular para ator).[24] E neste outro sentido está realmente a malícia que Epicuro lançou contra Platão: aborrecia-lhe o modo grandioso, a *mise-en-scène* em que Platão e seus discípulos eram entendidos — e de que Epicuro nada entendia! Ele, o velho mestre-escola de Samos, que se escondeu no seu jardinzinho de Atenas e escreveu trezentos livros, talvez — quem sabe? — por ambição e raiva de Platão? — Foram precisos cem anos para a Grécia descobrir quem fora Epicuro, esse deus do jardim. — Mas descobriu?

8. Em toda filosofia há um ponto no qual a "convicção" do filósofo entra em cena: ou, para falar na linguagem de um antigo mistério:

> *adventavit asinus*
> *pulcher et fortissimus*
> [chegou o asno
> belo e muito forte]

9. Vocês querem viver "conforme a natureza"? Ó nobres estoicos, que palavras enganadoras! Imaginem um ser tal como a natureza, desmedidamente pródigo, indiferente além dos limites, sem intenção ou consideração, sem misericórdia ou justiça, fecundo, estéril e incerto ao mesmo tempo, imaginem a própria indiferença como poder — como *poderiam* viver conforme essa indiferença? Viver — isto não é precisamente querer ser diverso dessa natureza? Viver não é avaliar, preferir, ser injusto, ser limitado, querer ser diferente? E supondo que o seu imperativo "viver conforme a natureza" signifique no fundo "viver conforme a vida" — como poderiam não fazê-lo? Para que fazer um princípio do que vocês próprios são e têm de ser? — Na verdade, a questão é bem outra: enquanto pretendem ler embevecidos o cânon de sua lei na natureza, vocês querem o oposto, estranhos comediantes e enganadores de si mesmos! Seu orgulho quer prescrever e incorporar à natureza, até à natureza, a sua moral, o seu ideal, vocês exigem que ela seja natureza "conforme a Stoa",[25] e gostariam que toda existência existisse apenas segundo sua própria imagem — como uma imensa, eterna glorificação e generalização do estoicismo! Com todo o seu amor à verdade, vocês se obrigaram por tanto tempo, tão obstinadamente, tão rigidamente, a ver a natureza de modo *falso*, ou seja, estoico, que afinal não a conseguem ver de maneira diversa — e alguma profunda arrogância ainda lhes dá a esperança tola de que, pelo fato de saberem tiranizar a si mesmos — estoicismo é tirania consigo —, também a natureza se deixe tiranizar: pois o estoico não é *parte* da natureza?... Mas esta é uma antiga, eterna história: o que ocorreu então aos estoicos sucede ainda hoje, tão logo uma filosofia começa a acreditar em si mesma. Ela sempre cria o mundo à sua imagem, não consegue evitá-lo; filosofia é esse impulso tirânico mesmo, a mais espiritual vontade de poder,[26] de "criação do mundo", de *causa prima* [causa primeira].

10. O afã e a sutileza, quase diria: a astúcia, com que em toda parte da Europa é hoje abordado o problema "do mundo real e do mundo aparente", leva a pensar e a espreitar; e quem aqui nada ouve no fundo, a não ser uma "vontade de verdade", certamente não goza da melhor audição. Em certos casos, raros e isolados, pode ser que intervenha uma tal vontade de verdade, algum ânimo excessivo e aventureiro, uma ambição metafísica de manter um posto perdido, que afinal preferirá sempre um punhado de "certeza" a toda uma carroça de belas possibilidades; talvez haja inclusive fanáticos puritanos da consciência, que prefiram um nada seguro a um algo incerto para deitar e morrer. Mas isto é niilismo e sinal de uma alma em desespero, mortalmente cansada, por mais que pareçam valentes os gestos de tal virtude. Entre os pensadores mais fortes, mais vitais, ainda sedentos de vida, as coisas parecem ser diferentes: ao tomar partido *contra* a aparência e pronunciar já com altivez a palavra "perspectiva", ao conceder ao próprio corpo tão pouco crédito quanto à evidência visual[27] que diz "a Terra está parada", deixando assim escapar entre as mãos, com aparente bom humor, a sua posse mais segura (pois em que se acredita mais firmemente agora do que no corpo?), quem sabe se no fundo não querem reconquistar algo que outrora se possuía *mais firmemente*, algo do velho patrimônio da fé de antigamente, talvez "a alma imortal", talvez "o velho Deus", em suma, ideias com as quais se podia viver melhor, de maneira mais vigorosa e serena, do que com as "ideias modernas"? Nisso há *desconfiança* frente às ideias modernas, há descrença de tudo o que foi construído ontem e hoje; há talvez, mesclado com isso, um leve desgosto e desdém que não mais suporta o *bric-à-brac* de conceitos da mais diversa procedência, com que hoje o chamado positivismo se apresenta no mercado, uma náusea do gosto mais exigente face ao colorido de feira e aspecto andrajoso desses filosofastros da realidade,[28] nos quais nada há de novo e autêntico exceto o colorido. Nisso me parece que devemos dar razão aos atuais céticos antirrealistas e microscopistas do conhecimento: o instinto que os leva a se afastar da realidade *moderna* não está refutado — que nos interessam suas vias retrógradas e tortuosas! O essencial neles não é que desejem ir *para trás*, mas que desejem ir *embora*. Um pouco mais de força, impulso, ânimo, senso artístico: e desejariam ir para *além* — não para trás! —

11. Parece-me que em toda parte, nos dias de hoje, há um esforço para afastar os olhos da exata influência exercida por Kant na filosofia alemã e, em especial, ignorar prudentemente o valor que ele mesmo se atribuiu. Antes e acima de tudo, Kant se orgulhava da sua tábua de categorias, ele dizia com essa tábua nas mãos: "Isto é a coisa mais difícil que já pôde ser realizada em prol da metafísica". — Compreenda-se bem esse "pôde ser"! Ele estava orgulhoso de haver *descoberto* no homem uma nova faculdade, a faculdade dos juízos sintéticos *a priori*. Mesmo supondo que nisso ele tenha se enganado: a formação e o rápido florescimento da filosofia alemã dependeram desse orgulho e da ardorosa disputa dos mais jovens para descobrir, se possível, algo de que se orgulhar mais ainda — e, em todo caso, "novas faculdades"! — Mas reflitamos; já é tempo. Como são *possíveis* juízos sintéticos *a priori*?, perguntou Kant a si mesmo — e o que respondeu realmente? *Em virtude de uma faculdade*:[29] mas infelizmente não com essas poucas palavras, e sim de modo tão cerimonioso, tão venerável, com tal esbanjamento de profundidade e filigranas alemãs, que não se atentou para a hilariante *niaiserie allemande* [tolice alemã][30] que se escondia na resposta. Ficaram até mesmo fora de si com essa nova faculdade, e o júbilo chegou ao máximo quando Kant descobriu, além de tudo, uma faculdade moral no homem — pois naquele tempo os alemães ainda eram morais, não eram em absoluto "*real-politisch*".[31] — Aconteceu a lua de mel da filosofia alemã; todos os jovens teólogos dos Seminários de Tübingen se embrenharam no mato — todos buscavam "faculdades". E o que não encontraram — naquela época inocente, rica e ainda juvenil do espírito alemão, em que o romantismo, gênio maldoso, tocava e entoava sortilégios, época em que não se costumava distinguir entre "achar" e "inventar"![32] Acharam sobretudo uma faculdade para o "suprassensível": Schelling a batizou de intuição intelectual, e assim foi ao encontro dos mais sentidos anseios dos alemães, anseios que eram no fundo bem devotos. Não se pode fazer maior injustiça a todo esse movimento exuberante e entusiasta, que era juventude, por mais que se disfarçasse ousadamente com ideias cinzentas e senis, do que levá-lo a sério ou, pior ainda, tratá-lo com indignação moral; em suma, envelheceram — o sonho bateu asas. Veio um tempo em que esfregaram os olhos: ainda o fazem. Haviam sonhado: primeiro e mais que todos — o velho Kant. "Em virtude de uma faculdade", havia ele dito, ou ao menos dado a entender. Mas então isto é — uma resposta? Uma explicação? Não seria apenas uma repetição da pergunta? Como faz dormir o ópio? "Em virtude de uma faculdade", isto é, da *virtus dormitiva* — responde aquele médico de Molière:

> *quia est in eo virtus dormitiva,*
> *cujus est natura sensus assoupire.*
> [porque há nele uma faculdade dormitiva,
> cuja natureza é entorpecer os sentidos.][33]

Mas respostas assim se acham em comédias, e é tempo, finalmente, de substituir a pergunta kantiana, "como são possíveis juízos sintéticos *a priori*?", por uma outra pergunta: "por que é *necessária*[34] a crença em tais juízos?" — isto é, de compreender que, para o fim da conservação de seres como nós, é preciso *acreditar* que tais juízos são verdadeiros; com o que, naturalmente, eles também poderiam ser *falsos*! Ou, dito de maneira clara e crua: juízos sintéticos *a priori* não deveriam absolutamente "ser possíveis":[35] não temos direito a eles, em nossa boca são somente juízos falsos. Mas é claro que temos de crer em sua verdade, uma crença de fachada e evidência que pertence à ótica de perspectivas da vida. — Por fim, considerando ainda a enorme influência que "a filosofia alemã" — espero que se entenda o seu direito às aspas[36] — tem exercido na Europa, não se duvide que uma certa *virtus dormitiva* teve participação nisso: nobres ociosos, virtuosos, místicos, artistas, cristãos três-quartos e obscurantistas políticos de todas as nações estavam encantados de possuir, graças à filosofia alemã, um antídoto para o sensualismo ainda predominante que do século anterior transbordou para este; em suma — "*sensus assoupire*"...

12. Quanto ao atomismo materialista, está entre as coisas mais bem refutadas que existem; e talvez não haja atualmente, entre os doutores da Europa, nenhum tão indouto[37] a ponto de lhe conceder importância fora do uso diário e doméstico (como uma abreviação dos meios de expressão). Graças, antes de tudo, ao polonês Boscovich, que foi até agora, juntamente com o polonês Copérnico, o maior e mais vitorioso adversário da evidência. Pois enquanto Copérnico nos persuadiu a crer, contrariamente a todos os sentidos, que a Terra *não* está parada, Boscovich nos ensinou a abjurar a crença na última parte da Terra que permanecia firme, a crença na "substância", na "matéria", nesse resíduo e partícula da Terra, o átomo: o maior triunfo sobre os sentidos que até então se obteve na Terra. — Mas é preciso ir ainda mais longe e declarar guerra, uma implacável guerra de baionetas, também à "necessidade atomista", que, assim como a mais decantada "necessidade metafísica",[38] continua vivendo uma perigosa sobrevida em regiões onde ninguém suspeita: é preciso inicialmente liquidar aquele outro e mais funesto atomismo, que o cristianismo ensinou melhor e por mais longo tempo, o *atomismo da alma*. Permita-se designar com esse termo a crença que vê a alma como algo indestrutível, eterno, indivisível, como uma mônada, um *atomon*: essa crença deve ser eliminada da ciência! Seja dito entre nós que não é necessário, absolutamente, livrar-se com isso da "alma" mesma, renunciando a uma das mais antigas e veneráveis hipóteses: como sói acontecer à inabilidade dos naturalistas, que mal tocam na "alma" e a perdem. Está aberto o caminho para novas versões e refinamentos da hipótese da alma: e conceitos como "alma mortal", "alma como pluralidade do sujeito" e "alma como estrutura social dos impulsos e afetos"[39] querem ter, de agora em diante, direitos de cidadania na ciência. Ao pôr um fim à superstição que até agora vicejou, com luxúria quase tropical, em torno à representação da alma, é como se o *novo* psicólogo se lançasse em um novo ermo e uma nova desconfiança — para os velhos psicólogos, as coisas talvez fossem mais cômodas e alegres; mas afinal ele vê que precisamente por isso está condenado também à *invenção* — e, quem sabe?, à *descoberta*.[40]

13. Os fisiólogos deveriam refletir, antes de estabelecer o impulso de autoconservação como o impulso cardinal de um ser orgânico. Uma criatura viva quer antes de tudo *dar vazão* a sua força — a própria vida é vontade de poder —: a autoconservação é apenas uma das indiretas, mais frequentes *consequências* disso. — Em suma: nisso, como em tudo, cuidado com os princípios teleológicos *supérfluos*! — um dos quais é o impulso de autoconservação (nós o devemos à inconsequência de Spinoza). Assim pede o método, que deve ser essencialmente economia de princípios.

14. Começa a despontar em cinco, seis cérebros, talvez, a ideia de que também a física é apenas uma interpretação e disposição do mundo[41] (nisso nos acompanhando, permitam lembrar!), e não uma explicação do mundo: porém, na medida em que se apoia na crença nos sentidos, ela passa, e deverá passar durante muito tempo, por algo mais, isto é, por explicação. Ela tem olhos e dedos a seu favor, tem a evidência ocular e a tangibilidade: sobre uma época de gosto fundamentalmente plebeu isto exerce um efeito fascinante, persuasivo, *convincente* — afinal, segue instintivamente o cânon de verdade do sensualismo eternamente popular. O que é claro, o que "esclarece"? Primeiro, aquilo que pode ser visto e tocado — todo problema tem que ser levado até esse ponto. Inversamente, na *oposição* à evidência dos sentidos estava o encanto do modo platônico de pensar, que era um modo *nobre* de pensar — entre homens, talvez, que desfrutavam de sentidos até mais fortes e imperiosos do que os de nossos contemporâneos, mas que sabiam ver um triunfo mais elevado em permanecer mestres desses sentidos: e isto mediante pálidas, cinzentas, frias redes de conceitos, que jogavam sobre o variegado torvelinho dos sentidos — a turba dos sentidos, como disse Platão. Nessa interpretação e superação do mundo à maneira de Platão havia uma espécie de gozo distinto daquele que nos oferecem os físicos de hoje, ou os darwinistas e antiteleólogos entre os que trabalham na fisiologia, com seu princípio da "força mínima" e da estupidez máxima. "Onde o homem nada encontra para ver e pegar, nada tem para fazer" — este é sem dúvida um imperativo diferente do platônico, mas para uma raça dura e laboriosa de futuros mecânicos e construtores de pontes, que não terá senão trabalho *grosseiro* a executar, pode bem ser o imperativo justo.

15. Para praticar a fisiologia[42] com boa consciência, é preciso ter presente que os órgãos dos sentidos *não* são fenômenos no sentido da filosofia idealista: como tais eles não poderiam ser causas! Logo, o sensualismo ao menos como hipótese reguladora, se não como princípio heurístico. — Como? E outros dizem até que o mundo exterior seria obra dos nossos órgãos! Mas então seria o nosso corpo, como parte desse mundo exterior, obra dos nossos órgãos! Mas então seriam os nossos órgãos mesmos — obra de nossos órgãos! Esta é, a meu ver, uma radical *reductio ad absurdum* [redução ao absurdo]:[43] supondo que o conceito de *causa sui* [causa de si mesmo] seja algo radicalmente absurdo. Em consequência, o mundo exterior *não* é obra de nossos órgãos — ?

16. Ainda há ingênuos observadores de si mesmos que acreditam existir "certezas imediatas"; por exemplo, "eu penso", ou, como era superstição de Schopenhauer, "eu quero": como se aqui o conhecimento apreendesse seu objeto puro e nu, como "coisa em si", e nem de parte do sujeito nem de parte do objeto ocorresse uma falsificação. Repetirei mil vezes, porém, que "certeza imediata", assim como "conhecimento absoluto" e "coisa em si", envolve uma *contradictio in adjecto* [contradição no adjetivo]:[44] deveríamos nos livrar, de uma vez por todas, da sedução das palavras! Que o povo acredite que conhecer é conhecer até o fim; o filósofo tem de dizer a si mesmo: se decomponho o processo que está expresso na proposição "eu penso", obtenho uma série de afirmações temerárias, cuja fundamentação é difícil, talvez impossível — por exemplo, que sou *eu* que pensa, que tem de haver necessariamente um algo que pensa, que pensar é atividade e efeito de um ser que é pensado como causa, que existe um "Eu", e finalmente que já está estabelecido o que designar como pensar — que eu *sei* o que é pensar. Pois se eu já não tivesse me decidido comigo a respeito,[45] por qual medida julgaria que o que está acontecendo não é talvez "sentir", ou "querer"? Em resumo, aquele "eu penso" pressupõe que eu *compare* meu estado momentâneo com outros estados que em mim conheço, para determinar o que ele é: devido a essa referência retrospectiva a um "saber" de outra parte,[46] ele não tem para mim, de todo modo, nenhuma "certeza" imediata. — No lugar dessa "certeza imediata", em que o povo pode crer, no caso presente, o filósofo depara com uma série de questões da metafísica, verdadeiras questões de consciência para o intelecto, que são: "De onde retiro o conceito de pensar? Por que acredito em causa e efeito? O que me dá o direito de falar de um Eu, e até mesmo de um Eu como causa, e por fim de um Eu como causa de pensamentos?" Quem, invocando uma espécie de *intuição*[47] do conhecimento, se aventura a responder de pronto essas questões metafísicas, como faz aquele que diz: "eu penso, e sei que ao menos isso é verdadeiro, real e certo" — esse encontrará hoje à sua espera, num filósofo, um sorriso e dois pontos de interrogação. "Caro senhor", dirá talvez o filósofo, "é improvável que o senhor não esteja errado; mas por que sempre a verdade?" —

17. Quanto à superstição dos lógicos, nunca me cansarei de sublinhar um pequeno fato que esses supersticiosos não admitem de bom grado — a saber, que um pensamento vem quando "ele" quer, e não quando "eu" quero;[48] de modo que é um *falseamento* da realidade efetiva dizer: o sujeito "eu" é a condição do predicado "penso". Isso pensa:[49] mas que este "isso" seja precisamente o velho e decantado "eu" é, dito de maneira suave, apenas uma suposição, uma afirmação, e certamente não uma "certeza imediata". E mesmo com "isso pensa" já se foi longe demais; já o "isso" contém uma *interpretação* do processo, não é parte do processo mesmo. Aqui se conclui segundo o hábito gramatical: "pensar é uma atividade, toda atividade requer um agente, logo —". Mais ou menos segundo esse esquema o velho atomismo buscou, além da "força" que atua, o pedacinho de matéria onde ela fica e a partir do qual atua, o átomo; cérebros mais rigorosos aprenderam finalmente a passar sem esse "resíduo de Terra", e talvez um dia nos habituemos, e os lógicos também, a passar sem o pequeno "isso" (a que se reduziu, volatizando-se, o velho e respeitável Eu).

18. Não é certamente o atrativo menor de uma teoria o fato de ela ser refutável: justamente com isso ela atrai mentes mais sutis. Parece que a teoria cem vezes refutada do "livre-arbítrio" deve sua persistência a esse atrativo apenas: sempre aparece alguém que se sente forte o bastante para refutá-la.

19. Os filósofos costumam falar da vontade como se ela fosse a coisa mais conhecida do mundo; Schopenhauer deu a entender que apenas a vontade é realmente conhecida por nós, conhecida por inteiro, sem acréscimo ou subtração.[50] Mas sempre quer me parecer que também nesse caso Schopenhauer fez apenas o que os filósofos costumam fazer: tomou um *preconceito popular* e o exagerou. Querer me parece, antes de tudo, algo *complicado*, algo que somente como palavra constitui uma unidade — e precisamente nesta palavra se esconde o preconceito popular que subjugou a cautela sempre inadequada dos filósofos. Ao menos uma vez sejamos cautelosos, então; sejamos "afilosóficos" — digamos que em todo querer existe, primeiro, uma pluralidade de sensações,[51] a saber, a sensação do estado que se *deixa*, a sensação do estado para o qual se *vai*, a sensação desse "deixar" e "ir" mesmo, e ainda uma sensação muscular concomitante, que, mesmo sem movimentarmos "braços e pernas", entra em jogo por uma espécie de hábito, tão logo "queremos". Portanto, assim como sentir, aliás muitos tipos de sentir, deve ser tido como ingrediente do querer, do mesmo modo, e em segundo lugar, também o pensar: em todo ato da vontade há um pensamento que comanda; — e não se creia que é possível separar tal pensamento do "querer", como se então ainda restasse vontade! Em terceiro lugar, a vontade não é apenas um *complexo* de sentir e pensar, mas sobretudo um *afeto*: aquele afeto do comando. O que é chamado "livre-arbítrio" é,[52] essencialmente, o afeto de superioridade em relação àquele que tem de obedecer: "eu sou livre, 'ele' tem de obedecer" — essa consciência se esconde em toda vontade, e assim também aquele retesamento da atenção, o olhar direto que fixa exclusivamente uma coisa, a incondicional valoração que diz "isso e apenas isso é necessário agora", a certeza interior de que haverá obediência, e o que mais for próprio da condição de quem ordena. Um homem que *quer* — comanda algo dentro de si que obedece, ou que ele acredita que obedece. Mas agora observem o que é mais estranho na vontade — nessa coisa tão múltipla, para a qual o povo tem uma só palavra: na medida em que, no caso presente, somos ao mesmo tempo a parte que comanda *e* a que obedece, e como parte que obedece conhecemos as sensações de coação, sujeição, pressão, resistência, movimento, que normalmente têm início logo após o ato da vontade; na medida em que, por outro lado, temos o hábito de ignorar e nos enganar quanto a essa dualidade, através do sintético conceito do "eu", toda uma cadeia de conclusões erradas e, em consequência, de falsas valorações da vontade mesma, veio a se agregar ao querer — de tal modo que o querente acredita, de boa-fé, que o querer *basta* para agir. Como, na grande maioria dos casos, só houve querer quando se podia *esperar* também o efeito da ordem — isto é, a obediência, a ação —, a *aparência* traduziu-se em sensação, como se aí houvesse uma *necessidade de efeito*; em suma, o querente acredita, com elevado grau de certeza, que vontade e ação sejam, de algum modo, a mesma coisa — ele atribui o êxito, a execução do querer, à vontade mesma, e com isso goza de um aumento da sensação de poder que todo êxito acarreta. "Livre-arbítrio" é a expressão para o multiforme estado de prazer do querente, que ordena e ao mesmo tempo se identifica com o executor da ordem — que, como tal, goza também do triunfo sobre as resistências, mas pensa consigo que foi sua vontade que as superou. Desse modo o querente junta as sensações de prazer dos instrumentos executivos bem-sucedidos, as "subvontades" ou subalmas — pois nosso corpo é apenas uma estrutura social de muitas almas — à sua sensação de prazer como aquele que ordena. *L'effet c'est moi* [O efeito sou eu]:[53] ocorre aqui o mesmo que em toda comunidade bem construída e feliz, a classe regente se identifica com os êxitos da comunidade. Em todo querer a questão é simplesmente mandar e obedecer, sobre a base, como disse, de uma estrutura social de muitas "almas": razão por que um filósofo deve se arrogar o direito de situar o querer em si no âmbito da moral — moral, entenda-se, como a teoria das relações de dominação sob as quais se origina o fenômeno "vida". —

20. Os conceitos filosóficos individuais não são algo fortuito e que se desenvolve por si, mas crescem em relação e em parentesco um com o outro; embora surjam de modo aparentemente repentino e arbitrário na história do pensamento, não deixam de pertencer a um sistema, assim como os membros da fauna de uma região terrestre — tudo isto se confirma também pelo fato de os mais diversos filósofos preencherem repetidamente um certo esquema básico de filosofias *possíveis*. À mercê de um encanto invisível,[54] tornam a descrever sempre a mesma órbita: embora se sintam independentes uns dos outros com sua vontade crítica ou sistemática, algo neles os conduz, alguma coisa os impele numa ordem definida, um após o outro — precisamente aquela inata e sistemática afinidade entre os conceitos. O seu pensamento, na realidade, não é tanto descoberta quanto reconhecimento, relembrança; retorno a uma primeva, longínqua morada perfeita da alma, de onde os conceitos um dia brotaram — neste sentido, filosofar é um atavismo de primeiríssima ordem. O curioso ar de família de todo o filosofar indiano, grego e alemão tem uma explicação simples. Onde há parentesco linguístico é inevitável que, graças à comum filosofia da gramática — quero dizer, graças ao domínio e direção inconsciente das mesmas funções gramaticais —, tudo esteja predisposto para uma evolução e uma sequência similares dos sistemas filosóficos: do mesmo modo que o caminho parece interditado a certas possibilidades outras de interpretação do mundo. Filósofos do âmbito linguístico uralo-altaico (onde a noção de sujeito teve o desenvolvimento mais precário) com toda a probabilidade olharão "para dentro do mundo" de maneira diversa e se acharão em trilhas diferentes das dos indo-germanos ou muçulmanos: o encanto exercido por determinadas funções gramaticais é, em última instância, o encanto de condições raciais e juízos de valor *fisiológicos*. — Isto como resposta à superficialidade de Locke no tocante à origem das ideias.[55]

21. A *causa sui* [causa de si mesmo] é a maior autocontradição até agora imaginada, uma espécie de violentação e desnatureza lógica: mas o extravagante orgulho do homem conseguiu se enredar, de maneira profunda e terrível, precisamente nesse absurdo. O anseio de "livre-arbítrio", na superlativa acepção metafísica que infelizmente persiste nos semieducados, o anseio de carregar a responsabilidade última pelas próprias ações, dela desobrigando Deus, mundo, ancestrais, acaso, sociedade, é nada menos que o de ser justamente essa *causa sui* e, com uma temeridade própria do barão de Münchhausen, arrancar-se pelos cabelos do pântano do nada em direção à existência. Supondo que alguém perceba a rústica singeleza desse famoso "livre-arbítrio" e o risque de sua mente, eu lhe peço que leve sua "ilustração" um pouco à frente e risque da cabeça também o contrário desse conceito-monstro: isto é, o "cativo-arbítrio",[56] que resulta em um abuso de causa e efeito. Não se deve *coisificar* erroneamente "causa" e "efeito", como fazem os pesquisadores da natureza (e quem, assim como eles, atualmente "naturaliza" no pensar —), conforme a tacanhez mecanicista dominante, que faz espremer e sacudir a causa, até que "produza efeito"; deve-se utilizar a "causa", o "efeito", somente como puros *conceitos*, isto é, como ficções convencionais para fins de designação, de entendimento, *não* de explicação. No "em si" não existem "laços causais", "necessidade", "não liberdade psicológica", ali não segue "o efeito à causa", não rege nenhuma "lei". Somos nós apenas que criamos as causas, a sucessão, a reciprocidade, a relatividade, a coação, o número, a lei, a liberdade, o motivo, a finalidade; e ao introduzir e entremesclar nas coisas esse mundo de signos, como algo "em si", agimos como sempre fizemos, ou seja, *mitologicamente*. O "cativo-arbítrio" não passa de mitologia: na vida real há apenas vontades *fortes e fracas*. — É quase sempre um sintoma daquilo que falta nele próprio, quando um pensador sente em toda "conexão causal" e "necessidade psicológica" um quê de coação, exigência, obrigação de seguir, pressão, não liberdade: estas são impressões delatoras — a pessoa se trai. E, se observei corretamente, em geral a "não liberdade de arbítrio" é vista como problema por dois lados inteiramente opostos, mas sempre de maneira profundamente *pessoal*: uns não querem por preço algum abandonar sua "responsabilidade", a fé em si, o direito pessoal ao *seu* mérito (as raças vaidosas estão deste lado —); os outros, pelo contrário, não desejam se responsabilizar por nada, ser culpados de nada, e, a partir de um autodesprezo interior, querem depositar o fardo de si mesmos em algum outro lugar. Estes últimos, quando escrevem livros, costumam agora tomar a defesa dos criminosos; uma espécie de compaixão socialista é o disfarce que mais lhes agrada. E é certo que o fatalismo dos fracos de vontade se embeleza enormemente, quando decide se apresentar como "*la religion de la souffrance*" [a religião do sofrimento]: este é o seu "bom gosto".

22. Perdoem este velho filólogo,[57] que não resiste à maldade de pôr o dedo sobre artes de interpretação ruins; mas essas "leis da natureza", de que vocês, físicos, falam tão orgulhosamente, como se — existem apenas graças à sua interpretação e péssima "filologia" — não são uma realidade de fato, um "texto", mas apenas uma arrumação e distorção de sentido ingenuamente humanitária, com a qual vocês fazem boa concessão aos instintos democráticos da alma moderna! "Igualdade geral perante a lei:

nisso a natureza não é diferente nem está melhor do que nós" — uma bela dissimulação,[58] na qual mais uma vez se disfarça a hostilidade plebeia a tudo o que é privilegiado e senhor de si, e igualmente um segundo e mais refinado ateísmo. "*Ni Dieu ni maître* [Nem Deus, nem senhor] — assim querem vocês também: e por isso "viva a lei natural!" — não é verdade? Mas, como disse, isso é interpretação, não texto, e bem poderia vir alguém que, com intenção e arte de interpretação opostas, soubesse ler na mesma natureza, tendo em vista os mesmos fenômenos, precisamente a imposição tiranicamente impiedosa e inexorável de reivindicações de poder — um intérprete que lhes colocasse diante dos olhos o caráter não excepcional e peremptório de toda "vontade de poder", em tal medida que quase toda palavra, inclusive a palavra "tirania", por fim parecesse imprópria, ou uma metáfora debilitante e moderadora — demasiado humana; e que, no entanto, terminasse por afirmar sobre esse mundo o mesmo que vocês afirmam, isto é, que ele tem um curso "necessário" e "calculável", mas *não* porque nele vigoram leis, e sim porque *faltam* absolutamente as leis, e cada poder tira, a cada instante, suas últimas consequências. Acontecendo de também isto ser apenas interpretação — e vocês se apressarão em objetar isso, não? — bem, tanto melhor!

23. Toda a psicologia, até o momento, tem estado presa a preconceitos e temores morais: não ousou descer às profundezas. Compreendê-la como morfologia e *teoria da evolução da vontade de poder*, tal como faço — isto é algo que ninguém tocou sequer em pensamento: na medida em que é permitido ver, no que foi até agora escrito, um sintoma do que foi até aqui silenciado. A força dos preconceitos morais penetrou profundamente no mundo mais espiritual, aparentemente mais frio e mais livre de pressupostos — de maneira inevitavelmente nociva, inibidora, ofuscante, deturpadora. Uma autêntica fisiopsicologia tem de lutar com resistências inconscientes no coração do investigador, tem "o coração" contra si: já uma teoria do condicionamento mútuo dos impulsos "bons" e "maus" desperta, como uma mais sutil imoralidade, aversão e desgosto numa consciência ainda forte e animada — e mais ainda uma teoria na qual os impulsos bons derivem dos maus. Supondo, porém, que alguém tome os afetos de ódio, inveja, cupidez, ânsia de domínio,[59] como afetos que condicionam a vida, como algo que tem de estar presente, por princípio e de modo essencial, na economia global da vida, e em consequência deve ser realçado, se a vida é para ser realçada — esse alguém sofrerá com tal orientação do seu julgamento como quem sofre de enjoo do mar. No entanto, mesmo essa hipótese está longe de ser a mais dolorosa e mais estranha nesse desmesurado, quase inexplorado reino de conhecimentos perigosos; e existe, de fato, uma centena de boas razões para que dele mantenha distância todo aquele que — *puder*! Por outro lado, se o seu navio foi desviado até esses confins, muito bem: Cerrem os dentes! Olhos abertos! Mão firme no leme! — navegamos diretamente sobre a moral e *além* dela, sufocamos, esmagamos talvez nosso próprio resto de moralidade, ao ousar fazer a viagem até lá — mas que importa *nós*! Jamais um mundo tão *profundo* de conhecimento se revelou para navegantes e aventureiros audazes: e o psicólogo, que desse modo "traz um sacrifício" — que não é o *sacrifizio dell'intelletto*,[60] pelo contrário! —, poderá ao menos reivindicar, em troca, que a psicologia seja novamente reconhecida como rainha das ciências, para cujo serviço e preparação existem as demais ciências. Pois a psicologia é, uma vez mais, o caminho para os problemas fundamentais.

Capítulo segundo
O ESPÍRITO LIVRE

24. *O sancta simplicitas*! [Ó santa simplicidade!][61] Em que curiosa simplificação e falsificação vive o homem! Impossível se maravilhar o bastante, quando se abrem os olhos para esse prodígio! Como tornamos tudo claro, livre, leve e simples à nossa volta! Como soubemos dar a nossos sentidos um passe livre para tudo que é superficial, e a nosso pensamento um divino desejo de saltos caprichosos e pseudoconclusões! — como conseguimos desde o princípio manter nossa ignorância, para gozar de uma quase inconcebível liberdade, imprevidência, despreocupação, impetuosidade, jovialidade na vida, para gozar a vida! E foi apenas sobre essa base de ignorância, agora firme e granítica, que a ciência pôde assentar até o momento, a vontade de saber sobre a base de uma vontade bem mais forte, a vontade de não saber, de incerteza, de inverdade![62] Não como seu oposto, mas como — seu refinamento! Pois embora a *linguagem*, nisso e em outras coisas, não possa ir além de sua rudeza e continue a falar em oposições, onde há somente degraus e uma sutil gama de gradações; embora a arraigada tartufice da moral, que agora pertence de modo insuperável a "nossa carne e nosso sangue", chegue a nos distorcer as palavras na boca, a nós, homens de saber: de quando em quando nos apercebemos, e rimos, de como justamente a melhor ciência procura nos prender do melhor modo a esse mundo *simplificado*, completamente artificial, fabricado, falsificado, e de como, involuntariamente ou não, ela ama o erro, porque, viva, ama a vida!

25. Depois de um preâmbulo tão jovial, uma palavra séria não deve ser despercebida: pois ela se dirige aos mais sérios. Tenham cuidado, filósofos e amigos do conhecimento; evitem o martírio! O sofrimento "pela verdade"! E até mesmo a defesa de si! Corrompe a inocência e a sutil neutralidade da sua consciência, torna-os rígidos para objeções e panos vermelhos,[63] entontece, animaliza e embrutece, quando, lutando contra perigo, calúnia, suspeita, rejeição e até mesmo consequências piores da hostilidade, vocês ainda têm de atuar como defensores da verdade na Terra — como se "a verdade" fosse uma criatura tão inepta e inofensiva, a ponto de necessitar defensores! E logo vocês, cavaleiros da tristíssima figura, caros ociosos e tecedores de teia do espírito! Afinal, sabem muito bem que não pode ter importância o fato de *vocês* terem razão, sabem que nenhum filósofo até hoje teve razão, e que poderia haver uma veracidade mais louvável no pequeno ponto de interrogação que colocarem depois de suas palavras de ordem e doutrinas favoritas (e ocasionalmente de si mesmos) do que em todos os solenes gestos e trunfos diante de promotores e tribunais! Melhor se afastarem! Fujam para se esconder! E usem máscaras e sutileza, para serem confundidos com outros! Ou para atemorizar um pouco! E não esqueçam o jardim, o jardim com grades douradas! E tenham pessoas à sua volta, que sejam como um jardim, — ou como música sobre as águas, à hora do entardecer, quando o dia já se torna lembrança: — escolham a *boa* solidão, a solidão livre, animosa e leve, que também lhes dá direito a continuar bons em algum sentido! Como torna alguém venenoso, astucioso e mau, toda guerra longa que não é conduzida com franca violência! Como torna *pessoal* um longo temor, um longo olhar em direção a inimigos, a possíveis inimigos! Esses proscritos da sociedade, esses homens longamente perseguidos, tristemente acuados, — e também os reclusos à força, os Spinozas e Giordano Brunos — acabam sempre se transformando, ainda que sob a mascarada mais espiritual, e também sem que eles mesmos saibam, em refinados vingativos e envenenadores (que se traga à luz o fundamento da ética e da teologia de Spinoza!) — sem falar da estupidez da indignação moral, que é, num filósofo, o sinal infalível de que o humor filosófico o abandonou. O martírio do filósofo, seu "sacrifício pela verdade", faz aflorar o ator e agitador que nele se esconde; e supondo que ele tenha sido olhado apenas com curiosidade artística, no caso de não poucos filósofos é compreensível o desejo perigoso de vê-los em sua degeneração (degenerados em "mártires", em histriões do palco e da tribuna). Mas quem abrigar esse desejo deve saber claramente *o que*, em todo caso, terá para ver: — apenas uma comédia satírica, apenas uma farsa final, a contínua demonstração de que a longa, verdadeira tragédia *chegou ao fim*: pressupondo que toda filosofia tenha sido, na sua gênese, uma longa tragédia. —

26. Todo homem seleto procura instintivamente seu castelo e seu retiro, onde esteja *salvo* do grande número, da maioria, da multidão; onde possa esquecer a regra "homem", enquanto exceção a ela: — exceto no caso de ele ser empurrado para essa regra por um instinto ainda mais forte, como homem do conhecimento[64] no sentido grande e excepcional. Aquele que, no trato com os homens, eventualmente não percorre as muitas cores da aflição, que não enrubesce e empalidece de nojo, fastio, compaixão, tristeza, isolamento, não é certamente um homem de gosto elevado; mas se ele não assume voluntariamente todo esse fardo e desgosto, sempre se esquiva dele e permanece, como foi dito, quieto e orgulhoso em seu castelo, uma coisa é certa: ele não foi feito, não está predestinado para o conhecimento. Pois se estivesse, teria de dizer a si mesmo algum dia: "ao diabo com o bom gosto! a regra é mais interessante que a exceção — que eu, a exceção!" — e então iria *descer*, sobretudo "entrar". O estudo do homem *médio*, estudo sério, prolongado, que exige muita dissimulação, autossuperação, familiaridade, má companhia — toda companhia é má, exceto a companhia dos iguais —: isto é parte necessária no currículo de todo filósofo, talvez a parte mais desagradável, mais malcheirosa, mais rica em decepções. Mas se ele tem a sorte a seu favor, como convém a um filho favorito do conhecimento, depara com verdadeiros facilitadores e abreviadores de sua tarefa —refiro-me aos denominados cínicos, àqueles que reconhecem em si próprios o animal, a vulgaridade, a "regra", e no entanto possuem aquele grau de espiritualidade e o prurido que os obrigam a falar de si e de seus *iguais perante testemunhas*: — por vezes eles se espojam até em livros, como nos próprios excrementos. O cinismo é a única forma sob a qual as almas vulgares se aproximam do que seja a honestidade; e o homem superior terá os ouvidos atentos para todo cinismo grosseiro ou sutil, e se felicitará toda vez que um bufão sem pudor ou um sátiro da ciência prosear diante dele. Há inclusive casos em que o fascínio se mistura ao nojo: quando, por um capricho da natureza, o gênio é associado a um desses bodes ou macacos indiscretos, como o *abbé* Galiani, o mais profundo, o mais penetrante, e talvez também o mais sujo homem do seu século — ele era bem mais profundo que Voltaire e, portanto, muito menos loquaz. Com mais frequência ainda ocorre, como foi insinuado, que uma cabeça científica se encontre num corpo de símio, uma refinada inteligência de exceção numa alma vulgar — o que não é raro entre médicos e fisiólogos da moral. E quando alguém, sem amargura, de modo inofensivo, fala do homem como sendo uma barriga com duas necessidades e uma cabeça com apenas uma; sempre que alguém vê, procura, *quer* ver somente fome, desejo sexual e vaidade, como os únicos e verdadeiros móveis das ações humanas; em suma, quando se fala "mal" do homem — mas não maldosamente —, o amante do conhecimento deve escutar de maneira fina e diligente, deve ser todo ouvidos, em toda parte onde se falar sem indignação. Pois o homem indignado, ou quem está sempre dilacerando e rasgando a si mesmo (ou, em seu lugar, o mundo, Deus, a sociedade) com os próprios dentes, pode ser moralmente superior ao sátiro sorridente e satisfeito, mas em qualquer outro sentido ele é o caso mais comum, mais irrelevante, menos instrutivo. E ninguém mente *tanto* como o indignado. —

27. É difícil ser compreendido: sobretudo quando se pensa e se vive *gangasrotogati* [no ritmo do Gânges] entre homens que pensam e vivem diferente, ou seja, *kurmagati* [no ritmo da tartaruga] ou, no melhor dos casos, "conforme o andar da rã", *mandeikagati*[65] — vê-se que estou fazendo tudo para não ser compreendido! —, e devemos estar reconhecidos, de todo o coração, pela boa vontade de se ter alguma sutileza na interpretação. Mas no que toca aos "bons amigos", sempre muito indolentes e acreditando ter, como amigos, direito à indolência: é bom lhes conceder, antecipadamente, um espaço e uma margem onde possam dar livre curso à incompreensão: — assim temos ainda do que rir; — ou então afastá-los inteiramente, esses bons amigos — e rir também!

28. O que menos se presta à tradução, numa língua, é o *tempo* do seu estilo: o qual tem origem no caráter da raça, ou, falando mais fisiologicamente, no *tempo* médio do seu "metabolismo".[66] Existem traduções honestas que resultam quase em falsificações, sendo vulgarizações involuntárias do original, apenas porque não se pôde traduzir seu *tempo* ousado e alegre, que pula por cima e deixa para trás tudo que é perigoso nas palavras e coisas. O alemão é praticamente incapaz do *presto* em sua língua: portanto, pode-se razoavelmente concluir, é também incapaz de muitas das nuances mais temerárias e deliciosas do pensamento livre, próprio de espíritos livres. Assim como o bufão e o sátiro lhe são estranhos, ao corpo e à consciência, também Aristófanes e Petrônio lhe são intraduzíveis. Tudo que é grave, arrastado, solenemente canhestro, todos os gêneros prolixos e monótonos de estilo se desenvolveram em rica variedade entre os alemães — perdoem-me o fato de que mesmo a prosa de Goethe, em sua mescla de rigidez e graciosidade, não constitui exceção, por ser um reflexo dos "velhos bons tempos" a que pertence, e por ser expressão do gosto alemão, num tempo em que ainda havia um "gosto alemão": o qual era um gosto rococó *in moribus et artibus* [nos costumes e nas artes]. Lessing é uma exceção, graças à sua natureza de ator, que muito compreendia e em muita coisa era versado: ele, que não por acaso era tradutor de Bayle, e que de bom grado se refugiava na vizinhança de Diderot e Voltaire, ou mais ainda junto aos criadores da comédia romana: — também no *tempo* Lessing amava o livre-pensar, a fuga da Alemanha. Mas como poderia a língua alemã, mesmo na prosa de um Lessing, imitar o *tempo* de Maquiavel, que no seu *Príncipe* nos faz respirar o ar fino e seco de Florença, e só consegue expor o assunto mais sério num indomável *allegrissimo* — talvez com maliciosa percepção artística do contraste que ousa: os pensamentos, difíceis, prolongados, duros, perigosos, e um *tempo* de galope e do bom humor mais caprichoso. Quem arriscaria uma tradução alemã de Petrônio, que, mais que qualquer grande músico, foi o gênio do *presto*, em invenção, inspiração, palavra — que importam todos os pântanos de um mundo enfermo e ruim, mesmo do "mundo antigo", quando se tem, como ele, os pés de vento, o sopro e o alento, o escárnio liberador de um vento que faz tudo saudável, ao fazer tudo *correr*! E quanto a Aristófanes, esse espírito transfigurador e complementar, em razão do qual se *perdoa* toda a Grécia por haver existido, pressupondo que se tenha compreendido em profundidade tudo o que, no caso, exige perdão e transfiguração: — nada me fez refletir mais sobre a reserva e a natureza esfíngica de *Platão* do que esse *petit fait* [pequeno fato], felizmente conservado: que sob o travesseiro do seu leito de morte não se encontrou nenhuma "Bíblia", nada egípcio, pitagórico, platônico, — mas sim Aristófanes. Como poderia até mesmo um Platão suportar a vida — uma vida grega, à qual ele disse "não" — sem um Aristófanes?

29. Independência é algo para bem poucos: — é prerrogativa dos fortes. E quem procura ser independente sem ter a *obrigação* disso, ainda que com todo o direito, demonstra que provavelmente é não apenas forte, mas temerário além de qualquer medida. Ele penetra num labirinto, multiplica mil vezes os perigos que o viver já traz consigo; dos quais um dos maiores é que ninguém pode ver como e onde se extravia, se isola e é despedaçado por algum Minotauro da consciência. Supondo que alguém assim desapareça, isto ocorre tão longe do entendimento dos homens que eles não sentem nem compadecem: — e ele não pode voltar! já não pode retornar sequer para a compaixão dos homens!

30. É inevitável — e justo — que nossas mais altas intuições[67] pareçam bobagens, em algumas circunstâncias delitos, quando chegam indevidamente aos ouvidos daqueles que não são feitos e predestinados para elas. O exotérico e o esotérico, como os filósofos distinguiam em outro tempo, entre os indianos e também os gregos, entre os persas e os muçulmanos, em toda parte onde se acreditava em hierarquia, e *não* em igualdade e direitos iguais,

— não se diferenciam tanto pelo fato de que o exotérico fica de fora e vê, estima, mede, julga a partir de fora, não de dentro: o essencial é que ele vê as coisas a partir de baixo, — e o esotérico, a *partir de cima*! Existem alturas da alma, de onde mesmo a tragédia deixa de ser trágica; e, se as dores do mundo fossem juntadas numa só, quem poderia ousar dizer que a visão dela nos iria *necessariamente* seduzir e obrigar à compaixão, e desse modo à duplicação da dor?... O que serve de alimento ou de bálsamo para o tipo superior de homem, deve ser quase veneno para um tipo bem diverso e menor. As virtudes de um homem vulgar talvez significassem fraqueza e vício num filósofo; é possível que um homem de alta linhagem, acontecendo ele degenerar e sucumbir, só então adquirisse as qualidades que o levariam a ser venerado como um santo, no mundo inferior a que teria descido. Há livros que têm valor inverso para a alma e a saúde, a depender de quem os utiliza, se uma alma ignóbil, uma baixa força vital, ou uma superior e mais potente; no primeiro caso são livros perigosos, desagregadores, dissolventes, no outro são gritos de arauto, que incitam os mais valentes a mostrar o *seu* valor.[68] Livros de todo mundo sempre são livros malcheirosos: o odor da gente pequena adere a eles. Ali onde o povo come e bebe, e mesmo onde venera, o ar costuma feder. Não se deve frequentar igrejas, quando se deseja respirar *ar puro*.

31. Nos anos da juventude, ainda veneramos e desprezamos sem a arte da nuance, que constitui nossa melhor aquisição na vida, e, como é justo, pagamos caro por atacar de tal modo com Sins e Nãos as pessoas e as coisas. Tudo se acha disposto para que o pior dos gostos, o gosto pelo incondicional, seja cruelmente logrado e abusado, até que o homem aprenda a pôr alguma arte nos sentimentos e, melhor ainda, a arriscar na tentativa do artificial: como fazem os veros artistas da vida. A ira e a reverência, que são próprias da juventude, parecem não descansar enquanto não tenham falseado as pessoas e coisas de maneira tal que possam nelas se desafogar: — a juventude é, em si, algo que falseia e engana. Mais tarde, quando a alma jovem, martirizada por puras desilusões, finalmente se volta desconfiada contra si mesma, ainda e sempre ardente e selvagem, inclusive na sua desconfiança e no seu remorso: como se enraivece então, como se dilacera impaciente, como se vinga por sua demorada auto-obcecação, como se ela tivesse sido uma cegueira voluntária! Nessa transição castigamos a nós mesmos, ao suspeitar do próprio sentimento; torturamos o entusiasmo com a dúvida, sim, sentimos até a boa consciência como um perigo, como que autodissimulação e fadiga da honestidade mais fina; e sobretudo tomamos partido, tomamos partido por princípio, *contra* a "juventude". — Um decênio depois: e compreendemos que tudo isso também — era ainda juventude!

32. Durante a era mais longa da história humana — a chamada era pré-histórica — o valor ou não valor de uma ação era deduzido de suas consequências: não se considerava a ação em si nem a sua origem, mas, de maneira semelhante ao que ainda hoje ocorre na China, onde uma distinção ou uma desgraça do filho recai sobre os pais, era a força retroativa do sucesso ou do fracasso que levava os homens a pensar bem ou mal de uma ação. Chamemos esse período de período *pré-moral* da humanidade: o imperativo "conhece-te a ti mesmo!" ainda não era conhecido. Nos últimos dez milênios, contudo, em largas regiões da Terra chegou-se gradualmente ao ponto em que é a origem da ação, e não mais as consequências, que determina o seu valor: um grande acontecimento no seu todo, um considerável refinamento do olhar e da medida, a repercussão inconsciente do predomínio de valores aristocráticos e da crença na "origem", a marca de um período que se pode denominar *moral* no senso estrito: com isso fez-se a primeira tentativa de autoconhecimento. Em vez das consequências, a origem: que inversão da perspectiva! E sem dúvida uma inversão alcançada após longos combates e hesitações! É verdade que com isso uma nova e fatal superstição, uma singular estreiteza de interpretação tornou-se dominante: a origem de uma ação foi interpretada, no sentido mais determinado, como origem a partir de uma *intenção*; concordou-se em acreditar que o valor de uma ação reside no valor de sua intenção. A intenção como origem e pré-história de uma ação: sob a ótica desse preconceito é que, quase até os dias de hoje, sempre se louvou, condenou, julgou e também se filosofou moralmente. — Mas não teríamos alcançado a necessidade de novamente nos decidirmos quanto a uma inversão e um deslocamento básico dos valores, graças a um novo autoescrutínio e aprofundamento do homem, — não estaríamos no limiar de um período que, negativamente, de imediato se poderia designar como *extramoral*: agora, quando pelo menos entre nós, imoralistas, corre a suspeita de que o valor decisivo de uma ação está justamente naquilo que nela é *não intencional*, e que toda a sua intencionalidade, tudo o que dela pode ser visto, sabido, "tornado consciente",[69] pertence ainda à superfície, à sua pele — que, como toda pele, revela algo, mas sobretudo *esconde?* Em suma, acreditamos que a intenção é apenas sinal e sintoma que exige primeiro a interpretação, e além disso um sinal que, por significar coisas demais, nada significa por si, — que a moral, na acepção que até agora teve, isto é, moral das intenções, foi um preconceito, uma precipitação, algo provisório talvez, uma coisa da mesma ordem que a astrologia e a alquimia, mas, em todo caso, algo a ser superado. A superação da moral, num certo sentido até mesmo a autossuperação da moral, inclusive: este poderia ser o nome para o longo e secreto lavor que ficou reservado para as mais finas e honestas, e também mais maliciosas consciências de hoje, na condição de ardentes pedras de toque da alma. —

33. Não adianta: é preciso questionar impiedosamente e conduzir ao tribunal os sentimentos de abnegação, de sacrifício em favor do próximo, toda a moral da renúncia de si: do mesmo modo a estética da "contemplação desinteressada", com a qual a emasculação da arte procura hoje, sedutoramente, criar uma consciência tranquila. Há encanto e açúcar demais nesses sentimentos de "para os outros", de "não para mim", para que não se tenha a necessidade de desconfiar duplamente e perguntar: "não seriam talvez — *seduções?*". — O fato de *agradarem* — àquele que os tem e àquele que goza de seus frutos, e também aos meros espectadores — não fornece argumentos *em favor* deles, mas é, isto sim, um convite à cautela. Logo, sejamos cautelosos!

34. Não importando o ponto de vista filosófico em que nos situemos hoje: o *caráter errôneo* do mundo onde acreditamos viver é a coisa mais firme e segura que nosso olho ainda pode apreender: — para isso encontramos muitas e muitas razões, que gostariam de nos induzir a conjecturas sobre um enganador princípio na "essência das coisas". Mas quem responsabiliza nosso próprio pensar, ou seja, "o espírito", pela falsidade do mundo — uma honrada escapatória, a que recorre todo *advocatus dei* [advogado de Deus] consciente ou inconsciente: quem toma esse mundo, junto com espaço, tempo, forma, movimento, como uma falsa conclusão:[70] esse alguém teria, quando menos, um bom motivo para aprender a suspeitar enfim de todo o pensamento: não teria ele nos pregado a maior peça até agora? e que garantia pode haver de que ele não continue fazendo o que sempre fez? Com toda a seriedade: a inocência dos pensadores tem algo tocante e que inspira reverência, que ainda hoje lhes permite se postar ante a consciência e lhe pedir respostas *honestas* para algumas questões: por exemplo, se ela é "real", por que mantém o mundo exterior tão decididamente à distância, e outras perguntas assim. A crença em "certezas imediatas" é uma ingenuidade *moral*, que nos honra, a nós, filósofos: mas — não devemos ser homens "apenas morais"! Prescindindo da moral, essa crença é uma estupidez que nos honra muito pouco! Na vida civil, a suspeita sempre alerta pode ser tida como indício de "mau caráter", e portanto uma falta de bom senso: aqui entre nós, além do mundo civil e seus Nãos e Sins, — o que nos impediria de não ter bom senso e dizer: o filósofo, como a criatura que sempre foi mais ludibriada na Terra, tem simplesmente *direito* ao "mau caráter", — ele tem hoje o *dever* da desconfiança, do olhar oblíquo e malicioso a partir de abismos de suspeita. — Perdoem-me a brincadeira dessa caricatura e expressão sombria: pois eu mesmo aprendi há muito a pensar de outro modo, a avaliar de outra maneira o enganar e o ser enganado, e guardo ao menos alguns socos para a fúria cega com que os filósofos resistem a ser enganados. Por que *não*? Não passa de um preconceito moral que a verdade tenha mais valor que a aparência; é inclusive a suposição mais mal demonstrada que já houve. Admita-se ao menos o seguinte: não existiria nenhuma vida, senão com base em avaliações e aparências perspectivas; e se alguém, com o virtuoso entusiasmo e a rudeza de tantos filósofos, quisesse abolir por inteiro o "mundo aparente", bem, supondo que *vocês* pudessem fazê-lo — também da sua "verdade" não restaria nada! Sim, pois o que nos obriga a supor que há uma oposição essencial entre "verdadeiro" e "falso"? Não basta a suposição de graus de aparência, e como que sombras e tonalidades do aparente, mais claras e mais escuras, — diferentes *valeurs* [valores], para usar a linguagem dos pintores? Por que não poderia o mundo *que nos concerne* — ser uma ficção? E a quem faz a pergunta: "mas a ficção não requer um autor?" — não se poderia replicar: Por quê? Esse "requer" não pertenceria também à ficção? Não é permitido usar de alguma ironia em relação ao sujeito, como em relação ao predicado e objeto? O filósofo não poderia se erguer acima da credulidade na gramática? Todo o respeito às governantas: mas não seria tempo de a filosofia abjurar da fé das governantas?[71] —

35. Ó Voltaire! Ó humanidade! Ó imbecilidade! A "verdade", a *busca* da verdade não é coisa fácil; e se no caso o homem se porta humanamente demais — "*il ne cherche le vrai que pour faire le bien*" [só busca o vero para fazer o bem] —, aposto que ele nada encontra!

36. Supondo que nada seja "dado" como real, exceto nosso mundo de desejos e paixões, e que não possamos descer ou subir a nenhuma outra "realidade", exceto à realidade de nossos impulsos — pois pensar é apenas a relação desses impulsos entre si —: não é lícito fazer a tentativa e colocar a questão de se isso que é dado não bastaria para compreender, a partir do que lhe é igual, também o chamado mundo mecânico (ou "material")? Quero dizer, não como uma ilusão, uma "aparência",[72] uma "representação" (no sentido de Berkeley e Schopenhauer), mas como da mesma ordem de realidade que têm nossos afetos, — como uma forma mais primitiva do mundo dos afetos, na qual ainda esteja encerrado em poderosa unidade tudo o que então se ramifica e se configura no processo orgânico (e também se atenua e se debilita, como é razoável), como uma espécie de vida instintiva, em que todas as funções orgânicas, com autorregulação, assimilação, nutrição, eliminação, metabolismo, se acham sinteticamente ligadas umas às outras — como uma *forma prévia* da vida? — Afinal, não é apenas lícito fazer essa tentativa: é algo imposto pela consciência do *método*. Não admitir várias espécies de causalidade enquanto não se leva ao limite extremo (— até ao absurdo, diria mesmo) a tentativa de se contentar com uma só: eis uma moral do método, à qual ninguém se pode subtrair hoje; — ela se dá "por definição", como diria um matemático. A questão é, afinal, se reconhecemos a vontade realmente como *atuante*,[73] se acreditamos na causalidade da vontade: assim ocorrendo — e no fundo a crença nisso é justamente a nossa crença na causalidade mesma —, *temos* então que fazer a tentativa de hipoteticamente ver a causalidade da vontade como a única. "Vontade", é claro, só pode atuar sobre "vontade" — e não sobre "matéria" (sobre "nervos", por exemplo —): em suma, é preciso arriscar a hipótese de que em toda parte onde se reconhecem "efeitos", vontade atua sobre vontade — e de que todo acontecer mecânico, na medida em que nele age uma força, é justamente força de vontade, efeito da vontade. — Supondo, finalmente, que se conseguisse explicar toda a nossa vida instintiva como a elaboração e ramificação de uma forma básica da vontade — a vontade de poder, como é *minha tese* —; supondo que se pudesse reconduzir todas as funções orgânicas a essa vontade de poder, e nela se encontrasse também a solução para o problema da geração e nutrição — é um só problema —, então se obteria o direito de definir *toda* força atuante, inequivocamente, como *vontade de poder*. O mundo visto de dentro, o mundo definido e designado conforme o seu "caráter inteligível" — seria justamente "vontade de poder", e nada mais. —

37. "Como? Isto não significa, falando de modo popular: Deus está refutado, mas o Diabo não?" Pelo contrário! Pelo contrário, meus amigos! E, com os diabos, quem os obriga a falar de modo popular? —

38. Como sucedeu recentemente, em plena luz dos tempos modernos, com a Revolução Francesa, essa farsa horrível e, observada de perto, desnecessária, na qual os espectadores nobres e entusiastas de toda a Europa interpretaram à distância os seus próprios arrebatamentos e indignações, por tanto tempo e tão apaixonadamente que *o texto desapareceu sob a interpretação*: assim também uma posteridade nobre poderia mal-entender o passado inteiro, e desse modo tornar suportável a visão dele. — Aliás: isto já não aconteceu? não fomos nós mesmos essa "posteridade nobre"? E não foi precisamente agora que, na medida em que o percebemos — isto acabou?

39. Dificilmente alguém tomará por verdadeira uma doutrina apenas porque ela torna feliz ou virtuoso: excetuando talvez os doces "idealistas" que se entusiasmam pelo bom, belo e verdadeiro, e fazem nadar em seu viveiro todas as espécies de idealidades toscas, coloridas e benévolas. Felicidade e virtude não são argumentos. Mas as pessoas, e entre elas espíritos sóbrios, esquecem de bom grado que tornar infeliz e tornar mau também não são contra-argumentos. Algo pode ser verdadeiro, apesar de nocivo e perigoso no mais alto grau; mais ainda, pode ser da constituição básica da existência o fato de alguém se destruir ao conhecê-la inteiramente, — de modo que a fortaleza de um espírito se mediria pelo quanto de "verdade" ele ainda suportasse, ou, mais claramente, pelo grau em que ele *necessitasse* vê-la diluída, edulcorada, encoberta, amortecida, falseada. Mas não há dúvida de que, para a descoberta de determinadas *partes* da verdade, os maus e os infelizes estão mais favorecidos e têm maior possibilidade de êxito; sem falar dos maus que são felizes — espécie que os moralistas não mencionam. Para o surgimento do espírito e filósofo independente, forte, talvez a dureza e a astúcia forneçam condições mais favoráveis que a suave, fina, complacente disposição, a arte de aceitar as coisas com leveza, que é apreciada e justamente apreciada num filósofo. Pressupondo o que vem antes de tudo, isto é, que o conceito de "filósofo" não seja restrito ao filósofo que escreve livros — ou até mesmo faz livros da *sua* filosofia! — Stendhal contribuiu com um último traço para a imagem do filósofo de espírito livre, e no interesse do gosto alemão eu não quero deixar de sublinhá-lo: — pois ele vai *contra* o gosto alemão. "*Pour être bon philosophe*", diz o último grande psicólogo, "*il faut être sec, clair, sans illusion. Un banquier, qui a fait fortune, a une partie du caractère requis pour faire des découvertes en philosophie, c'est-à-dire pour voir clair dans ce qui est*" [Para ser bom filósofo, é preciso ser seco, claro, sem ilusão. Um banqueiro que fez fortuna tem parte do caráter necessário para fazer descobertas em filosofia, ou seja, para ver claro naquilo que é].[74]

40. Tudo que é profundo ama a máscara: as coisas mais profundas têm mesmo ódio à imagem e ao símile.[75] Não deveria o *oposto* ser o disfarce adequado para que o pudor de um deus se apresentasse? Uma pergunta digna de ser feita: estranho seria se algum místico já não tivesse ousado coisa assim. Há eventos de natureza tão delicada, que faríamos bem em soterrá-los e torná-los irreconhecíveis através de uma grosseria; existem atos de amor e extravagante grandeza, após os quais é aconselhável tomar de um bastão e surrar a testemunha, para lhe turvar a lembrança. Alguns conseguem maltratar e turvar a própria memória, para vingar-se ao menos desse cúmplice — o pudor é criativo. Não são as coisas mais ruins aquelas de que mais nos envergonhamos: não existe apenas insídia por trás da máscara — há muita bondade na astúcia. Posso imaginar que um homem, tendo algo precioso e frágil a esconder, rolasse pela vida, tosco e redondo, como um velho tonel de vinho fortemente guarnecido: a fineza do seu pudor assim desejaria. Um homem cujo pudor é profundo encontra também seus destinos e sutis decisões em caminhos que poucos alcançam, e de cuja existência os mais íntimos e próximos não podem saber: seu perigo mortal se oculta aos olhos deles, e também sua reconquistada certeza de vida. Esse homem oculto, que instintivamente usa a fala para calar e guardar, e é incansável em esquivar-se à comunicação, *deseja* e solicita que uma máscara ande em seu lugar, nos corações e nas mentes dos amigos; e, supondo que não o deseje, um dia seus olhos se abrirão para o fato de que no entanto lá está sua máscara — e de que é bom que seja assim. Todo espírito profundo necessita de uma máscara: mais ainda, ao redor de todo espírito profundo cresce continuamente uma máscara, graças à interpretação perpetuamente falsa, ou seja, *rasa*, de cada palavra, cada passo, cada sinal de vida que ele dá. —

41. É preciso testar a si mesmo, dar-se provas de ser destinado à independência e ao mando; e é preciso fazê-lo no tempo justo. Não se deve fugir às provas, embora sejam porventura o jogo mais perigoso que se pode jogar, e, em última instância, provas de que nós mesmos somos as testemunhas e os únicos juízes. Não se prender a uma pessoa: seja ela a mais querida — toda pessoa é uma prisão, e também um canto.[76] Não se prender a uma pátria: seja ela a mais sofredora e necessitada — menos difícil é desatar de uma pátria vitoriosa o coração. Não se prender a uma compaixão: ainda que se dirija a homens superiores, cujo martírio e desamparo o acaso nos permitiu vislumbrar. Não se prender a uma ciência: ainda que nos tente com os mais preciosos achados, guardados especialmente para nós. Não se prender a seu próprio desligamento, ao voluptuoso abandono e afastamento do pássaro que ganha sempre mais altura, para ver mais e mais coisas abaixo de si: — o perigo daquele que voa. Não nos prendermos às próprias virtudes e nos tornarmos, enquanto todo, vítimas de uma nossa particularidade, por exemplo, de nossa "hospitalidade": o perigo por excelência para as almas ricas e superiores, que tratam a si mesmas prodigamente, quase com indiferença, exercitando a liberalidade ao ponto de torná-la um vício. É preciso saber *preservar-se*: a mais dura prova de independência.

42. Está surgindo uma nova espécie de filósofos: atrevo-me a batizá-los com um nome que não está isento de perigos. Tal como eu os percebo, tal como eles se deixam perceber — pois é da sua natureza *querer* continuar sendo enigmas em algum ponto —, esses filósofos do futuro bem poderiam, ou mesmo mal poderiam, ser chamados de *tentadores*. Esta denominação mesma é, afinal, apenas uma tentativa e, se quiserem, uma tentação.[77]

43. Serão novos amigos da "verdade" esses filósofos vindouros? Muito provavelmente: pois até agora todos os filósofos amaram suas verdades. Mas com certeza não serão dogmáticos. Ofenderia seu orgulho, e também seu gosto, se a sua verdade fosse tida como verdade para todos: o que sempre foi, até hoje, desejo e sentido oculto de todas as aspirações dogmáticas. "Meu juízo é *meu* juízo: dificilmente um outro tem direito a ele" — poderia dizer um tal filósofo do futuro. É preciso livrar-se do mau gosto de querer estar de acordo com muitos. "Bem" não é mais bem, quando aparece na boca do vizinho. E como poderia haver um "bem comum"? O termo se contradiz: o que pode ser comum sempre terá pouco valor.[78] Em última instância, será como é e sempre foi: as grandes coisas ficam para os grandes, os abismos para os profundos, as branduras e os tremores para os sutis e, em resumo, as coisas raras para os raros.

44. Após tudo isso ainda preciso dizer que também eles serão espíritos livres, *muito* livres, esses filósofos do futuro — e que tampouco serão apenas espíritos livres, porém algo mais, maior, mais alto, radicalmente outro, que não quer ser mal-entendido e confundido? Mas ao dizer isto sinto — para com eles, não menos do que para conosco, seus arautos e precursores, nós, espíritos livres! — a *obrigação* de varrer para longe de nós, conjuntamente, um velho, tolo equívoco e preconceito, que por muito tempo obscureceu, como uma névoa, o conceito de "espírito livre". Em todos os países da Europa, e também na América, existe atualmente quem abuse desse nome, uma espécie bem limitada de espíritos, gente prisioneira e agrilhoada, que quer mais ou menos o oposto daquilo que está em nosso intento e nosso instinto — sem falar que, em relação aos novos filósofos que surgem, eles com certeza serão portas fechadas e janelas travadas. Em suma, e lamentavelmente, eles são *niveladores*, esses falsamente chamados "espíritos livres" — escravos eloquentes e folhetinescos do gosto democrático e suas "ideias modernas"; todos eles homens sem solidão, sem solidão própria, rapazes bonzinhos e desajeitados, a quem não se pode negar coragem nem costumes respeitáveis, mas que são cativos e ridiculamente superficiais, sobretudo em sua tendência básica de ver, nas formas da velha sociedade até agora existente, a causa de *toda* a miséria e falência humana: com o que a verdade vem a ficar alegremente de cabeça para baixo! O que eles gostariam de perseguir com todas as forças é a universal felicidade do rebanho em pasto verde, com segurança, ausência de perigo, bem-estar e facilidade para todos; suas duas doutrinas e cantigas mais lembradas são "igualdade de direitos" e "compaixão pelos que sofrem" — e o sofrimento mesmo é visto por eles como algo que se deve *abolir*. Nós, os avessos, que abrimos os olhos e a consciência para a questão de onde e de que modo, até hoje, a planta "homem" cresceu mais vigorosamente às alturas, acreditamos que isso sempre ocorreu nas condições opostas, que para isso a periculosidade da sua situação tinha de crescer até o extremo, sua força de invenção e dissimulação (seu "espírito") tinha de converter-se, sob prolongada pressão e coerção, em algo fino e temerário, sua vontade de vida tinha de ser exacerbada até se tornar absoluta vontade de poder — acreditamos que dureza, violência, escravidão, perigo nas ruas e no coração, ocultamento, estoicismo, arte da tentação e diabolismo de toda espécie, tudo o que há de mau, terrível, tirânico, tudo o que há de animal de rapina e de serpente no homem serve tão bem à elevação da espécie "homem" quanto o seu contrário — mas ainda não dissemos o bastante, ao dizer apenas isso, e de todo modo nos achamos, com nossa fala e nosso silêncio neste ponto, na *outra* extremidade de toda a moderna ideologia e aspiração de rebanho: como seus antípodas, talvez? Como admirar que nós, "espíritos livres", não sejamos exatamente os espíritos mais comunicativos? Que não desejemos revelar, em todo aspecto, *do que* um espírito pode se liberar, e *para onde* ele é talvez impelido? E no que diz respeito à perigosa fórmula "além do bem e do mal", com que ao menos evitamos ser confundidos com outros: somos algo diverso de "*libres penseurs*", "*liberi pensatori*", "*Freidenker*" [livres-pensadores], ou como quer que se chamem esses bravos defensores das "ideias modernas". Habitantes, ou ao menos hóspedes, de muitos países do espírito; sempre escapando aos buracos úmidos e agradáveis a que nos pareciam confinar a predileção ou pré-aversão, a juventude, a origem, o acaso de homens e livros, ou mesmo a fadiga das andanças; cheios de malícia frente aos engodos da dependência, que se escondem em honras, dinheiro, cargos, ou entusiasmos dos sentidos; até mesmo gratos à miséria e às vicissitudes da doença, porque sempre nos livraram de alguma regra e de seu "preconceito", gratos a Deus, Diabo, ovelha e verme que haja em nós, curiosos ao ponto do vício, investigadores a ponto de ser cruéis, com dedos impetuosos para o intangível, com dentes e estômagos para o mais indigesto, prontos para todo ofício que exija perspicácia e sentidos agudos, prontos para todo risco, graças a um excesso de "livre-arbítrio", com almas de frente e de fundo, das quais não se veem facilmente os últimos propósitos, com fachadas e bastidores que ninguém percorreria até o fim, escondidos sob o manto da luz, conquistadores, mesmo que pareçamos herdeiros e esbanjadores, colecionadores e arrumadores desde a manhã até a noite, avarentos de nossa riqueza e nossas gavetas abarrotadas, parcimoniosos no aprender e esquecer, inventivos em esquemas, às vezes orgulhosos de tábuas de categorias, às vezes pedantes, às vezes corujas do trabalho mesmo em pleno dia; quando necessário, até mesmo espantalhos — e atualmente isso é necessário: na medida em que somos os amigos natos, jurados e ciumentos da *solidão*, de nossa mais profunda, mais solar e mais noturna solidão — tal espécie de homens somos nós, nós, espíritos livres! e também *vocês* seriam algo assim, vocês que surgem? Vocês, *novos* filósofos? —

Capítulo terceiro
A NATUREZA RELIGIOSA

45. A alma humana e suas fronteiras, a amplitude até aqui alcançada nas experiências humanas interiores, as alturas, profundezas e distâncias dessas experiências, toda a história da alma *até o momento*, e as suas possibilidades inexauridas: eis o território de caça reservado para o psicólogo nato e amigo da "caça grande". Mas com que frequência ele não diz a si mesmo, desesperado: "um caçador, apenas um, nessa floresta vasta e virgem!". E então deseja algumas centenas de ajudantes e bem treinados cães de caça, que pudesse lançar na história da alma humana, para nela conseguir sua presa. Em vão: ele está sempre verificando, de maneira radical e amarga, como é difícil achar batedores e cães para justamente as coisas que excitam a sua curiosidade. O inconveniente de enviar eruditos para territórios de caça novos e perigosos, onde se requer coragem, argúcia, sutileza em todo sentido, está em que eles deixam de ser úteis precisamente quando começa a "caça grande", mas também o grande perigo — precisamente ali eles perdem seu olhar e seu faro de sabujos. Para imaginar e estabelecer, por exemplo, que história teve até hoje o problema da *ciência* e da *consciência*[79] na alma dos *homines religiosi* [homens religiosos], talvez fosse preciso ser tão profundo, tão imenso e tão ferido quanto a consciência intelectual de Pascal — e mesmo então seria preciso aquele amplo céu de espiritualidade clara e maliciosa, capaz de tomar com a vista, ordenar e pôr em fórmulas esse enxame de vivências perigosas e sofridas. — Mas quem me prestaria esse serviço? E quem teria tempo de esperar tais ajudantes? — eles aparecem muito raramente, em todas as épocas são improváveis! Afinal é necessário fazer tudo sozinho: ou seja, há *muito* para fazer! Mas uma curiosidade como a minha continua sendo o mais agradável dos vícios — perdão! quis dizer que o amor à verdade é recompensado no Céu e até mesmo na Terra.

46. A fé, tal como a exigiu e não raro alcançou o cristianismo original, num mundo meridional cético e livre-pensador, que tinha atrás de si, e dentro de si, uma luta secular de escolas filosóficas, mais a educação para a tolerância que o *imperium Romanum* fornecia — esta não é aquela ingênua e rabugenta fé de vassalo, com que um Lutero, um Cromwell ou outro nórdico bárbaro do espírito se apegou a seu Deus e seu cristianismo; seria antes a fé de Pascal, que de modo apavorante semelha um contínuo suicídio da razão — uma razão teimosa, longeva, vermiforme, que não se deixa liquidar de uma só vez. Desde o começo a fé cristã é sacrifício: sacrifício de toda liberdade, todo orgulho, toda confiança do espírito em si mesmo; e ao mesmo tempo solidão e autoescarnecimento, automutilação. Há crueldade e fenicismo religioso[80] nessa fé, que é exigida de uma consciência debilitada, múltipla e de muitos vícios: seu pressuposto é que a submissão do espírito seja indescritivelmente *dolorosa*, que todo o passado e todo o hábito de um tal espírito se oponham ao *absurdissimum* que a "fé" para ele representa. Os homens modernos, com sua obtusidade face à nomenclatura cristã, já não percebem o quanto havia de terrivelmente superlativo, para o gosto antigo, na paradoxal fórmula "Deus na cruz". Até hoje não existiu, nunca e em parte alguma, semelhante ousadia na inversão, algo tão terrível, tão interrogativo e tão questionável como essa fórmula: ela prometia uma tresvaloração[81] de todos os valores antigos. — Foi o Oriente, *o profundo* Oriente, foi o escravo oriental que desse modo se vingou de Roma e de sua tolerância nobre e frívola, do "catolicismo" romano da fé — e não foi jamais a fé, mas sim a liberdade em relação à fé, aquela semiestoica e sorridente despreocupação com a seriedade da fé, o que irritou os escravos nos senhores, contra os senhores. A "Ilustração" irrita:[82] o escravo quer o incondicional, ele só compreende o que é tirânico, também na moral; ele ama como odeia, sem nuance e até o fundo, até a dor, até a doença — seu enorme sofrimento *oculto* se revolta contra o gosto nobre, que parece *negar* o sofrer. O ceticismo em relação ao sofrimento, no fundo somente uma pose da moral aristocrática, concorreu em não pequena medida para a última grande rebelião de escravos, que teve início com a Revolução Francesa.

47. Onde quer que a neurose religiosa tenha aparecido na Terra, nós a encontramos ligada a três prescrições dietéticas perigosas: solidão, jejum e abstinência sexual — mas sem podermos decidir, com segurança, o que aí é causa e o que é efeito, e mesmo se existe uma relação de causa e efeito. Justifica a última dúvida o fato de, entre os seus sintomas mais regulares, tanto nos povos selvagens como nos domesticados, achar-se também a volúpia mais repentina e extravagante, que de modo igualmente súbito se transforma em convulsão de penitência e negação do mundo e da vontade: ambas interpretáveis como epilepsia mascarada, talvez? Aqui, mais do que em outra parte, deve-se renunciar à interpretação: em torno de nenhum outro tipo se desenvolveu até agora tanta insensatez e superstição, nenhum outro parece haver interessado mais os homens, inclusive os filósofos — seria tempo de precisamente aqui tornar-se um pouco frio, aprender a cautela, melhor ainda: afastar a vista, *afastar-se*.[83] — Mesmo no fundo da filosofia mais recente, a de Schopenhauer, encontra-se, quase como o problema em si, essa horrível interrogação da crise e do despertar religioso. Como é *possível* a negação da vontade? Como é possível o santo? — esta parece ter sido mesmo a questão pela qual Schopenhauer se tornou filósofo, e com a qual começou. E assim foi uma consequência genuinamente schopenhaueriana que seu partidário mais convicto (e talvez o último, no que toca à Alemanha —), ou seja, Richard Wagner, completasse a obra de sua vida justamente nesse ponto, e pusesse afinal em cena esse tipo terrível e eterno na figura de Kundry, *type vécu* [tipo existido], em carne e osso; na mesma época em que os alienistas de quase toda a Europa tinham oportunidade de estudá-lo de perto, em todo lugar onde a neurose religiosa — ou "*das religiöse Wesen*",[84] tal como a chamo — teve, como "Exército da Salvação", sua última irrupção e exibição epidêmica. Mas se nos perguntamos o que, em todo esse fenômeno do santo, foi tão extraordinariamente interessante para os homens de toda espécie e de todos os tempos, mesmo para os filósofos: foi sem dúvida a sua aparência de milagre, de imediata *sucessão de opostos*, de estados d'alma julgados moralmente opostos: aqui parecia palpável que um "homem mau" se tornasse de repente um "santo", um homem bom. A psicologia até agora existente naufragou nesse ponto: isso não teria acontecido, antes de tudo, porque ela se tinha colocado sob o domínio da moral, porque ela mesma *acreditava* nas oposições morais de valores, e jogava, lia, *interpretava* essas oposições no texto *e* no dado? — Como? O "milagre" apenas um erro de interpretação? Uma falta de filologia? —

48. O catolicismo parece estar mais intimamente ligado às raças latinas do que o nosso cristianismo a nós, homens do Norte; e, por conseguinte, nos países católicos a incredulidade deve ter um significado bem diverso daquele nos países protestantes — ou seja, uma espécie de revolta contra o espírito da raça, enquanto para nós é antes um retomo ao espírito (ou falta de —) da raça. Nós, do Norte, descendemos indubitavelmente de raças bárbaras, também no que se refere ao dote para a religião: somos *mal* dotados para ela. Pode-se abrir exceção para os celtas, que por isso mesmo proporcionaram o melhor terreno para a infecção cristã no Norte — na França o ideal cristão veio a florescer, tanto quanto permitiu o pálido sol setentrional. Mesmo esses últimos céticos franceses, como são estranhamente piedosos para o nosso gosto, na medida em que têm algum sangue celta na origem! Como nos parece católica e não alemã a sociologia de Auguste Comte, com sua lógica romana dos instintos! Como soa jesuítico aquele amável e sagaz cicerone de Port-Royal, Sainte-Beuve, não obstante sua hostilidade aos jesuítas! Quanto a Ernest Renan: como é inacessível para nós, setentrionais, a linguagem desse Renan, em que um nada de tensão religiosa vem a todo momento desequilibrar sua alma, num sentido sutil voluptuosa e amante da comodidade! Basta repetir com ele estas belas frases — e quanta malícia e petulância se agita de imediato, como resposta, em nossa alma provavelmente menos bela e mais severa, ou seja, mais alemã! — "[...] *disons donc hardiment que la religion est un produit de l'homme normal, que l'homme est le plus dans le vrai quand il est le plus religieux et le plus assuré d'une destinée infinie... C'est quand il est bon qu'il veut que la vertu corresponde à un ordre éternel, c'est quand il contemple les* *choses d'une manière désintéressée qu'il trouve la mort révoltante et absurde. Comment ne pas supposer que c'est dans ces moments-là, que l'homme voit le mieux?...* " [digamos então, audaciosamente, que a religião é produto do homem normal, que o homem está mais próximo à verdade quando é mais religioso e mais seguro de um destino infinito... É quando ele é bom que ele deseja que a virtude corresponda a uma ordem eterna, é quando ele contempla as coisas de uma maneira desinteressada que ele acha a morte revoltante e absurda. Como não supor que é nesses momentos que o homem enxerga melhor?].[85] Essas frases são de tal modo *antípodas* aos meus ouvidos e a meus hábitos que, ao encontrá-las, meu primeiro movimento de cólera escreveu-lhes ao lado "*la niaiserie religieuse par excellence*!" [a tolice religiosa por excelência!] — até que a minha última cólera chegou a gostar delas, com sua verdade de cabeça para baixo! É tão agradável e tão distinto ter seus antípodas!

49. Aquilo que assombra, na religiosidade dos antigos gregos, é a exuberante gratidão que ela irradia — é uma espécie muito nobre de homem, a que *assim* se coloca perante a vida e a natureza! — Mais tarde, quando o populacho atinge a preponderância na Grécia, o *medo* prolifera também na religião; o cristianismo se preparava. —

50. A paixão por Deus: há espécies rústicas, cândidas e importunas, como a de Lutero — todo o protestantismo carece da *delicatezza* meridional. Há também um êxtase oriental, como o de um escravo imerecidamente agraciado e elevado, o de Agostinho, por exemplo, que de maneira ofensiva carece de toda nobreza de atitudes e desejos. Há delicadeza e cobiça feminina, que de maneira pudica e insciente busca uma *unio mystica et physica*: como em Madame de Guyon. Em muitos casos aparece, bastante curiosamente, como disfarce para a puberdade de uma garota ou um rapaz; às vezes como histeria de uma solteirona, inclusive, ou como sua última ambição — em vários casos assim, a Igreja canonizou a mulher.

51. Os homens mais poderosos sempre se curvaram respeitosamente diante do santo, ante o enigma da sujeição de si mesmo e derradeira renúncia intencional: por que se curvavam eles? Nele pressentiam — como que por trás do ponto de interrogação de sua aparência frágil e mísera — a força superior que queria se testar com uma tal sujeição, a fortaleza de vontade na qual reconheciam e honravam a própria fortaleza e prazer em dominar: estavam honrando a si mesmos, ao honrar o santo. A isto se junta que a visão do santo lhes despertava uma suspeita: uma tal monstruosidade de negação, de antinatureza, não terá sido desejada em vão, assim diziam e perguntavam a si mesmos. Não haveria uma razão para isso, um perigo muito grande, do qual o asceta estaria mais informado, graças aos seus acólitos e visitantes secretos? Em suma, os poderosos do mundo aprendiam diante dele um novo medo, e pressentiam um novo poder, um inimigo estrangeiro, ainda não sujeitado — a "vontade de poder" é que os obrigava a se deter frente ao santo. Eles tinham que interrogá-lo —

52. No "Antigo Testamento" judeu, o livro da justiça divina, existem homens, coisas e falas num estilo tão grandioso, que as literaturas grega e indiana nada têm para lhe pôr ao lado. Com terror e veneração nos colocamos face a esses enormes vestígios do que foi o homem uma vez, pensando tristemente na velha Ásia e na sua pequena península Europa, que tanto queria representar o "progresso do homem" em relação à Ásia. Sem dúvida: quem não passa de um minguado animal doméstico, e conhece apenas necessidades de animal doméstico (como os nossos cultos de hoje, os cristãos do cristianismo "culto" inclusive —), não tem por que se maravilhar nem por que se afligir, em meio a essas ruínas — o gosto pelo Antigo Testamento é uma pedra de toque, em relação a "pequeno" e "grande" —: talvez ache o Novo Testamento, o livro da graça, mais conforme ao seu coração (nele há muito do cheiro úmido-adocicado dos beatos e almas pequenas). Ter colado esse Novo Testamento, espécie de rococó do gosto em todo sentido, ao Antigo Testamento para formar *um só* livro, chamado "a Bíblia", "o Livro": esta é talvez a grande temeridade, o maior "pecado contra o espírito" que a Europa literária tem na consciência.

53. Por que ateísmo hoje? O "pai" em Deus está inteiramente refutado; assim também o "juiz", o "recompensador". Do mesmo modo o seu "livre-arbítrio": ele não ouve — e se ouvisse, não saberia como ajudar. O pior de tudo é: ele parece incapaz de se comunicar com clareza: será obscuro? — Eis o que, através de muitas conversas, inquirindo e escutando, encontrei como causas para o declínio do teísmo europeu; parece-me que o instinto religioso está em pleno crescimento — mas que a satisfação teísta é por ele rejeitada com profunda desconfiança.

54. Que faz, no fundo, toda a filosofia moderna? Desde Descartes — e antes apesar dele do que a partir do seu precedente — todos os filósofos têm feito um atentado contra o velho conceito de alma, sob a aparência de uma crítica ao conceito de sujeito e predicado — ou seja: um atentado contra o pressuposto fundamental da doutrina cristã. A filosofia moderna, sendo um ceticismo epistemológico, é, abertamente ou não, *anticristã*: embora, diga-se para ouvidos mais sutis, de maneira nenhuma antirreligiosa. Pois antigamente se acreditava na "alma", assim como se acreditava na gramática e no sujeito gramatical: dizia-se que "eu" é condição, "penso" é predicado e condicionado — pensar é uma atividade, para a qual um sujeito *tem* que ser pensado como causa. Tentou-se então, com tenacidade e astúcia dignas de admiração, enxergar uma saída nessa teia — se não seria verdadeiro talvez o contrário: "penso", condição; "eu", condicionado; "eu" sendo uma síntese, *feita* pelo próprio pensar. *Kant* queria demonstrar, no fundo, que a partir do sujeito o sujeito não pode ser pensado — e tampouco o objeto: a possibilidade de uma *existência aparente* do sujeito, da "alma", pode não lhe ter sido estranha, pensamento este que, como filosofia vedanta, já houve uma vez na terra, com imenso poder.

55. Há uma grande escala na crueldade religiosa, com muitos níveis; mas três deles são mais importantes. Houve tempo em que se sacrificava ao deus seres humanos, talvez justamente aqueles que mais se amava — nesse caso estão os sacrifícios de primogênitos, em todas as religiões pré-históricas, e também o sacrifício do imperador Tibério na gruta de Mitra, na ilha de Capri, o mais horrível dos anacronismos romanos.[86] Depois, na época moral da humanidade, sacrificava-se ao deus os instintos mais fortes que se possuía, a própria "natureza"; é *esta* alegria festiva que reluz no olhar cruel do asceta, do entusiasta "antinatural". Por fim: que restava ainda a sacrificar? Não era preciso, finalmente, sacrificar tudo o que há de consolador, sagrado, salvador, toda esperança, toda fé numa harmonia oculta, em bem-aventuranças e justiças futuras? Não era preciso sacrificar o próprio deus, e, por crueldade a si mesmo, adorar a pedra, a imbecilidade, a gravidade, o destino, o nada? Sacrificar Deus ao nada — esse paradoxal mistério da crueldade derradeira ficou reservado para a geração que surge agora: todos nós já sabemos alguma coisa disso. —

56. Quem, como eu, impelido por um afã misterioso, se esforçou em pensar o pessimismo até o fundo, e libertá-lo da estreiteza e singeleza meio cristã, meio alemã, com que ele afinal se apresentou neste século, na forma da filosofia schopenhaueriana; quem verdadeiramente, com uma visão asiática e mais que asiática, penetrou o interior e a profundeza daquele que mais nega o mundo, entre todos os possíveis modos de pensar — além do bem e do mal, e não mais, como Buda e Schopenhauer, no fascínio e delírio da moral —,[87] talvez esse alguém, sem que o quisesse realmente, tenha aberto os olhos para o ideal contrário: o ideal do homem mais exuberante, mais vivo e mais afirmador do mundo, que não só aprendeu a se resignar e suportar tudo o que existiu e é, mas deseja tê-lo novamente, *tal como existiu e é*, por toda a eternidade, gritando incessantemente "*da capo*" [do início], não apenas para si mesmo, mas para a peça e o espetáculo inteiro, e não apenas para um espetáculo, mas no fundo para aquele que necessita justamente desse espetáculo — e o faz necessário: porque sempre necessita outra vez de si mesmo — e se faz necessário — Como? E isto não seria *circulus vitiosus deus* [deus como círculo vicioso]?

57. Com a força da sua visão e intuição espiritual, cresce a distância e como que o espaço em volta do homem: o seu mundo torna-se mais fundo, aparecem-lhe novas estrelas no horizonte, novos enigmas e imagens. Talvez tudo aquilo em que o olhar do espírito exercitou sua penetração e perspicácia tenha sido justamente exercício, oportunidade para o jogo, coisa para crianças e cabeças infantis. Talvez as noções mais solenes, em torno das quais sempre se lutou e sofreu, os conceitos de "Deus" e "pecado", não venham a nos parecer mais importantes que um brinquedo ou uma dor de criança para o homem velho — e talvez o "velho homem" necessite então de outro brinquedo e outras dores — ainda criança o bastante, uma eterna criança!

58. Já se observou o quanto uma autêntica vida religiosa (tanto o seu trabalho favorito de autoanálise microscópica quanto essa suave compostura que se chama "oração", que é uma contínua disposição para a "vinda de Deus" —) requer o ócio ou meio-ócio exterior, quero dizer, o ócio com boa consciência, de longa data, de sangue, ao qual não é totalmente estranho o sentimento aristocrático de que o trabalho *desonra* — torna a alma e o corpo vulgares? E que, por consequência, a laboriosidade moderna, barulhenta, consumidora de tempo, orgulhosa de si, estupidamente orgulhosa, mais que qualquer coisa educa e prepara justamente para a "descrença"? Entre aqueles que na Alemanha de hoje vivem à margem da religião, por exemplo, encontro pessoas de livre-pensar diverso na origem e na espécie, mas sobretudo uma maioria cuja laboriosidade, de geração em geração, veio a dissolver os instintos religiosos: de modo que já não sabem para que servem as religiões, e apenas com mudo assombro chegam a registrar a sua presença no mundo. Elas já se sentem bastante requisitadas, essas ótimas pessoas, quer por seus negócios, quer por seus prazeres, sem falar da "pátria" e dos jornais, e das "obrigações de família": parece que não lhes sobra tempo para a religião, ainda mais porque não percebem muito bem do que se trata, se de um novo negócio ou um novo prazer — pois não se pode, dizem a si mesmas, ir à igreja somente para estragar o bom humor. Elas não são inimigas dos costumes religiosos; se a participação nesses costumes é exigida em alguns casos, por parte do Estado, digamos, elas fazem o que se exige, tal como se fazem tantas coisas —, com uma modesta e paciente seriedade, sem muita curiosidade ou mal-estar — vivem por demais de fora e à margem, para sequer achar necessário ser a favor ou contra nessas questões. Entre esses indiferentes está a maior parte dos protestantes alemães de classes médias, em especial nos grandes centros de comércio e ofício; da mesma forma a grande maioria dos eruditos laboriosos e todos os pertencentes à universidade (com exceção dos teólogos, cuja existência, e possibilidade de lá existir, fornece aos psicólogos enigmas cada vez mais numerosos e mais sutis). As pessoas piedosas, ou apenas favoráveis à Igreja, raramente fazem ideia de *quanta* boa vontade, ou mesmo voluntariedade,[88] é preciso hoje para que um erudito alemão tome a sério o problema da religião; pelo seu ofício (e, como disse, pela sua laboriosidade profissional, a que é obrigado por sua consciência moderna) ele tende a uma jovialidade superior e quase bondosa diante da religião, à qual se mistura por vezes um leve menosprezo, dirigido ao "desasseio" do espírito que ele pressupõe em todos que ainda pertencem à Igreja. Apenas com ajuda da história (e *não* a partir de sua experiência pessoal) o erudito alcança uma reverente seriedade e uma certa consideração tímida para com a religião; mas se ele ergue seu sentimento até à gratidão para com ela, mesmo assim não se aproximará, com sua pessoa, um passo apenas ao que ainda existe como Igreja ou devoção: talvez o contrário. A indiferença prática em relação às coisas religiosas, em meio à qual ele nasceu e foi educado, nele é sublimada geralmente em cautela e correção que teme o contato com pessoas e coisas religiosas; e pode ser justamente a profundeza da sua tolerância e humanidade que o faz fugir ao sutil apuro que o tolerar traz consigo. Cada época tem o seu divino tipo de ingenuidade, cuja invenção as outras épocas poderiam invejar — e quanta ingenuidade, uma ingenuidade respeitável, infantil, desmedidamente tosca, não existe nessa crença de superioridade do erudito, na consciência tranquila da sua tolerância, na crédula certeza com que o seu instinto trata o homem religioso como um tipo inferior e de menor valor, que ele mesmo superou, deixou para trás, *para baixo* — ele, o pequeno anão e plebeu presunçoso, o ágil e diligente trabalhador braçal-intelectual a serviço das "ideias", as "ideias modernas"!

59. Quem observou o mundo em profundidade, percebe quanta sabedoria existe no fato de os homens serem superficiais. É o seu instinto conservador que lhes ensina a ser volúveis, ligeiros e falsos. Aqui e ali encontramos, entre filósofos e entre artistas, um culto apaixonado e excessivo das "formas puras": ninguém duvide que quem *necessita* de tal maneira adorar a superfície, em algum momento fez uma incursão infeliz *por baixo* dela. Talvez haja até mesmo uma hierarquia entre essas crianças escaldadas que são os artistas natos, cujo prazer na vida se resume à intenção de lhe *falsear* a imagem (como que numa prolongada vingança da vida —): o grau de desgosto que a vida alcançou neles poderia ser medido pelo quanto desejam vê-la falseada, diluída, idealizada, divinizada — os *homines religiosi* poderiam ser colocados entre os artistas, como sua categoria suprema. É o profundo e desconfiado temor a um pessimismo incurável, o que obriga milênios inteiros a abraçar firmemente uma interpretação religiosa do existir: o temor daquele instinto que pressente que se poderia ter a verdade *cedo demais*, antes que o homem se tenha tornado forte, duro e artista o bastante... Vista com esse olhar, a devoção, a "vida em Deus", apareceria como o rebento último e mais sutil do *temor* à verdade, como adoração e embriaguez de artista face à mais consequente das falsificações, como vontade de inversão da verdade, de inverdade a todo preço. Talvez não tenha havido até hoje um meio mais eficaz de embelezar o próprio homem do que a devoção: através dela o homem pode se tornar de tal modo arte, superfície, trama de cores, bondade, que já não sofremos com a sua visão. —

60. Amar o homem *por amor a Deus* — este foi, até o momento, o mais nobre e mais remoto sentimento alcançado entre os homens. Que o amor ao próximo, sem uma oculta intenção santificadora, é uma estupidez e animalidade *mais*, que esse pendor a amar os homens tem que receber de um mais elevado pendor a sua medida, sua finura, seu grão de sal e partícula de âmbar — qualquer que tenha sido o homem que primeiro sentiu e "viveu" isso, e por mais que sua língua tenha gaguejado, ao tentar exprimir uma delicadeza assim, ele nos será para sempre sagrado e venerável, como aquele que até hoje voou mais alto e se extraviou do modo mais belo!

61. O filósofo tal como *nós* o entendemos, nós, espíritos livres — como o homem da responsabilidade mais ampla, que se preocupa com a evolução total do homem: esse filósofo se utilizará das religiões para a sua obra de educação e cultivo, do mesmo modo que se utilizará das condições políticas e econômicas do momento. A influência cultivadora, seletiva, isto é, tanto destrutiva quanto criadora e modeladora, que se pode exercer com ajuda das religiões, é sempre múltipla e diversa, conforme o tipo de homens colocados sob seu domínio e proteção. Para os fortes, independentes, preparados e predestinados ao comando, nos quais se encarnam a razão e a arte de uma raça dominante, a religião é mais um meio de vencer resistências para dominar: é um laço que une dominadores e súditos, e que denuncia e entrega àqueles a consciência destes, o que neles é mais íntimo e oculto, que bem gostaria de se subtrair à obediência; e se algumas naturezas de origem nobre se inclinarem, por uma elevada espiritualidade, a uma vida mais afastada e contemplativa, guardando para si apenas a mais refinada espécie de domínio (sobre discípulos eleitos ou irmãos de ordem), a religião pode ser usada inclusive como meio de obter paz frente ao barulho e à fadiga de modos mais *grosseiros* de governo, e limpeza frente à necessária sujeira de toda política. Assim fizeram os brâmanes, por exemplo: através de uma organização religiosa atribuíram-se o poder de nomear reis para o povo, mantendo-se e sentindo-se fora e à margem, como indivíduos de tarefas superiores e suprarreais. Entretanto a religião também fornece, a uma parte dos dominados, orientação e oportunidade de preparar-se para dominar e comandar algum dia:

àquelas classes e camadas que sobem lentamente, nas quais não param de crescer, mediante felizes costumes matrimoniais, a força e o prazer da vontade, a vontade de autodomínio — a elas a religião oferece estímulos e tentações suficientes para percorrer o caminho da espiritualidade superior, para colocar à prova os sentimentos da grande superação de si mesmo, do silêncio e da solidão — ascetismo e puritanismo são meios de educação e enobrecimento quase indispensáveis, quando uma raça pretende triunfar de sua origem plebeia e ascender ao domínio futuro. Aos homens ordinários, enfim, o grande número que existe para o serviço e para a utilidade geral, e que apenas assim tem *direito* a existir, a esses a religião proporciona uma inestimável satisfação com seu estado e seu modo de ser, uma reiterada paz do coração, um enobrecimento da obediência, mais alegria e mais dor em comum com seus iguais, e alguma transfiguração e embelezamento, alguma justificação de toda a cotidianidade, de toda a baixeza, toda a pobreza semianimal da sua alma. A religião e a significação religiosa da vida lançam um raio de sol a essas criaturas atormentadas e lhes tornam suportável inclusive a própria visão, têm o efeito que uma filosofia epicurista costuma ter em sofredores de uma categoria mais elevada, aliviando, refinando, como que se *aproveitando* do sofrimento, chegando inclusive a santificá-lo e justificá-lo. Talvez não haja, no cristianismo e no budismo, nada tão digno de respeito como a sua arte de ensinar mesmo os mais humildes a se colocar, pela devoção, numa ilusória ordem superior de coisas, mantendo assim o contentamento com a ordem real, no interior da qual vivem tão duramente — dureza essa que é tão necessária.

62. Por fim, para fazer também o balanço negativo de tais religiões e trazer à luz o seu inquietante perigo — paga-se um preço caro e terrível, quando as religiões não se acham em mãos do filósofo como meios de cultivo e educação, mas atuam de maneira soberana e por si, querendo elas mesmas ser os fins e não meios entre outros meios. Existe entre os homens, como em toda espécie animal, um excedente de malogrados, enfermos, degenerados, fracos e votados ao sofrimento; também entre os homens os casos bem-sucedidos constituem exceção, e, dado que o homem é *o animal ainda não determinado*, são mesmo uma exceção rara. Mas o que é pior: quanto mais elevado o tipo de ser humano que um homem representa, menor a probabilidade de que ele *vingue*: o acidental, a lei do absurdo na economia geral da humanidade, mostra-se do modo mais terrível em seu efeito destrutivo sobre os homens superiores, cujas condições de vida são delicadas, complexas e difíceis de calcular. Como se comportam então essas duas religiões principais, frente a esse *excedente* de casos malogrados? Elas procuram conservar, manter em vida, tudo que se possa manter; mais ainda, sendo religiões *para* sofredores, tomam o partido deles por princípio, dão razão a todos os que sofrem da vida como de uma doença, e desejariam obter que qualquer outro sentimento da vida fosse considerado falso e tornado impossível. Por mais que se estime esse cuidado atencioso e conservador, na medida em que, além dos outros tipos de homem, ele se aplica e se aplicou àquele mais elevado, que quase sempre foi também o mais sofredor: no balanço total as religiões *soberanas*, as que até agora tivemos, estão entre as maiores causas que mantiveram o tipo "homem" num degrau inferior — conservaram muito do que *deveria perecer*. Temos coisas inestimáveis a lhes agradecer; e quem seria tão rico em gratidão, que não se tornasse pobre em face de tudo o que os "homens espirituais" do cristianismo, por exemplo, fizeram até hoje pela Europa! E no entanto, quando davam consolo aos sofredores, ânimo aos oprimidos e desesperados, sustento e apoio aos dependentes, e quando atraíam os interiormente destruídos e os que se tornavam selvagens para os monastérios e penitenciárias da alma, afastando-os da sociedade: que mais precisavam fazer para trabalhar, de consciência tranquila e sistematicamente, na conservação de tudo que era doente e sofredor, ou seja, trabalhar de fato e verdadeiramente na *degradação da raça europeia*?[89] Colocar *de cabeça para baixo* todas as valorações — *isto* é o que tiveram de fazer! E destroçar os fortes, debilitar as grandes esperanças, tornar suspeita a felicidade da beleza, dobrar tudo que era altivo, viril, conquistador, dominador, todos os instintos próprios do mais elevado e mais bem logrado tipo "homem", transformando-os em incerteza, tormento de consciência, autodestruição; mais ainda, converter todo o amor às coisas terrenas e ao domínio sobre a Terra em ódio a tudo terreno — *esta* foi a tarefa que a Igreja se impôs e teve que se impor, até que, em sua estimativa, "extramundano", "dessensual" e "homem superior" se fundiram *num só* sentimento. Supondo que se pudesse abarcar, com o olho irônico e distanciado de um deus epicúreo, a comédia singularmente dolorosa do cristianismo europeu, ao mesmo tempo grosseira e sutil, creio que não haveria limites para o espanto e o riso: pois não parece que apenas *uma* vontade dominou a Europa por dezoito séculos, a de fazer do homem um *sublime aborto*? Mas aquele que com necessidades opostas, não mais de maneira epicúrea, mas com algum divino martelo nas mãos, se aproximasse dessa degeneração e atrofia quase voluntária que é o europeu cristão (Pascal, por exemplo), deveria gritar com raiva, com pena e com horror: "Ó estúpidos, presunçosos e compassivos estúpidos, que fizeram vocês!? Isso era trabalho para suas mãos? Deformaram e estragaram minha pedra mais bela! A quanto se atreveram vocês!" — Em outras palavras: o cristianismo foi, até hoje, a mais funesta das presunções. Homens sem dureza e elevação suficientes para poder, como artistas, dar *forma ao homem*; homens sem longividência e força suficientes para, com uma sublime vitória sobre si, deixar valer a lei primordial das mil formas de malogro e perecimento; homens sem nobreza suficiente para perceber o hiato e a hierarquia abissalmente diversos existentes entre homem e homem — *esses* homens, com sua "igualdade perante Deus", governaram sempre o destino da Europa, até que finalmente se obteve uma espécie diminuída, quase ridícula, um animal de rebanho, um ser de boa vontade, doentio e medíocre, o europeu de hoje...

Capítulo quarto
MÁXIMAS E INTERLÚDIOS

63. Quem é professor nato considera cada coisa apenas em relação aos seus alunos — inclusive a si mesmo.

64. "O conhecimento pelo conhecimento" — eis a última armadilha colocada pela moral: é assim que mais uma vez nos enredamos inteiramente nela.

65. A atração do conhecimento seria mínima, se não houvesse tanto pudor a vencer no caminho até ele.

65a. É com seu próprio deus que as pessoas são mais desonestas: não lhe é *permitido* pecar.

66. A inclinação a se rebaixar, a deixar-se roubar, iludir, explorar, poderia ser o pudor de um deus entre os homens.

67. O amor a um único ser é uma barbaridade: pois é praticado às expensas de todos os outros. Também o amor a Deus.

68. "Eu fiz isso", diz minha memória. "Eu não posso ter feito isso", diz meu orgulho, e permanece inflexível. Por fim — a memória cede.

69. Fomos maus espectadores da vida, se não vimos também a mão que delicadamente — mata.

70. Quando se tem caráter, tem-se também sua experiência típica, que sempre retorna.

71. O sábio como astrônomo. — Enquanto você sentir as estrelas como "algo acima", falta-lhe ainda o olhar do conhecimento.[90]

72. Não a intensidade, mas a constância das impressões superiores, é que produz os homens superiores.

73. Quem alcança seu ideal, vai além dele.

73a. Muitos pavões escondem de todos os olhos a sua cauda de pavão — e chamam isso de seu orgulho.

74. Um homem de gênio é insuportável, se não possui ao menos duas coisas mais: gratidão e asseio.

75. O tipo e o grau da sexualidade de um homem atingem os cumes mais altos do seu espírito.

76. Em circunstâncias de paz, o homem guerreiro se lança contra si mesmo.

77. Com os nossos princípios queremos tiranizar, justificar, honrar, insultar ou esconder os nossos hábitos — dois homens com os mesmos princípios querem provavelmente algo profundamente diverso.

78. Quem se despreza, ainda preza a si mesmo como desprezador.

79. Uma alma que se sabe amada, mas não ama, revela seu sedimento: o que está no fundo vem à tona.

80. Uma coisa que se esclarece deixa de nos interessar. — Que queria dizer o deus que aconselhou: "Conhece a ti mesmo"? Isto significava talvez: "Deixa de interessar-te por ti! torna-te objetivo!" — E Sócrates? — E o "homem científico"? —

81. É terrível morrer de sede no mar. Vocês têm de salgar sua verdade a tal ponto que ela nem sequer mais — mata a sede?

82. "Compaixão para com todos" — isto seria dureza e tirania com *você*, caro próximo!

83. *O instinto* — Quando a casa queima, esquecemo-nos até do almoço. — Sim: mas depois vamos recuperá-lo das cinzas.

84. A mulher aprende a odiar na medida em que desaprende a — enfeitiçar.

85. Os mesmos afetos, no homem e na mulher, têm ritmo diferente: por isso o homem e a mulher não cessam de se desentender.

86. Por trás da vaidade pessoal, as próprias mulheres têm o seu desprezo impessoal — pela "mulher".

87. *Coração atado, espírito livre.* — Quando se amarra e se mantém preso o próprio coração, pode-se dar ao espírito muitas liberdades: já o disse uma vez. Mas não me acreditam, a menos que já o saibam.

88. Começamos a desconfiar das pessoas sagazes quando elas ficam embaraçadas.

89. Experiências terríveis fazem pensar se aquele que as vive não é algo terrível.

90. As pessoas graves e sombrias tornam-se mais leves precisamente através daquilo que torna outras pessoas graves, através do ódio e do amor, e chegam assim por um momento à própria superfície.

91. Tão frio, tão glacial, que nele queimamos os dedos! Toda mão se sobressalta ao tocá-lo! — E justamente por isso muitos o tomam por ardente.

92. Quem já não se sacrificou alguma vez — pela própria reputação?

93. Na afabilidade não há traço de ódio aos homens, mas precisamente por isso demasiado desprezo aos homens.

94. Maturidade do homem: significa reaver a seriedade que se tinha quando criança ao brincar.

95. Envergonhar-se da própria imoralidade: é um degrau da escada ao fim da qual nos envergonhamos da nossa moralidade.

96. Devemos nos despedir da vida como Ulisses de Nausícaa — bendizendo mais que amando.[91]

97. Como? Um grande homem? Consigo ver apenas o ator de seu próprio ideal.

98. Se treinamos nossa consciência, ela beija enquanto nos morde.[92]

99. Fala o desapontado. — "Eu esperava por um eco, e ouvi apenas elogio. —"

100. Para nós mesmos nos fazemos mais simples do que somos: assim descansamos do nosso próximo.

101. Hoje um homem do conhecimento pode facilmente sentir-se Deus tornado animal.[93]

102. Descobrir que é correspondido deveria na verdade desenganar o amante em relação ao ser amado. "Como? É modesta a ponto de te amar? Ou estúpida? Ou — ou —."

103. O perigo na felicidade. — "Agora tudo está saindo bem para mim, agora amo qualquer destino. Quem quer ser meu destino?"

104. Não o seu amor ao próximo, mas a impotência do seu amor ao próximo é que impede os cristãos de hoje de nos — queimar.

105. Para o espírito livre, o "devoto do conhecimento", a *pia fraus* [mentira piedosa] é ainda mais ofensiva ao gosto (à sua "devoção") que a *impia fraus*.[94] Daí sua profunda incompreensão em relação à Igreja, inerente ao "espírito livre" a *sua* espécie de não liberdade.

106. Através da música as paixões gozam a si mesmas.

107. Uma vez tomada a decisão, fechar os ouvidos mesmo ao melhor argumento contrário: sinal do caráter forte. Portanto, uma ocasional vontade de estupidez.

108. Não existem fenômenos morais, apenas uma interpretação moral dos fenômenos...

109. Com bastante frequência o criminoso não está à altura do seu ato: ele o diminui e difama.

110. Raramente os advogados de um criminoso são artistas o bastante para reverter a seu favor o belo horror do seu ato.

111. Precisamente quando nosso orgulho foi ferido é mais difícil ferir nossa vaidade.

112. Para aquele que se sente destinado a ver, e não a crer, todos os crentes são ruidosos e importunos: ele se protege deles.

113. “Quer ganhar a simpatia dele? Mostre-se embaraçado em sua presença. —”

114. A enorme expectativa quanto ao amor sexual, e a vergonha dessa expectativa, estragam de antemão todas as perspectivas para a mulher.

115. Quando o amor ou o ódio não participa do jogo, a mulher é jogadora medíocre.[95]

116. As grandes épocas de nossa vida são aquelas em que temos a coragem de rebatizar nosso lado mau de nosso lado melhor.

117. A vontade de superar um afeto é, em última instância, tão somente a vontade de um outro ou vários outros afetos.

118. Existe uma inocência da admiração: a daquele ao qual ainda não ocorreu que pode vir a ser admirado um dia.

119. O nojo da sujeira pode ser tão grande que nos impeça de nos limparmos — de nos “justificarmos”.

120. Com frequência a sensualidade precipita o crescimento do amor, de modo que a raiz permanece fraca e é facilmente arrancada.

121. Foi uma sutileza que Deus aprendesse grego quando quis se tomar escritor — e que não o aprendesse melhor.

122. Alegrar-se com um elogio é, para alguns, apenas uma cortesia do coração — precisamente o oposto de uma vaidade do espírito.

123. Também o concubinato foi corrompido — pelo casamento.

124. Quem se regozija mesmo no patíbulo não triunfa sobre a dor, mas por não sentir a dor que esperava. Uma parábola.

125. Quando temos que mudar de opinião acerca de alguém, não lhe perdoamos o incômodo que assim nos causa.

126. Um povo é o rodeio que faz a natureza para chegar a seis ou sete grandes homens. — Sim: para em seguida evitá-los.

127. A ciência ofende o pudor das verdadeiras mulheres. Elas têm a sensação de que se pretende observá-las sob a pele — pior: sob as vestes e os adornos.

128. Quanto mais abstrata for a verdade que você ensina, tanto mais deverá seduzir os sentidos para ela.

129. O Diabo tem as mais amplas perspectivas sobre Deus, motivo pelo qual se mantém tão afastado dele. O Diabo: o mais velho amigo do conhecimento.

130. O que alguém *é* começa a se revelar quando o seu talento declina — quando ele cessa de mostrar o quanto *pode*. O talento é também um ornamento; um ornamento é também um esconderijo.

131. Os sexos se enganam um a respeito do outro: no fundo, cada um deles ama e honra apenas a si mesmo (ou o seu ideal, para dizê-lo de modo mais agradável). Assim o homem quer a mulher tranquila — mas a mulher, como o gato, é *essencialmente* intranquila,[96] por mais que tenha aprendido a dar-se uma aparência de paz.

132. É por nossas virtudes que somos bem punidos.

133. Quem não sabe encontrar o caminho para o *seu* ideal, vive de modo mais frívolo e insolente que o homem sem ideal.

134. Toda credibilidade, toda boa consciência, toda evidência de verdade vem apenas dos sentidos.

135. No homem bom, o farisaísmo não é uma degeneração: uma boa dose dele é, isto sim, a condição para o ser-bom.

136. Um busca uma parteira para seus pensamentos, o outro, alguém a quem possa ajudar: assim nasce uma boa conversa.

137. No trato com eruditos e artistas, é fácil equivocar-se em direções opostas: por trás de um erudito notável encontramos não raro um homem medíocre, e por trás de um artista medíocre — um homem muito notável.

138. O que fazemos em sonhos, fazemos acordados: inventamos e construímos a pessoa com quem lidamos — para em seguida esquecer que assim fizemos.

139. Na vingança e no amor, a mulher é mais bárbara que o homem.

140. *Conselho em forma de enigma.* — "Se o laço não deve romper — é preciso antes morder."

141. É o baixo ventre que impede o homem de considerar-se um deus.

142. A frase mais pudica que jamais ouvi: "*Dans le véritable amour, c'est l'âme qui enveloppe le corps*" [No verdadeiro amor, é a alma que envolve o corpo].

143. Nossa vaidade desejaria que justamente o que fazemos melhor fosse visto como o mais difícil para nós. Origem de algumas morais.

144. Quando uma mulher tem inclinações eruditas, geralmente há algo errado com sua sexualidade. Já a esterilidade predispõe a uma certa masculinidade do gosto; pois o homem é, permitam-me lembrar, "o animal estéril".

145. Comparando no todo o homem e a mulher, podemos dizer: a mulher não teria o gênio para o ornamento, não tivesse o instinto para o *papel secundário*.

146. Quem combate monstruosidades deve cuidar para que não se torne um monstro. E se você olhar longamente para um abismo, o abismo também olha para dentro de você.

147. De antigas novelas florentinas — e também da vida: "*buona femmina e mala femmina vuol bastone*" [boa ou má, a mulher quer bastão]. Sacchetti, nov. 86.

148. Induzir o próximo a ter boa opinião de você, e depois acreditar piamente nessa opinião: quem iguala as mulheres nessa arte?

149. O que uma época percebe como mau é geralmente uma ressonância anacrônica daquilo que um dia foi considerado bom — o atavismo de um antigo ideal.

150. Em torno ao herói tudo se torna tragédia, em torno ao semideus, drama satírico; em torno a Deus tudo se torna — como? "mundo", talvez?

151. Ter talento não basta: é preciso também a sua permissão para ele — não é, meus amigos?

152. "Onde se encontra a Árvore do Conhecimento, ali é o Paraíso": assim falam as mais antigas e as mais novas serpentes.

153. O que se faz por amor sempre acontece além do bem e do mal.

154. O reparo, a travessura, a sorridente suspeita, a zombaria são sinais de saúde: tudo absoluto pertence à patologia.

155. O sentido para o trágico diminui e aumenta com a sensualidade.

156. A loucura é algo raro em indivíduos — mas em grupos, partidos, povos e épocas é a norma.

157. O pensamento do suicídio é um forte consolo: com ele atravessamos mais de uma noite ruim.

158. Ao nosso impulso mais forte, o tirano em nós, submete-se não apenas nossa razão, mas também nossa consciência.

159. É *preciso* retribuir o bem e o mal: mas por que precisamente à pessoa que nos fez o bem ou o mal?

160. Não mais amamos o bastante o próprio conhecimento, após comunicá-lo.

161. Os poetas não têm pudor em relação às próprias vivências: eles as exploram.

162. "Nosso próximo não é nosso vizinho, mas o vizinho dele" — assim pensa cada povo.

163. O amor põe em evidência as qualidades elevadas e ocultas daquele que ama — o que nele é raro, excepcional: assim fazendo, engana acerca daquilo que nele é a norma.

164. Jesus disse a seus judeus: "A lei era para servos — amem a Deus como eu o amo, como seu filho! Que nos importa a moral, a nós, filhos de Deus!". —

165. *Em vista de cada partido.* — Um pastor necessita sempre de um carneiro-guia — ou eventualmente será carneiro ele mesmo.

166. Podemos mentir com a boca, mas com a expressão da boca ao mentir dizemos a verdade.

167. Nos homens duros a intimidade é envolta em pudor — é algo precioso.

168. O cristianismo deu a Eros veneno para beber — ele não morreu, é verdade, mas degenerou em Vício.

169. Falar muito de si pode ser um meio de se ocultar.

170. No elogio há mais indiscrição que na censura.

171. Compaixão num homem do conhecimento provoca o riso, como mãos delicadas num Ciclope.

172. Por amor aos homens às vezes abraçamos qualquer um (porque não podemos abraçar todos): mas isso não podemos revelar ao qualquer um...

173. Não odiamos enquanto nossa estima é pouca, mas quando estimamos alguém como igual ou superior.

174. Vocês, utilitários, também vocês amam o que é *útil* apenas como um *veículo* para suas inclinações — também vocês acham o ruído das rodas insuportável, não?

175. Por fim amamos o próprio desejo, e não o desejado.

176. A vaidade dos outros fere nosso gosto apenas quando fere nossa vaidade.

177. Acerca do que é a "veracidade" ninguém parece ter sido veraz o bastante.

178. Não damos crédito às tolices dos homens espertos: que desrespeito aos direitos humanos!

179. As consequências do que fizemos nos alcançam, indiferentes a que tenhamos "melhorado" nesse meio-tempo.

180. Há uma inocência na mentira que é o signo da boa-fé numa causa.

181. É desumano abençoar quando alguém é amaldiçoado.

182. A familiaridade de quem é superior aborrece, porque não pode ser retribuída.

183. "Não que você me tenha mentido, mas que eu não mais creia em você me perturbou profundamente." —

184. Há uma exuberância da bondade que pode parecer maldade.

185. "Isso não me agrada." — Por quê? — "Não estou à altura disso." — Algum homem já respondeu assim?

Capítulo quinto
CONTRIBUIÇÃO À HISTÓRIA NATURAL DA MORAL

186. Na Europa de hoje, a sensibilidade moral[97] é tão sutil, tardia, múltipla, excitável, refinada, quanto a "ciência da moral" que lhe corresponde é ainda jovem, incipiente, tosca e rudimentar — um atraente contraste, que às vezes se faz visível e toma corpo na pessoa mesma de um moralista. Considerando aquilo que designa, a expressão "ciência da moral" resulta demasiado arrogante e contrária ao *bom* gosto: o qual é sempre gosto antecipado pelas palavras mais modestas. Deveríamos, com todo o rigor, admitir *o que* se faz necessário por muito tempo, *o que* unicamente se justifica por enquanto: reunião de material, formulação e ordenamento conceitual de um imenso domínio de delicadas diferenças e sentimentos de valor que vivem, crescem, procriam e morrem — e talvez tentativas de tornar evidentes as configurações mais assíduas e sempre recorrentes dessa cristalização viva — como preparação para uma *tipologia* da moral. Sem dúvida: até agora ninguém foi modesto a esse ponto. Tão logo se ocuparam da moral como ciência, os filósofos todos exigiram de si, com uma seriedade tesa, de fazer rir, algo muito mais elevado, mais pretensioso, mais solene: eles desejaram a *fundamentação* da moral — e cada filósofo acreditou até agora ter fundamentado a moral; a moral mesma, porém, era tida como "dada". Quão longe do seu tosco orgulho estava a tarefa da descrição, aparentemente insignificante e largada no pó e na lama, embora para realizá-la não bastassem talvez os sentidos e os dedos mais finos e delicados! Precisamente porque os filósofos da moral conheciam os fatos morais apenas grosseiramente, num excerto arbitrário ou compêndio fortuito, como moralidade do seu ambiente, de sua classe, de sua Igreja, do espírito de sua época, de seu clima e seu lugar — precisamente porque eram mal informados e pouco curiosos a respeito de povos, tempos e eras, não chegavam a ter em vista os verdadeiros problemas da moral — os quais emergem somente na comparação de *muitas* morais. Por estranho que possa soar, em toda "ciência da moral" sempre faltou o problema da própria moral: faltou a suspeita de que ali havia algo problemático. O que os filósofos denominavam "fundamentação da moral", exigindo-a de si, era apenas, vista à luz adequada, uma forma erudita da ingênua *fé* na moral dominante, um novo modo de *expressá-la*, e portanto um fato no interior de uma determinada moralidade, e até mesmo, em última instância, uma espécie de negação de que fosse *lícito* ver essa moral como um problema — em todo caso o oposto de um exame, questionamento, análise, vivissecção dessa mesma fé. Ouçam, por exemplo, com que inocência quase venerável Schopenhauer apresenta sua tarefa, e tirem suas conclusões sobre a cientificidade de uma "ciência" cujos mestres mais recentes ainda falam como as crianças e as velhinhas: — "o princípio", diz ele (p. 136 dos *Problemas fundamentais da moral*), "a tese fundamental em torno de cujo teor os éticos se acham *verdadeiramente* de acordo: *neminem laede*, *immo omnes*, *quantum potes*, *juve* [não fere a ninguém, antes ajuda a todos no que possas] — essa é *verdadeiramente* a tese que todos os professores da ética se esforçam em fundamentar... o *verdadeiro* fundamento da ética, que como a pedra filosofal é procurado há milênios". — A dificuldade em fundamentar a referida tese pode ser realmente grande — como se sabe, tampouco Schopenhauer teve bom êxito nisso —; e quem alguma vez sentiu radicalmente a insipidez, a falsidade e o sentimentalismo dessa tese, num mundo cuja essência é vontade de poder — a esse podemos lembrar que Schopenhauer, embora pessimista, verdadeiramente — tocava flauta... Diariamente, após a refeição: leiam na sua biografia.[98] E a propósito: um pessimista, um negador de Deus e do mundo, que se *detém* diante da moral — que diz "sim" à moral e toca flauta, à moral do *laede neminem*: como? este é verdadeiramente — um pessimista?

187. Ainda sem considerar o valor de afirmações como "existe em nós um imperativo categórico", sempre se pode perguntar: o que diz uma tal afirmação sobre aquele que a faz? Existem morais que pretendem justificar perante os outros o seu autor; outras morais pretendem acalmá-lo e deixá-lo contente consigo mesmo; com outras ele quer crucificar e humilhar a si mesmo; com outras ele quer vingar-se, com outras esconder-se, com outras quer transfigurar-se e colocar-se nas alturas; essa moral serve para o autor esquecer, aquela, para fazê-lo esquecer de si mesmo ou de algo de si; alguns moralistas gostariam de exercer sobre a humanidade seu poder e seu capricho criador; alguns outros, talvez Kant entre eles, dão a entender com sua moral: "o que merece respeito em mim é que sou capaz de obedecer — e com vocês não será diferente!" — em suma, também as morais não passam de uma *semiótica dos afetos*.[99]

188. Toda moral é, em contraposição ao *laisser aller* ["deixar ir"], um pouco de tirania contra a "natureza", e também contra a "razão": mas isso ainda não constitui objeção a ela, caso contrário se teria de proibir sempre, a partir de alguma moral, toda espécie de tirania e desrazão. O essencial e inestimável em toda moral é o fato de ela ser uma demorada coerção: para compreender o estoicismo ou Port-Royal, ou o puritanismo, recorde-se sob que coerção toda língua obteve até hoje vigor e liberdade — a coerção métrica, a tirania da rima e do ritmo. Quanto trabalho se deram os poetas e oradores de cada nação! — sem excetuar alguns prosadores de hoje, em cujo ouvido mora uma consciência implacável — "por uma tolice", como dizem os broncos utilitários, acreditando-se espertos —, "em submissão a leis arbitrárias", como dizem os anarquistas, julgando-se "livres", e até mesmo de espírito livre. Mas o fato curioso é que tudo o que há e houve de liberdade, finura, dança, arrojo e segurança magistral sobre a Terra, seja no próprio pensar, seja no governar, ou no falar e convencer, tanto nas artes como nos costumes, desenvolveu-se apenas graças à "tirania de tais leis arbitrárias"; e, com toda a seriedade, não é pequena a probabilidade de que justamente isso seja "natureza" e "natural" — e *não* aquele *laisser aller*! Todo artista sabe quão longe do sentimento de deixar-se levar se acha o seu estado "mais natural", o seu livre ordenar, pôr, dispor, criar nos momentos de "inspiração"

— e com que rigor e sutileza ele obedece então às mil leis que troçam de toda formulação por conceitos, devido justamente à sua natureza e precisão (comparado a elas, mesmo o conceito mais firme tem algo de frouxo, múltiplo, equívoco —). O essencial, "no céu como na terra", ao que parece, é, repito, que se *obedeça* por muito tempo e *numa* direção: daí surge com o tempo, e sempre surgiu, alguma coisa pela qual vale a pena viver na terra, como virtude, arte, música, dança, razão, espiritualidade — alguma coisa transfiguradora, refinada, louca e divina. A prolongada sujeição do espírito, a desconfiada coerção na comunicação dos pensamentos, a disciplina que se impôs o pensador, a fim de pensar sob uma diretriz eclesiástica ou cortesã ou com pressupostos aristotélicos, a duradoura vontade espiritual de interpretar todo acontecimento segundo um esquema cristão, e redescobrir e justificar o Deus cristão em todo e qualquer acaso — tudo o que há de violento, arbitrário, duro, terrível e antirracional nisso revelou-se como o meio através do qual o espírito europeu viu disciplinada a sua força, sua inexorável curiosidade e sutil mobilidade: mesmo reconhecendo a quantidade insubstituível de força e espírito que aí teve de ser sufocada, suprimida e estragada (pois nisso, como em tudo, a natureza se mostra como é, em toda a sua magnificência pródiga e *indiferente*, que nos revolta, mas que é nobre). O fato de que por milênios os pensadores europeus pensaram tão somente a fim de provar algo — hoje, bem ao contrário, para nós é suspeito todo pensador que quer "provar algo" —, o fato de que sempre estiveram certos do que *deveria* resultar de suas mais rigorosas reflexões, como outrora ocorria na astrologia asiática, ou ainda hoje na inócua interpretação cristã-moralista que relaciona os eventos pessoais à "glória de Deus" e "salvação da alma" — essa tirania, esse arbítrio, essa extrema e grandiosa estupidez *educou* o espírito; ao que parece, a escravidão é, no sentido mais grosseiro ou no mais sutil, o meio indispensável também para a disciplina e cultivo espiritual.[100] Considere-se toda moral sob esse aspecto: a "natureza" nela é que ensina a odiar o *laisser aller*, a liberdade excessiva, e que implanta a necessidade de horizontes limitados, de tarefas mais imediatas — que ensina o *estreitamento das perspectivas*, e em determinado sentido também a estupidez, como condição de vida e crescimento. "Deves obedecer seja a quem for, e por muito tempo: *senão* perecerás, e perderás a derradeira estima por ti mesmo" — esse me parece ser o imperativo categórico da natureza, o qual certamente não é "categórico", como dele exige o velho Kant (daí o "senão"—), nem se dirige ao indivíduo (que importa a ela o indivíduo!), mas sim a povos, raças, eras, classes, mas sobretudo ao inteiro bicho "homem", a *o* homem.

189. Para as raças laboriosas é um grande fardo suportar o ócio: um golpe de mestre do instinto *inglês* foi tornar o domingo tão sagrado e tedioso que, sem se dar conta, o cidadão inglês anseia novamente pelos dias de trabalho da semana — como uma espécie de *jejum* sabiamente inventado e intercalado, do qual há muitos exemplos também no mundo antigo (embora não precisamente com respeito ao trabalho, como é óbvio nos povos meridionais —). Tem que haver jejum de muitas espécies; e em toda parte onde vigoram impulsos e hábitos poderosos, os legisladores têm de cuidar para que se intercalem dias em que um tal impulso seja acorrentado e conheça novamente a fome. Vistas de um ponto mais elevado, gerações e épocas inteiras, quando surgem infectadas por qualquer fanatismo moral, apresentam-se como esses intervalos de coerção e jejum, durante os quais um impulso aprende a se curvar e se rebaixar, mas também a se *purificar* e *aguçar*; também determinadas seitas filosóficas (a Stoa, por exemplo, em meio à cultura helenística e sua atmosfera tornada lasciva e carregada de eflúvios afrodisíacos) permitem uma tal interpretação. — Eis também um indício para explicar o paradoxo de por que justamente no período mais cristão da Europa, e apenas sob a pressão de juízos de valor cristãos, o impulso sexual foi sublimado em amor (*amour-passion*).[101]

190. Existe algo na moral de Platão que não pertence realmente a Platão, mas que se acha apenas em sua filosofia; quase se poderia dizer, apesar de Platão: trata-se do socratismo, para o qual ele realmente era nobre demais. "Ninguém quer fazer mal a si mesmo, por isso tudo ruim acontece involuntariamente. Pois o homem ruim é ruim apenas por erro; se alguém o livra do erro, torna-o necessariamente — bom". — Esta maneira de raciocinar cheira a *plebe*, que no mau agir enxerga apenas as consequências penosas, e verdadeiramente julga que "é *estúpido* agir mal"; enquanto admite sem problemas a identidade de "bom" com "útil e agradável". Em todo utilitarismo da moral pode-se de antemão supor uma origem igual e confiar no próprio faro: dificilmente se errará. — Platão fez todo o possível para introduzir algo nobre e refinado ao interpretar a palavra do mestre, introduzindo sobretudo a si mesmo — ele, o mais temerário dos intérpretes, que tomou Sócrates inteiro como um tema ou canção popular das ruas, para variá-lo ao infinito e ao impossível: isto é, em todas as suas máscaras e multiplicidades próprias. Falando com graça, além disso homérica: que é o Sócrates platônico, se não

πρόσθε Πλάτων ὄπιθεν τε Πλάτων μέσση τε Χίμαιρα
[Platão na frente, Platão atrás, no meio Quimera].[102]

191. O velho problema teológico de "fé" e "saber" — ou, mais claramente, de instinto e razão —, isto é, indagar se no que toca à valoração das coisas o instinto merece autoridade maior que a racionalidade, a qual deseja que se avalie e se aja de acordo com motivos, conforme um "por quê?", isto é, segundo a finalidade e a utilidade — ainda é aquele velho problema moral que surgiu primeiramente na pessoa de Sócrates, e que muito antes do cristianismo já dividia os espíritos. Sócrates mesmo, com o gosto próprio do seu talento — o de um dialético superior —, havia se colocado inicialmente ao lado da razão; e na verdade que fez ele toda a sua vida, senão rir da canhestra incapacidade de seus nobres atenienses, que eram homens do instinto, como todos os homens nobres, e jamais podiam informar satisfatoriamente sobre os motivos do seu agir? Mas enfim, em silêncio e às ocultas, ele riu também de si mesmo: encontrou em si, perante sua consciência mais refinada e seu foro interior, a mesma dificuldade e incapacidade. Para que, perguntou a si mesmo, abandonar por isso os instintos? É preciso lhes fazer justiça, a eles e *também* à razão — é preciso acompanhar os instintos, mas convencer a razão a ajudá-los com bons motivos. Tal foi a genuína *falsidade* desse grande irônico rico em mistérios; ele levou sua consciência a se contentar com uma espécie de autoengodo: no fundo, divisou o que há de irracional no juízo moral. — Platão, mais inocente nessas coisas, e despido da astúcia plebeia, quis, com toda a energia — a maior energia que um filósofo já empregara! —, provar a si mesmo que razão e instinto se dirigem naturalmente a uma meta única, ao bem, a "Deus"; e desde Platão todos os teólogos e filósofos seguem a mesma trilha — isto é, em questões morais o instinto, ou "a fé", como dizem os cristãos, ou "o rebanho", como digo eu, triunfou até agora. Uma exceção poderia ser Descartes, o pai do racionalismo (e portanto avô da Revolução), que reconheceu autoridade apenas à razão: mas a razão não passa de instrumento, e Descartes era superficial.

192. Quem tiver acompanhado a história de uma ciência particular encontra em sua evolução um fio condutor para compreender os processos mais antigos e mais comuns de todo "saber e conhecer": num e noutro caso desenvolveram-se primeiro as hipóteses prematuras, as ficções, a tola vontade de "fé", a falta de desconfiança e paciência — nossos sentidos só aprendem tarde, e jamais inteiramente, a ser órgãos sutis, fiéis e cautelosos do conhecimento. Para o nosso olho é mais cômodo, numa dada ocasião, reproduzir uma imagem com frequência já produzida, do que fixar o que há de novo e diferente numa impressão: isto exige mais força, mais "moralidade". Ouvir algo novo é difícil e penoso para o ouvido; ouvimos mal a música estranha. Quando ouvimos uma língua estrangeira, tentamos involuntariamente modelar os sons em palavras que soem familiares e próximas: foi assim que, em tempos passados, o alemão ouviu a palavra *arcubalista* e a transformou em *Armbrust* [balista]. Também os nossos sentidos são hostis e relutantes para com o novo; e já nos processos mais "simples" da sensualidade predominam afetos como medo, amor e ódio, sem esquecer os afetos passivos da indolência. — Assim como atualmente um leitor não lê todas as palavras (e muito menos as sílabas) de uma página — em vinte palavras ele escolhe umas cinco ao acaso, "adivinhando" o sentido que provavelmente lhes corresponde —, tampouco enxergamos uma árvore de modo exato e completo, com seus galhos, folhas, cor e figura; é bem mais fácil para nós imaginar aproximadamente uma árvore. Mesmo nas vivências mais incomuns agimos assim: fantasiamos a maior parte da vivência e dificilmente somos capazes de *não* contemplar como "inventores" algum evento. Tudo isso quer dizer que nós somos, até a medula e desde o começo — *habituados a mentir*. Ou, para expressá-lo de modo mais virtuoso e hipócrita, em suma, mais agradável: somos muito mais artistas do que pensamos. — Numa conversa animada, com frequência vejo tão nítido e bem delineado o rosto da pessoa com quem falo, segundo o pensamento que ela exprime, ou que acredito ter evocado nela, que esse grau de nitidez ultrapassa em muito a *força* de minha visão — então a sutileza no jogo dos músculos e na expressão dos olhos *deve* ter sido inventada por mim. Provavelmente a pessoa fazia outra cara, ou talvez nenhuma.

193. *Quidquid luce fuit, tenebris agit* [o que aconteceu na luz, atua nas trevas]: mas também o contrário. Aquilo que vivemos no sonho, e que nele vivemos repetidas vezes, termina por pertencer à economia global de nossa alma, tanto quanto algo "realmente" vivido: em virtude disso tornamo-nos mais ricos ou mais pobres, temos uma necessidade a mais ou a menos, e afinal somos um pouco guiados pelos hábitos de nossos sonhos, em plena luz do dia e até nos momentos mais serenos do nosso espírito desperto. Supondo que alguém voe com frequência nos sonhos e que enfim tome consciência, ao sonhar, de um poder e arte de voar que seria privilégio seu, e sua felicidade mais particular e invejável: alguém que creia poder realizar toda espécie de curvas e ângulos com o mais etéreo impulso, que experimente a sensação de uma certa leveza divina, de um "para cima" sem esforço e tensão, de um "para baixo" sem condescendência e humilhação — sem *gravidade*! — como poderia uma pessoa com tais experiências e hábitos nos sonhos não achar finalmente que a palavra "felicidade" tem cor e definição diferentes também no seu dia claro? como não teria ela um diferente — anseio de felicidade? A "elevação", tal como descrita pelos poetas, deve lhe parecer, comparada a esse "voo", demasiado terrena, muscular, violenta, demasiado "grave".

194. A diversidade dos homens se mostra não apenas na diversidade das suas tábuas de bens, isto é, no fato de que tomem bens diversos como desejáveis e que estejam em desacordo quanto ao valor maior ou menor, quanto à hierarquia dos bens reconhecidos por todos — ela se mostra mais ainda no que consideram que é *ter* e *possuir* verdadeiramente um bem. No tocante à mulher, por exemplo, o homem mais modesto acha que dispor e desfrutar sexualmente do corpo já é indício bastante e satisfatório de que a tem e possui; um outro, com uma mais exigente e desconfiada sede de posse, vê o "ponto de interrogação", o que há de tão só aparente nesse possuir, e quer provas mais sutis, sobretudo para saber se a mulher não só se entrega a ele, mas também renuncia, por ele, ao que tem ou gostaria de ter — apenas assim ele a tem por "possuída". Um terceiro, porém, não se detém aí com sua desconfiança e vontade de possuir, ele se pergunta se a mulher, ao renunciar a tudo por ele, não o faz talvez por um fantasma dele: deseja antes ser conhecido a fundo, em suas profundezas, para poder ser amado; ele ousa deixar-se penetrar. Só então sente ele a amada em seu poder, quando ela não mais se engana acerca dele, quando ela o ama por sua diabrura e insaciabilidade oculta, tanto quanto por sua bondade, paciência e espiritualidade. — Aquele quer possuir um povo: e todas as superiores artes de um Cagliostro ou Catilina lhe parecem boas para esse fim. Um outro, com uma mais refinada sede de posse, acredita que "não se pode enganar quando se quer possuir" — ele se irrita e se impacienta com a ideia de que uma máscara sua comande o coração do povo: "então preciso me *deixar* conhecer, e antes conhecer a mim mesmo!". Entre os solícitos e benévolos encontramos regularmente aquela astúcia singela, que primeiro ajusta e adapta a pessoa que deve ser ajudada: imaginando, por exemplo, que ela "merece" ajuda, requer precisamente a *sua* ajuda e se mostrará grata, dedicada e submissa por toda ajuda — com essas fantasias dispõem dos necessitados como de uma propriedade, pois que são solícitos e benévolos por um anseio de propriedade. Despertamos o ciúme deles, ao lhes contrariar ou antecipar quando ajudam. Os pais fazem dos filhos, involuntariamente, algo semelhante a eles — a isso denominam "educação" —; nenhuma mãe duvida, no fundo do coração, que ao ter seu filho pariu uma propriedade; nenhum pai discute o direito de submeter o filho aos *seus* conceitos e valorações. Houve tempo, inclusive (entre os antigos alemães, por exemplo), em que parecia correto aos pais dispor da vida dos recém-nascidos a seu bel-prazer. E assim como o pai, também a classe, o padre, o professor e o príncipe continuam vendo, em toda nova criatura, a cômoda oportunidade de uma nova posse. De onde se segue que...

195. Os judeus — um povo "nascido para a escravidão", como diz Tácito, e com ele todo o mundo antigo, "o povo eleito entre as nações", como eles mesmos dizem e creem[103] — os judeus realizaram esse milagre da inversão dos valores, graças ao qual a vida na Terra adquiriu um novo e perigoso atrativo por alguns milênios — os seus profetas fundiram "rico", "ateu", "mau", "violento" e "sensual" numa só definição, e pela primeira vez deram cunho vergonhoso à palavra "mundo". Nessa inversão dos valores (onde cabe utilizar a palavra "pobre" como sinônimo de "santo" e "amigo") reside a importância do povo judeu: com ele começa a *rebelião escrava na moral*.

196. Perto do Sol há incontáveis corpos escuros a serem *deduzidos* — tais que nunca chegaremos a ver. Isto, cá entre nós, é uma alegoria; e um psicólogo da moral lê a escritura das estrelas como uma linguagem de símiles e sinais que permite silenciar muitas coisas.

197. Demonstramos profunda incompreensão do animal de rapina e do homem de rapina (César Bórgia, por exemplo), incompreensão da "natureza", ao procurar por algo "doentio" no âmago desses mais saudáveis monstros e criaturas tropicais, ou mesmo por um "inferno" que lhes seria congênito —: como sempre fez quase todo moralista. Não parece haver, entre os moralistas, um ódio à floresta virgem e aos trópicos? E uma necessidade de desacreditar a todo custo o "homem tropical", seja como doença e degeneração do homem, seja como inferno e automartírio próprio? Mas por quê? Em favor das "zonas temperadas"? Em favor dos homens temperados? Dos homens "morais"? Dos medíocres? — Isto para o capítulo "Moral como pusilanimidade".

198. Todas essas morais que se dirigem à pessoa individual, para promover sua "felicidade", como se diz — que são elas, senão propostas de conduta, conforme o grau de *periculosidade* em que a pessoa vive consigo mesma; receitas contra suas paixões, suas inclinações boas e más, enquanto têm a vontade de poder e querem desempenhar papel de senhor; pequenas e grandes artimanhas e prudências, cheirando a velhos remédios caseiros e sabedoria de velhotas; todas elas barrocas e irracionais na forma — porque se dirigem a "todos", porque generalizam onde não pode ser generalizado —, todas elas falando em tom incondicional, tomando a si de modo incondicional, todas elas condimentadas com mais de um grão de sal, mas apenas toleráveis, e por vezes até sedutoras, quando aprendem a soltar um cheiro excessivo e perigoso, "do outro mundo": tudo isso tem pouco valor medido intelectualmente, está longe de ser "ciência", menos ainda "sabedoria"; na verdade é, diga-se mais uma vez, diga-se três vezes, prudência, prudência, prudência, mesclada com estupidez, estupidez, estupidez — quer se trate da indiferença e frieza de estátua frente ao exuberante desatino dos afetos, que os estoicos prescreviam e aplicavam; ou do não-mais-rir e não-mais--chorar de Spinoza, a destruição dos afetos mediante análise e vivissecção, tão ingenuamente preconizada por ele; ou da redução dos afetos a uma mediania inócua, na qual seja permitido satisfazê-los: o aristotelismo da moral; ou mesmo da moral como fruição dos afetos numa intencional diluição e espiritualização pelo simbolismo da arte, em forma de música, digamos, ou de amor a Deus, e ao próximo em nome de Deus — pois na religião as paixões readquirem cidadania, contanto que...; quer se trate afinal do complacente e travesso abandono aos afetos, tal como Hafiz e Goethe ensinaram, aquele ousado afrouxamento das rédeas, a espiritual e carnal *licentia morum* [licença nos costumes] praticada excepcionalmente por velhos sábios excêntricos e bêbados, para os quais "já não há perigo". Também isto para o capítulo "Moral como pusilanimidade".

199. Na medida em que sempre, desde que existem homens, houve também rebanhos de homens (clãs, comunidades, tribos, povos, Estados, Igrejas), e sempre muitos que obedeceram, em relação ao pequeno número dos que mandaram — considerando, portanto, que a obediência foi até agora a coisa mais longamente exercitada e cultivada entre os homens, é justo supor que via de regra é agora inata em cada um a necessidade de obedecer, como uma espécie de *consciência formal* que diz: "você deve absolutamente fazer isso, e absolutamente se abster daquilo", em suma, "você deve". Esta necessidade procura saciar-se e dar um conteúdo à sua forma; nisso ela agarra em torno, conforme sua força, impaciência e tensão, de modo pouco seletivo, como um apetite cru, e aceita o que qualquer mandante — pais, mestres, leis, preconceitos de classe, opiniões públicas — lhe grita no ouvido. A singular estreiteza da evolução humana, seu caráter hesitante, lento, com frequência regressivo e tortuoso, deve-se a que o instinto gregário da obediência é transmitido mais facilmente como herança, em detrimento da arte de mandar. Se imaginarmos esse instinto levado à aberração, acabarão por faltar os que mandam e são independentes; ou sofrerão intimamente de má consciência e precisarão antes de tudo se iludir, para poder mandar, isto é, acreditar que também eles apenas obedecem. Essa situação existe realmente na Europa de hoje: eu a denomino a hipocrisia moral dos que mandam. Não sabem se defender de sua má consciência, a não ser posando de executores de ordens mais antigas ou mais elevadas (dos ancestrais, da Constituição, do direito, das leis ou inclusive de Deus), ou tomando emprestadas máximas de rebanho ao modo de pensar do rebanho, aparecendo como "primeiros servidores de seu povo" ou "instrumentos do bem comum". Por outro lado, na Europa de hoje o homem de rebanho se apresenta como a única espécie de homem permitida, e glorifica os seus atributos, que o tornaram manso, tratável e útil ao rebanho, como sendo as virtudes propriamente humanas: a saber, espírito comunitário, benevolência, diligência, moderação, modéstia, indulgência, compaixão. Mas, nos casos em que se acredita não poder dispensar o chefe e carneiro-guia, fazem-se hoje muitas tentativas de substituir os comandantes pela soma acumulada de homens de rebanho sagazes: eis a origem de todas as Constituições representativas, por exemplo. Apesar de tudo, que benefício, que alívio de uma pressão já intolerável representa, para esses europeus bichos de rebanho, a aparição de alguém que manda incondicionalmente; disso o maior testemunho recente é o efeito produzido pelo surgimento de Napoleão — a história do surgimento de Napoleão é quase que a história da superior felicidade que este século alcançou em seus homens e momentos mais preciosos.

200. O homem de uma era de dissolução e de mestiçagem confusa, que leva no corpo uma herança de ascendência múltipla, isto é, impulsos e escalas de valor mais que contraditórios, que lutam entre si e raramente se dão trégua — esse homem das culturas tardias e das luzes veladas será, por via de regra, um homem bem fraco: sua aspiração mais profunda é que um dia tenha fim a guerra que ele *é*; a felicidade lhe parece, de acordo com uma medicina e maneira de pensar tranquilizante (epicúrea ou cristã, por exemplo), sobretudo a felicidade do repouso, da não perturbação, da saciedade, da unidade enfim alcançada, ou "sabá dos sabás", para dizer como o santo retor Agostinho, ele mesmo um desses homens. — Mas se numa tal natureza a contradição e a guerra atuam como uma atração e estímulo de vida *mais* —, e se, além dos seus impulsos fortes e inconciliáveis, também foi herdada e cultivada uma autêntica mestria e sutileza na guerra consigo, ou seja, no autodomínio e engano de si: então surgem esses homens espantosamente incompreensíveis e inimagináveis, esses enigmas predestinados à vitória e à sedução, cujos mais belos exemplos são Alcibíades e César (— aos quais eu gostaria de juntar o *primeiro* europeu a meu gosto, Frederico II Hohenstaufen), e, entre os artistas, talvez Leonardo da Vinci. Eles surgem precisamente nas épocas em que avulta aquele tipo mais fraco, que aspira ao repouso: os dois tipos estão relacionados e se originam das mesmas causas.

201. Enquanto a utilidade que vigora nos juízos de valor morais for apenas a utilidade do rebanho, enquanto o olhar estiver dirigido apenas à preservação da comunidade, e for tido como imoral precisamente e exclusivamente o que parece perigoso para a subsistência da comunidade: enquanto assim for não pode haver "moral do amor ao próximo". Supondo que então já exista um pequeno, constante exercício de consideração, equidade, compaixão, brandura, reciprocidade no auxílio, supondo que também nesse estado da sociedade já atuem todos aqueles impulsos que depois serão honrosamente apelidados de "virtudes", e que afinal quase coincidirão com o conceito de "moralidade": nesse tempo essas coisas não pertencem ainda, absolutamente, ao reino das valorações morais — elas ainda são *extramorais*. Na melhor época de Roma, um ato de piedade, por exemplo, não é considerado nem bom nem mau, nem moral nem imoral; e se o louvam, esse louvor se harmoniza muito bem com uma espécie de menosprezo indignado, tão logo é cotejado com algum ato que sirva à promoção do todo, da *res publica* [coisa pública]. Tudo somado, o "amor ao próximo" é sempre algo secundário, em parte convencional e arbitrário-ilusório, em relação ao *temor ao próximo*. Uma vez que a estrutura da sociedade se mostre estabelecida no conjunto e protegida contra perigos externos, é esse temor ao próximo que torna a criar novas perspectivas de valoração moral. Certos impulsos fortes e perigosos, como o espírito empreendedor, a temeridade, a sede de vingança, a astúcia, a rapacidade, a ânsia de domínio, que até então tinham de ser não apenas respeitados como socialmente úteis — sob nomes diversos dos mencionados, naturalmente —, mas cultivados e acentuados (porque necessitava-se constantemente deles em meio aos perigos do todo, contra os inimigos deste), são sentidos bem mais intensamente na sua periculosidade — agora que lhe faltam canais de escoamento —, e pouco a pouco são estigmatizados como imorais e abandonados à calúnia. Os impulsos e pendores opostos alcançam honras morais; passo a passo o instinto de rebanho tira suas conclusões. O quanto de perigoso para a comunidade, para a igualdade, existe numa opinião, num estado ou afeto, numa vontade, num dom, passa a constituir a perspectiva moral: o temor é aqui novamente o pai da moral. Quando os impulsos mais elevados e mais fortes, irrompendo passionalmente, arrastam o indivíduo muito acima e além da mediania e da planura da consciência de rebanho, o amor-próprio da comunidade se acaba, sua fé em si mesma, como que sua espinha dorsal, é quebrada: portanto, justamente esses impulsos serão estigmatizados e caluniados. A espiritualidade superior e independente, a vontade de estar só e mesmo a grande razão serão percebidas como perigo: tudo o que ergue o indivíduo acima do rebanho e infunde temor ao próximo é doravante apelidado de *mau*; a mentalidade modesta, equânime, submissa, igualitária, a *mediocridade* dos desejos obtêm fama e honra morais. Finalmente, em condições muito pacíficas há cada vez menos ocasião e necessidade de educar o sentimento para o rigor e a dureza; e então todo rigor, até mesmo na justiça, começa a perturbar a consciência; uma dura e elevada nobreza e responsabilidade consigo chegam quase a ofender e despertam desconfiança, "o cordeiro", mais ainda, "a ovelha", cresce na consideração. Na história da sociedade há um ponto de amolecimento e enlanguescimento doentio, no qual ela mesma, de modo inclusive sério e honesto, toma o partido de quem a prejudica, de seu *infrator*. Castigar lhe parece de algum modo injusto — certamente a ideia de "castigo" e "dever castigar" lhe dói, lhe dá medo. "Não basta torná-lo *inofensivo*? Para que castigar? Castigar é terrível!" — com essa pergunta a moral de rebanho, a moral do temor, tira sua última consequência. Supondo que se pudesse eliminar o perigo, o motivo do temor, seria eliminada também essa moral: ela não seria mais necessária, ela não mais *se tomaria* por necessária! —

Quem examinar a consciência do europeu de hoje haverá de extrair, de entre mil dobras e recessos morais, sempre o mesmo imperativo, o imperativo do temor do rebanho: "queremos que algum dia não haja *nada mais a temer*!". Algum dia — em toda a Europa, a via e a vontade que conduzem a ele se chamam agora "progresso".

202. Digamos novamente, de imediato, o que já dissemos uma centena de vezes: pois para essas verdades — *nossas* verdades — os ouvidos de hoje não demonstram boa vontade. Já sabemos como soa ofensivo incluir o homem, cruamente e sem metáfora, entre os animais; mas nos é imputado quase como *culpa* o fato de empregarmos sempre, em relação precisamente ao homem das "ideias modernas", as expressões "rebanho", "instintos de rebanho" e outras semelhantes. Que importa! Não podemos agir de outra forma: pois precisamente nisso está nossa nova visão. Descobrimos que no tocante aos principais juízos morais a Europa se pôs de acordo, e também os países da sua influência: evidentemente se "sabe", na Europa, o que Sócrates acreditava não saber, o que a velha e famosa serpente prometeu ensinar: hoje se "sabe" o que é bem e mal. Deve então soar duro e pouco agradável aos ouvidos, se de novo insistimos: o que aqui julga saber, o que aqui se glorifica com seu louvor e seu reproche, e se qualifica de bom, é o instinto do animal de rebanho homem: o qual irrompeu e adquiriu prevalência e predominância sobre os demais instintos, fazendo-o cada vez mais, conforme a crescente aproximação e assimilação fisiológica de que é sintoma. *Moral é hoje, na Europa, moral de animal de rebanho*: — logo, tal como entendemos as coisas, apenas *uma* espécie de moral humana, ao lado da qual, antes da qual, depois da qual muitas outras morais, sobretudo *mais elevadas*, são ou deveriam ser possíveis. Contra tal "possibilidade", contra tal "deveriam" essa moral se defende com todas as forças, porém: ela diz, obstinada e inexorável: "Eu sou a moral mesma, e nada além é moral!" — e, com a ajuda de uma religião que satisfez e adulou os mais sublimes desejos do animal de rebanho, chegou-se ao ponto de encontrarmos até mesmo nas instituições políticas e sociais uma expressão cada vez mais visível dessa moral: o movimento *democrático* constitui a herança do movimento cristão. Mas que o seu ritmo é demasiado vagaroso e sonolento para os mais impacientes, para os enfermos e sofredores do mencionado instinto, atestam os uivos cada vez mais raivosos, o ranger de dentes cada vez mais ostensivo dos cães anarquistas que erram hoje pelos becos da cultura europeia: aparentemente em oposição aos democratas e ideólogos da revolução pacificamente laboriosos, e mais ainda aos broncos filosofastros e fanáticos da irmandade, que se denominam socialistas e querem a "sociedade livre", mas na verdade unânimes todos na radical e instintiva inimizade a toda outra forma de sociedade que não a do rebanho *autônomo* (chegando à própria rejeição do conceito de "senhor" e "servo" — *ni dieu ni maître* [nem deus nem senhor], reza uma fórmula socialista —); unânimes na tenaz resistência a toda pretensão especial, a todo particular direito e privilégio (o que significa a *todo* direito, em última instância: pois quando todos são iguais, ninguém precisa mais de "direitos" —); unânimes na desconfiança frente à justiça que pune (como se ela fosse uma violência contra o mais fraco, uma injustiça para com a *necessária* consequência de toda sociedade anterior —); mas igualmente unânimes na religião da compaixão, na simpatia com tudo quanto vive, sente, sofre (descendo até ao animal, subindo até "Deus": — a aberração de uma "compaixão para com Deus" é própria de uma época democrática —); todos unânimes na gritaria e na impaciência da compaixão, no ódio mortal ao sofrimento, na quase feminina incapacidade de permanecer espectador, de *deixar* sofrer; unânimes no involuntário ensombrecimento e abrandamento, à mercê do qual a Europa parece ameaçada por um novo budismo; unânimes na crença na moral da compaixão *partilhada*,[104] como se ela fosse a moral em si, o cúmulo, o cume alcançado pelo homem, a esperança única do futuro, o conforto da vida presente, o grande resgate das culpas de outrora: — todos eles unânimes na crença na comunidade *redentora*, isto é, no rebanho, em "si"...

203. Nós, que somos de outra fé — nós, que consideramos o movimento democrático não apenas uma forma de decadência das organizações políticas, mas uma forma de decadência ou diminuição do homem, sua mediocrização e rebaixamento de valor: para onde apontaremos *nós* as nossas esperanças? — Para *novos filósofos*, não há escolha; para espíritos fortes e originais o bastante para estimular valorizações opostas e tresvalorar e transtornar[105] "valores eternos", para precursores e arautos, para homens do futuro que atem no presente o nó, a coação que impõe caminhos *novos* à vontade de milênios. Ensinar ao homem o futuro do homem como sua *vontade*, dependente de uma vontade humana, e preparar grandes empresas e tentativas globais de disciplinação e cultivo, para desse modo pôr um fim a esse pavoroso domínio do acaso e do absurdo que até o momento se chamou "história" — o absurdo do "maior número" é apenas sua última forma —: para isto será necessária, algum dia, uma nova espécie de filósofos e comandantes, em vista dos quais tudo o que já houve de espíritos ocultos, terríveis, benévolos, parecerá pálido e mirrado. É a imagem de tais líderes que paira ante os *nossos* olhos: — posso dizê-lo em voz alta, ó espíritos livres? As circunstâncias que deveriam ser em parte criadas, em parte utilizadas para o seu surgimento, os presumíveis caminhos e testes, em virtude dos quais uma alma poderia crescer a uma altura e força tal que sentisse a *obrigação* dessas tarefas; uma tresvaloração dos valores, sob cuja nova pressão e novo martelo uma consciência se tornaria brônzea, um coração se faria de aço, de modo a suportar o peso de uma tal responsabilidade; por outro lado, a necessidade de tais líderes, o apavorante perigo de que possam faltar, malograr ou degenerar — estes são *nossos* cuidados e preocupações, sabem disso, espíritos livres? estes são os pesados, remotos pensamentos e temporais que cruzam o céu de *nossa* vida. Poucas dores existem tão agudas quanto haver presenciado, adivinhado, sentido como um homem extraordinário se extravia de sua rota e degenera: mas quem possui a rara percepção do perigo geral de que o próprio "homem" *degenere*, quem, como nós, reconheceu a tremenda casualidade que até agora jogou seu jogo com o futuro do homem — um jogo em que nenhuma mão, e menos ainda o "dedo de Deus" participou! —, quem pressente a fatalidade que se esconde na estúpida inocência e credulidade das "ideias modernas", e mais ainda em toda a moral cristã-europeia: esse sofre de uma angústia a que nenhuma outra se compara — ele apreende com um só olhar tudo aquilo que, havendo uma favorável reunião e intensificação de forças e tarefas, ainda se poderia *cultivar de dentro do homem*, ele sabe, com todo o saber de sua consciência, como o homem está ainda inesgotado para as grandes possibilidades, e quantas vezes o tipo homem já defrontou decisões misteriosas e caminhos novos: — sabe igualmente, a partir de sua lembrança mais penosa, contra que coisas lamentáveis um ser em evolução, de categoria superior, habitualmente se chocou, se despedaçou, naufragando, tornando-se ele mesmo lamentável. A *degeneração global do homem*, descendo ao que os boçais socialistas veem hoje como o seu "homem do futuro" — como o seu ideal! —, essa degeneração e diminuição do homem, até tornar-se o perfeito animal de rebanho (ou, como dizem eles, o homem da "sociedade livre"), essa animalização do homem em bicho-anão de direitos e exigências iguais é *possível*, não há dúvida! Quem já refletiu nessa possibilidade até o fim, conhece um nojo a mais que os outros homens — e também, talvez, uma nova *tarefa*!...

Capítulo sexto
NÓS, ERUDITOS

204. Correndo o risco de que também aqui o moralizar se revele o que sempre foi — um impávido *montrer ses plaies* [mostrar suas chagas], como diz Balzac —, ousarei me opor a uma imprópria e funesta inversão hierárquica que, de modo totalmente despercebido e como que de consciência tranquila, ameaça hoje estabelecer-se entre a ciência e a filosofia. Acho que apenas a partir da *experiência* — que sempre significa má experiência, quer me parecer — adquirimos o direito de opinar sobre essa elevada questão da hierarquia: de outro modo se falará das cores como um cego, ou *contra* a ciência como as mulheres e os artistas ("ah, essa terrível ciência", suspiram seu instinto e seu pudor, "sempre descobre o que há *por trás*!" —). A declaração de independência do homem científico, sua emancipação da filosofia, é um dos mais sutis efeitos da ordem e desordem democrática: a autoglorificação e exaltação do erudito se encontra hoje em pleno florescimento e na mais viva primavera — com o que não se quer dizer que, nesse caso, o elogio de si mesmo tenha cheiro agradável.[106] "Liberdade de todos os senhores!", assim deseja também aqui o instinto plebeu; e a ciência, tendo-se afastado vitoriosamente da teologia, da qual por muito tempo fora "serva", pretende agora, com toda a altivez e incompreensão, ditar leis à filosofia e fazer papel de "senhor" que digo? de *filósofo* mesmo. Minha memória — a memória de um homem de ciência, se me permitem! — está repleta de ingenuidades arrogantes que ouvi de jovens pesquisadores e velhos médicos, acerca da filosofia e dos filósofos (para não falar dos mais cultivados e convencidos entre todos os eruditos, os filólogos e pedagogos, que são ambas as coisas por profissão —). Às vezes era o especialista conhecedor de seu canto que se punha instintivamente em guarda contra todas as tarefas e capacidades sintéticas; logo era o trabalhador diligente que percebera um odor de *otium* [ócio] e de nobre exuberância na economia espiritual do filósofo, sentindo-se então prejudicado e diminuído. Logo era esse daltonismo do homem utilitário, que não vê na filosofia senão uma série de sistemas *refutados* e um esbanjamento que a ninguém "beneficia". Logo surgia o temor de um misticismo encoberto e de uma retificação nas fronteiras do conhecimento; logo o menosprezo por este ou aquele filósofo, que involuntariamente se tinha generalizado em menosprezo pela filosofia. Por fim, mais frequentemente encontrei em jovens eruditos, por trás do arrogante desdém pela filosofia, a influência ruim de um filósofo ao qual se deixara de seguir, sem no entanto escapar a suas valorações negativas de outros filósofos — daí resultando uma indisposição geral para com toda a filosofia. (Tal me parece ser, por exemplo, a influência de Schopenhauer na Alemanha mais jovem — com seu pouco inteligente furor contra Hegel, ele conseguiu desvincular toda a última geração de alemães do contexto da cultura alemã, a qual, tudo considerado, representou um cimo e um refinamento divinatório do *sentido histórico*: mas o próprio Schopenhauer era, justamente nesse ponto, tão pobre, tão pouco receptivo e pouco alemão, que chegava à genialidade.) Mas de um ponto de vista geral, talvez tenha sido o humano, demasiado humano, isto é, a própria mesquinhez dos novos filósofos, o que minou mais radicalmente o respeito pela filosofia e abriu as portas ao instinto plebeu. Admita-se francamente o quanto falta, em nosso mundo moderno, toda a espécie dos Heráclitos, Platões, Empédocles, ou como se tenham chamado aqueles régios e soberbos eremitas do espírito; e o quanto, em vista desses representantes da filosofia que hoje, graças à moda, tanto são admirados como esquecidos — na Alemanha os dois leões de Berlim, por exemplo, o anarquista Eugen Dühring e o amalgamista Eduard von Hartmann —, é *lícito* a um honesto homem de ciência sentir-se de uma linhagem melhor. É em especial a visão desses filósofos de fuzarca,[107] que se denominam "filósofos da realidade" ou "positivistas", que pode suscitar perigosa desconfiança na alma de um jovem e ambicioso erudito: pois eles são, no melhor dos casos, eruditos e especialistas eles mesmos, isto salta aos olhos! — são todos homens derrotados e *reconduzidos* à dominação da ciência, que alguma vez quiseram *mais* de si, sem ter direito a esse "mais" e a sua responsabilidade — e que agora, de maneira honorável, raivosa, vingativa, representam em palavra e ato a *descrença* na tarefa soberana e na soberania da filosofia. Afinal: como poderia ser diferente? Hoje a ciência floresce e tem a boa consciência estampada no rosto, enquanto aquilo a que gradualmente se resumiu toda a filosofia recente, esse vestígio de filosofia de hoje, desperta suspeita e cisma, quando não escárnio e pena. A filosofia reduzida a "teoria do conhecimento", na realidade apenas um tímido epoquismo[108] e doutrina de abstenção: uma filosofia que nunca transpõe o limiar e que *recusa* penosamente o direito de entrar — é uma filosofia nas últimas, um final, uma agonia, algo que faz pena. Como poderia uma tal filosofia — *dominar*?

205. Os perigos que ameaçam o desenvolvimento do filósofo são hoje tão variados, que chegamos a duvidar que esse fruto algum dia amadureça. O edifício das ciências atingiu altura e dimensão tremendas, e com isso cresceu também a probabilidade de que o filósofo se canse já enquanto aprende, ou se deixe prender e "especializar" em algum ponto: de modo que jamais alcança a sua altura, a partir de onde seu olhar abrange tudo em torno e abaixo. Ou chega demasiado tarde lá em cima, quando já passaram seu momento e seu vigor; ou chega debilitado, embrutecido, degenerado, de forma que seu olhar, seu juízo global de valor já não significa muito. Precisamente a finura de sua consciência intelectual o faz talvez hesitar e atrasar-se no caminho; ele teme a sedução de tornar-se diletante, criatura de cem pés e mil antenas, sabe muito bem que quem perde o respeito por si mesmo já não pode mais, também como homem do conhecimento, comandar, *conduzir*: a menos que quisesse converter-se em grande ator, em Cagliostro filosófico e aliciador de espíritos,[109] numa palavra, em sedutor. Isto é, afinal, uma questão de gosto: se não for mesmo uma questão de consciência. A tudo isso acresce, para ainda redobrar a dificuldade do filósofo, que ele não requer de si um juízo, um Sim ou Não sobre as ciências, mas sobre a vida e o valor da vida — que lhe custa vir a crer que tem o direito ou mesmo a obrigação desse juízo, e que somente a partir das vivências mais amplas — e talvez mais perturbadoras, mais destruidoras —, e com frequência hesitando, duvidando, emudecendo, ele pode buscar seu caminho para esse juízo e essa crença. Na verdade, por muito tempo a multidão confundiu e desconheceu o filósofo, seja tomando-o pelo homem de ciência e erudito ideal, seja pelo religioso-exaltado, dessensualizado, "desmundanizado" entusiasta e ébrio de Deus; e se hoje acontece alguém ser louvado, por viver "sabiamente" ou "como um filósofo", isto quer dizer apenas que vive "prudente e afastado". Sabedoria: isto parece ser uma espécie de fuga para a plebe, um meio e um artifício para sair bem de um jogo ruim; mas o verdadeiro filósofo — não é assim para *nós*, meus amigos? — vive de modo pouco filosófico e pouco sábio, sobretudo bem pouco prudente, e sente o fardo e a obrigação das mil tentativas e tentações da vida — ele arrisca *a si próprio* constantemente, jogando *o* jogo ruim...

206. Em relação a um gênio, isto é, um ser que *fecunda* ou *dá à luz*, as duas expressões tomadas no sentido mais extenso —, o erudito, o homem de ciência mediano, tem sempre algo da velha solteirona: assim como ela, ele nada entende das duas funções mais valiosas do ser humano. De fato, tanto ao erudito como à solteirona se reconhece respeitabilidade, como uma espécie de compensação — nos dois casos enfatiza-se a respeitabilidade —, e o caráter obrigatório desse reconhecimento proporciona igual dose de enfado. Observemos com mais vagar: o que é o homem de ciência? Primeiramente um tipo de homem sem nobreza, com as virtudes de um tipo sem nobreza, isto é, que não domina, não tem autoridade nem autossuficiência: ele possui laboriosidade, paciente compreensão de seu posto e lugar, uniformidade e moderação nas habilidades e exigências, tem o instinto para perceber seus iguais e o que eles necessitam — por exemplo, aquele pouco de independência e de pasto verde, sem o qual não há sossego no trabalho, aquela reivindicação de honra e reconhecimento (que antes e sobretudo pressupõe capacidade de conhecer e ser reconhecível),[110] aquele raio de sol da boa fama, aquela constante afirmação de seu valor e sua utilidade, com a qual é necessário continuamente vencer a íntima *desconfiança* que é a base do coração de todo homem dependente e membro de um rebanho. O erudito também possui, como é de esperar, as doenças e os defeitos de uma espécie não nobre: é pleno de inveja mesquinha e tem olhos de lince para o que existe de baixo nas naturezas cuja altura não pode alcançar. É confiante, mas só como alguém que se deixa levar, e não *fluir como uma corrente*; e precisamente face ao homem do fluxo intenso ele fica mais frio e reservado — seu olho é como um lago liso e relutante, no qual já não ondula um só encanto ou simpatia. O pior e mais perigoso de que é capaz um erudito vem do instinto de mediocridade peculiar à sua espécie: daquele jesuitismo da mediocridade, que trabalha instintivamente na destruição da pessoa invulgar e busca partir ou — melhor ainda — afrouxar todo arco teso. Afrouxar com consideração, com mão solícita, naturalmente — afrouxar com compaixão que inspira confiança: eis a verdadeira arte do jesuitismo, que sempre soube apresentar-se como a religião da compaixão.

207. Por mais gratos que sejamos ao espírito *objetivo* — e quem já não teria se cansado até à morte de tudo que é subjetivo e de sua maldita "mesmicidade"![111] —, afinal deve-se ter cautela também com a própria gratidão, e refrear o exagero com que ultimamente a renúncia e despersonalização do espírito é celebrada, como quase um fim em si, como redenção e transfiguração: o que costuma suceder na escola dos pessimistas, a qual também tem boas razões, de sua parte, para prestar homenagem ao "conhecimento desinteressado". O homem objetivo, que já não amaldiçoa e xinga como o pessimista, o erudito *ideal*, no qual o instinto científico vem a florir por inteiro, após mil malogros totais e parciais, é seguramente um dos instrumentos mais preciosos que existem: mas isto nas mãos de alguém mais poderoso. Ele é apenas um instrumento; digamos que é um *espelho* — não uma "finalidade em si". O homem objetivo é de fato um espelho: habituado a submeter-se ao que quer ser conhecido, sem outro prazer que o dado pelo conhecer, "espelhar" — ele espera que algo venha e se estende com delicadeza, para que nem mesmo os passos leves e o deslizar dos seres espectrais se percam sobre a sua pele. O que lhe restar ainda de "pessoa" lhe parece casual, não raro arbitrário, com frequência perturbador: de tal modo se tornou reflexo e passagem de formas e acontecimentos alheios. Às vezes volta o pensamento para "si", com esforço, de maneira frequentemente errada; confunde-se facilmente com outros, equivoca-se quanto às próprias necessidades e apenas nisso é tosco e negligente. Talvez o atormente a saúde, ou a pequenez e a atmosfera restrita de mulher e amigos, ou a falta de companheiros e companhia — sim, ele se obriga a refletir sobre seu tormento: em vão! Pois logo seu pensar vagueia para longe, para um caso *mais geral*, e amanhã ele saberá se ajudar tão pouco quanto hoje. Ele perdeu a seriedade para consigo, e também o tempo: ele é sereno, não por falta de tormentos, mas por falta de dedos para lidar com *seus* tormentos. A habitual solicitude face às coisas e às vivências, a hospitalidade luminosa e direta com que acolhe tudo com que depara, sua espécie de inconsiderada benevolência, de perigosa indiferença para com o Sim e o Não: oh, quantas vezes ele tem de pagar por essas virtudes! — e enquanto ser humano ele se torna facilmente o *caput mortuum* [refugo] dessas virtudes.[112] Querendo-se dele amor e ódio, isto é, como Deus, a mulher e os bichos entendem amor e ódio —: ele fará o que puder, dando o que puder. Mas não surpreenderá se isto não for muito — se justamente nisso ele se revelar inautêntico, frágil, duvidoso e sediço. Seu amor é forçado, seu ódio artificial, mais um *tour de force* [grande esforço], um pequeno exagero e vaidade. Ele só é autêntico enquanto lhe é permitido ser objetivo: unicamente em seu sereno totalismo ele continua "natureza" e "natural". Sua alma-espelho, que eternamente se alisa, já não sabe afirmar, nem sabe negar; ele não comanda, e tampouco destrói. "*Je ne méprise presque rien*" [Eu não desprezo quase nada], diz ele, acompanhando Leibniz: não se deixe de ouvir e anotar esse *presque*! Ele tampouco é um homem-modelo; a ninguém precede, nem sucede; colocando-se muito a distância, não tem motivos para tomar partido entre o bem e o mal. Tendo-o confundido tanto tempo com *o filósofo*, com o déspota e disciplinador cesáreo da cultura, honraram-no em demasia e não viram nele o essencial — ele é um instrumento, algo como um escravo, certamente a mais sublime espécie de escravo, mas nada em si — *presque rien*! O homem objetivo é um instrumento, um precioso, facilmente vulnerável e embaçável instrumento de medição e jogo de espelhos, que devemos poupar e respeitar; mas ele não é uma meta, não é uma conclusão e elevação, um homem complementar em que se justifique a existência *restante*, um término — e menos ainda um começo, fecundação e causa primeira, nada de sólido, poderoso, firme em si mesmo, que aspire a dominar: antes um delicado, inflado, fino e flexível recipiente de formas, que deve esperar por uma substância e conteúdo qualquer, para então se "configurar" de acordo — geralmente um homem sem conteúdo e substância, um homem "sem si". Em consequência nada para mulheres também, *in parenthesi*.

208. Se hoje um filósofo dá a entender que não é cético —espero que tal se tenha subentendido nessa descrição do espírito objetivo —, todos escutam isso com desgosto; observam-no com algum receio, gostariam de lhe perguntar tantas, tantas coisas... sim, entre ouvintes temerosos, tais como existem hoje em quantidade, ele é doravante considerado perigoso. Para eles é como se ouvissem, no seu repúdio ao ceticismo, um ruído mau e ameaçador que vem de longe, como se em alguma parte um novo explosivo fosse experimentado, uma dinamite do espírito, uma niilina[113] russa recém-descoberta, um pessimismo *bonae voluntatis* [de boa vontade], que não apenas diz Não, quer Não, mas — horrível pensamento! — *faz* o Não. Contra tal espécie de "boa vontade" — uma vontade de negação real e efetiva da vida — não há, reconhecidamente, melhor sonífero e calmante do que o ceticismo, a suave, doce, afagante papoula do ceticismo; e mesmo Hamlet é receitado agora, pelos médicos desse tempo, contra o "espírito" e seu burburinho sob o chão. "Já não temos os ouvidos cheios de barulhos ruins?", pergunta o cético, como amigo do sossego e uma espécie de agente de segurança, "esse Não subterrâneo é terrível!

Silêncio, toupeiras pessimistas!". Pois o cético, essa criatura delicada, apavora-se facilmente; sua consciência é treinada para estremecer e sentir como que uma mordida face a qualquer Não, e mesmo a um Sim duro e decidido. Sim! e Não! — isto repugna à sua moral; inversamente lhe agrada festejar sua virtude com uma nobre abstinência, ao dizer como Montaigne, por exemplo: "que sei eu?". Ou como Sócrates: "eu sei que nada sei". Ou: "aqui não me atrevo, nenhuma porta se abre". Ou: "se uma porta se abrisse, por que entrar logo?". Ou: "para que servem as hipóteses apressadas? Não formular hipóteses poderia muito bem ser parte do bom gosto. Vocês precisam absolutamente endireitar o que é torto? E tapar cada buraco com uma estopa? Isso não pode esperar? O tempo não pode esperar? Ó demônios, vocês não têm *tempo*? Também o incerto tem seu encanto, também a Esfinge é uma Circe, também Circe foi filósofa".[114] Assim se consola um cético; e ele verdadeiramente precisa de algum consolo. Pois o ceticismo é a mais espiritual expressão de uma complexa constituição fisiológica, que na linguagem corrente chamam de neurastenia e debilidade; ele surge toda vez que se cruzam, de modo súbito e decisivo, raças por longo tempo separadas. A nova geração como que herda no sangue medidas e valores diversos, nela tudo é inquietude, perturbação, tentativa, dúvida; as melhores forças inibem, as próprias virtudes não permitem uma à outra crescer e se fortalecer, no corpo e na alma faltam equilíbrio, gravidade, segurança perpendicular. Mas o que em tais mestiços adoece e degenera mais profundamente é a *vontade*: eles não conhecem mais a independência no decidir, o ousado prazer no querer — duvidam até em sonhos da "liberdade da vontade". Nossa Europa de hoje, palco de uma tentativa absurdamente rápida de mistura de classes e, *em consequência*, de raças, é por isso mesmo cética de alto a baixo, ora com aquele ceticismo destro, que impaciente e ávido pula de um ramo a outro, ora sombria como uma nuvem carregada de pontos de interrogação — e mortalmente farta de sua vontade! Paralisia da vontade: onde não se encontra hoje esse aleijão! E com frequência enfeitado! Sedutoramente enfeitado! Para se engalanar e enganar, essa doença dispõe dos mais belos trajes; e a maior parte, por exemplo, daquilo que hoje se expõe nas vitrines como "objetividade", "cientificidade", "*l'art pour l'art*" [arte pela arte], "conhecimento puro, livre da vontade", é apenas ceticismo ornamentado e paralisia da vontade — por este diagnóstico da doença europeia quero ser responsável. — A doença da vontade está difundida irregularmente na Europa: mostra-se mais intensa e variada onde a cultura se estabeleceu há mais tempo, desaparece à medida que o bárbaro ainda — ou novamente — faz valer seu direito sob as vestes frouxas da educação ocidental.[115] É na França atual, portanto, como se pode facilmente inferir, que a vontade adoeceu mais gravemente; a França, que sempre teve habilidade magistral para converter até as reviravoltas funestas do seu espírito em algo atraente e sedutor, hoje demonstra verdadeiramente, como escola e espetáculo de todo encanto e ceticismo, sua preponderância cultural na Europa. A energia de querer, de querer uma vontade por longo tempo, já é um tanto mais forte na Alemanha, e no norte da Alemanha mais que no centro; consideravelmente mais forte na Inglaterra, Espanha e Córsega, ali relacionada à fleuma, aqui a cabeças duras — para não falar da Itália, que é jovem demais para saber o que quer e tem de provar ainda que pode querer —, mas é mais forte e mais espantosa nesse imenso império intermediário onde a Europa como que reflui para a Ásia, na Rússia. Ali a energia de querer está há muito recolhida e acumulada, ali a vontade — de afirmação ou de negação, não se sabe — espera ameaçadoramente por sua liberação, para usar um termo querido aos físicos de hoje. Não apenas guerras na índia e complicações na Ásia deverão ser necessárias para que a Europa se livre do seu maior perigo, mas também convulsões internas, a desintegração do império em pequenas unidades, e sobretudo a introdução da estupidez parlamentar, incluindo a obrigação de cada um ler seu jornal no café da manhã. Não digo isso como se o desejasse: o contrário seria antes do meu agrado — isto é, um crescimento tal da ameaça russa, que a Europa teria que resolver tornar-se igualmente ameaçadora, *adquirindo uma vontade única* mediante uma nova casta que dominasse toda a Europa, uma demorada e terrível vontade própria que se propusesse metas por milênios — para que enfim terminasse a longa comédia de sua divisão em pequenos Estados, e também sua multiplicidade de ambições dinásticas e democráticas. O tempo da pequena política chegou ao fim: já o próximo século traz a luta pelo domínio da Terra — a *compulsão* à grande política.

209. Até que ponto a nova idade guerreira, em que nós, europeus, obviamente entramos, poderia favorecer também a evolução de uma espécie distinta e mais forte de ceticismo, acerca disso quero me expressar no momento através de uma imagem, que os amigos da história alemã compreenderão certamente. Aquele irrefletido entusiasta de granadeiros robustos e belos, que, na condição de rei da Prússia, fez surgir um gênio militar e cético — e com isso, afinal, esse novo tipo de alemão que agora ascende vitoriosamente —, o extravagante pai de Frederico, o Grande, possuiu *num* ponto a garra e o golpe feliz do gênio:[116] ele sabia o que faltava então na Alemanha, e que essa falta era bem mais angustiante e urgente do que, digamos, a ausência de educação e de polidez social — sua aversão ao jovem Frederico vinha da angústia de um instinto profundo. *Faltavam homens*; ele suspeitou, para seu amargo desgosto, que seu próprio filho não era suficientemente homem. Nisto ele se enganou: mas quem, no seu lugar, não teria se enganado? Ele viu seu filho render-se ao ateis-mo, ao *esprit* [espírito], à prazerosa leviandade dos franceses espirituosos — ele vislumbrou bem ao fundo a grande sanguessuga, a aranha do ceticismo, ele suspeitou a incurável miséria de um coração que já não é bastante forte para o bem nem para o mal, de uma vontade alquebrada que já não comanda, não *pode* comandar. Mas entretanto cresceu no seu filho aquela nova espécie de ceticismo, mais dura e mais perigosa — quem sabe *até onde* favorecida justamente pelo ódio do pai e pela glacial melancolia de uma vontade formada na solidão? —, o ceticismo da virilidade temerária, estreitamente aparentado ao gênio da guerra e da conquista, e que na figura do grande Frederico fez sua entrada na Alemanha. Este ceticismo despreza e no entanto atrai; solapa e toma posse; não crê, mas não se perde; dá ao espírito perigosa liberdade, mas mantêm sob controle o coração; é a forma *alemã* de ceticismo, que, como um fredericianismo prolongado e elevado ao que é mais espiritual, por um bom tempo submeteu a Europa ao jugo do espírito alemão e sua desconfiança histórica e crítica. Graças ao caráter indomavelmente viril e tenaz dos grandes filólogos e historiadores-críticos alemães (que, examinados atentamente, foram também artistas da destruição e desagregação), estabeleceu-se pouco a pouco, apesar de todo o romantismo em música e filosofia, um conceito *novo* do espírito alemão, em que a tendência ao ceticismo viril predominava decididamente: seja como intrepidez do olhar, por exemplo, como valentia e dureza da mão dissecadora, seja como firme vontade de empreender perigosas viagens de descobrimento, espiritualizadas expedições ao Polo Norte, sob céus arriscados e desertos. Pode haver boas razões para que gente humanitária, superficial e de sangue quente faça o sinal da cruz diante desse espírito: *cet esprit fataliste*, *ironique*, *méphistophélique*, como o denomina Michelet, não sem um calafrio. Mas querendo-se apreciar a distinção que é esse temor do "homem" no espírito alemão, por meio do qual a Europa despertou de seu "sono dogmático", recorde-se o conceito anterior, que foi superado por esse — e como não faz muito que uma mulher masculinizada, com presunção sem limite, ousou recomendar os alemães à simpatia da Europa, como simplórios suaves e poéticos, bons de coração e fracos de vontade. Por fim compreenda-se radicalmente o espanto de Napoleão ao encontrar Goethe: revela o que durante séculos se entendera por "espírito alemão". "*Voilà un homme*!" — quer dizer: "Eis um *homem*! E eu esperava apenas um alemão!". —[117]

210. Supondo, pois, que na imagem dos filósofos do futuro algum traço permita imaginar que eles terão de ser céticos no sentido indicado, com isso estaríamos designando algo acerca deles — e *não* eles mesmos. Com o mesmo direito poderiam se chamar críticos; e sem dúvida serão experimentadores. Através do nome com que ousei batizá-los, já sublinhei claramente a experimentação e o prazer no experimentar: seria porque, críticos de corpo e alma, eles amam servir-se do experimento num sentido novo, talvez mais amplo, talvez mais perigoso? Deverão eles, em sua paixão do conhecimento, levar suas experiências arrojadas e dolorosas mais longe do que pode aprovar o gosto brando e mimado de um século democrático? — Não há dúvida: esses vindouros não poderão, de maneira alguma, dispensar as qualidades sérias e nada inofensivas que distinguem o crítico do cético, isto é, a segurança nas medidas de valor, o manejo consciente de uma unidade de método, a coragem alerta, o estar só e responder por si; sim, eles não negam, em si, um *prazer* em dizer Não e desmembrar, e uma certa curiosidade refletida, que sabe manusear a faca de modo seguro e delicado, ainda que o coração sangre. Serão mais *duros* (talvez não apenas consigo) do que homens humanos poderiam desejar, não lidarão com a verdade para que ela lhes "agrade", os "eleve" ou "entusiasme" — pelo contrário, será mínima a sua crença de que justamente a *verdade* comporte esses prazeres para o sentimento. Eles sorrirão, esses espíritos severos, quando alguém disser na sua presença: "esse pensamento me eleva: como não seria verdadeiro?". Ou: "essa obra me encanta: como não seria bela?". Ou: "esse artista me engrandece: como não seria grande?". — eles talvez tenham não apenas um sorriso, mas um autêntico nojo face a tudo que é assim entusiástico, idealista, feminino, hermafrodita, e, quem soubesse acompanhá-los às câmaras secretas do seu coração, dificilmente encontraria ali a intenção de conciliar "sentimentos cristãos" com o "gosto antigo", e menos ainda com o "parlamentarismo moderno" (um tal espírito de conciliação parece ocorrer até entre filósofos, em nosso século tão inseguro e, em consequência, tão conciliador). Esses filósofos do futuro não só exigirão de si mesmos disciplina crítica e todo hábito que leve a rigor e asseio nas coisas do espírito: eles bem poderão exibi-los como sua espécie própria de ornamento — e apesar disso não desejam ser chamados de críticos. Não lhes parece uma afronta pequena à filosofia que se decrete, como hoje se faz com gosto: "A filosofia mesma é crítica e ciência crítica — e nada mais!". Essa valoração da filosofia pode gozar do aplauso de todos os positivistas da França e da Alemanha (— e é possível que agradasse até ao gosto e ao coração de *Kant*: recordem-

-se os títulos de suas obras principais —): nossos novos filósofos dirão, porém: os críticos são instrumentos dos filósofos, e por isso, por serem instrumentos, estão longe de ser filósofos! Também o grande chinês de Königsberg foi apenas um grande crítico. —[118]

211. Insisto em que finalmente se deixe de confundir com filósofos os trabalhadores filosóficos e, sobretudo, os homens de ciência — em que precisamente aqui se dê "a cada um o seu", e não demasiado a uns e muito pouco a outros. Talvez seja indispensável, na formação de um verdadeiro filósofo, ter passado alguma vez pelos estágios em que permanecem, em que *têm* de permanecer os seus servidores, os trabalhadores filosóficos; talvez ele próprio tenha que ter sido crítico, cético, dogmático e historiador, e além disso poeta, colecionador, viajante, decifrador de enigmas, moralista, vidente, "livre-pensador"[119] e praticamente tudo, para cruzar todo o âmbito dos valores e sentimentos de valor humanos e poder observá-lo com muitos olhos e consciências, desde a altura até a distância, da profundeza à altura, de um canto qualquer à amplidão. Mas tudo isso são apenas precondições de sua tarefa: ela mesma requer algo mais — ela exige que ele *crie valores*. Os trabalhadores filosóficos formados segundo o nobre modelo de Kant e Hegel têm de estabelecer e colocar em fórmulas, seja no reino do *lógico*, do *político* (moral) ou do *artístico*, algum vasto corpo de valorações — isto é, anteriores *determinações*,[120] criações de valores, que se tornaram dominantes e por um tempo foram denominadas "verdades". A esses pesquisadores compete tornar visível, apreensível, pensável, manuseável, tudo até hoje acontecido e avaliado, abreviar tudo o que é longo, "o tempo" mesmo, e *subjugar* o passado inteiro: imensa e maravilhosa tarefa, a serviço da qual todo orgulho sutil, toda vontade tenaz pode encontrar satisfação. *Mas os autênticos filósofos são comandantes e legisladores*: eles dizem "*assim* deve ser!", eles determinam o para onde? e para quê? do ser humano, e nisso têm a seu dispor o trabalho prévio de todos os trabalhadores filosóficos, de todos os subjugadores do passado — estendem a mão criadora para o futuro, e tudo que é e foi torna-se para eles um meio, um instrumento, um martelo. Seu "conhecer" é criar, seu criar é legislar, sua vontade de verdade é — *vontade de poder*. — Existem hoje tais filósofos? Já existiram tais filósofos? Não *têm* que existir tais filósofos?...

212. Cada vez mais quer me parecer que o filósofo, sendo *por necessidade* um homem do amanhã e do depois de amanhã, sempre se achou e *teve* de se achar em contradição com o seu hoje: seu inimigo sempre foi o ideal de hoje. Até agora todos esses extraordinários promovedores do homem, a que se denomina filósofos, e que raramente viram a si mesmos como amigos da sabedoria, antes como desagradáveis tolos e perigosos pontos de interrogação — encontraram sua tarefa, sua dura, indesejada, inescapável tarefa, mas afinal também a grandeza de sua tarefa, em ser a má consciência do seu tempo. Colocando a faca no peito das *virtudes do tempo*, para vivisseccioná-lo, delataram o seu próprio segredo: saber de uma *nova* grandeza do homem, de um caminho não trilhado para o seu engrandecimento. A cada vez desvelaram o quanto de hipocrisia, comodismo, de deixar-se levar e deixar-se cair, o quanto de mentira se escondia sob o mais venerado tipo de moralidade contemporânea, o quanto de virtude era *ultrapassada*; a cada vez eles disseram: "Temos que ir ali, além, onde *vocês*, hoje, menos se sentem em casa". Face a um mundo de "ideias modernas", que gostaria de confinar cada um num canto e numa "especialidade", um filósofo, se hoje pudesse haver filósofos, seria obrigado a situar a grandeza do homem, a noção de "grandeza", precisamente em sua vastidão e multiformidade, em sua inteireza na diversidade: ele determinaria inclusive o valor e o grau, conforme quanto e quantas coisas um indivíduo pudesse aguentar e aceitar, conforme *até onde* pudesse estender sua responsabilidade. Hoje o gosto e a virtude do tempo enfraquecem e diluem a vontade, nada é tão atual como a fraqueza da vontade: em consequência, no ideal do filósofo devem ser incluídas na noção de "grandeza" justamente a força da vontade, a dureza e a capacidade para decisões largas; com a mesma justificativa com que a doutrina inversa e o ideal de uma humanidade[121] simplória, abnegada, humilde e desinteressada se adequavam a uma época inversa, uma tal que, como o século XVI, sofresse da sua energia de vontade acumulada e das selvagens marés e cheias do egoísmo. No tempo de Sócrates, entre homens do instinto cansado, entre antigos atenienses conservadores que se deixavam levar — "à felicidade", como diziam, ao prazer, como faziam — e que nisso continuavam usando as velhas, pomposas palavras, às quais sua vida já não lhes dava o direito, a *ironia* talvez fosse necessária à grandeza da alma, aquela maliciosa segurança socrática do velho médico e plebeu, que impiedosamente cortava em sua própria carne, assim como na carne e coração do "nobre", com um olhar que bem claramente dizia: "Nada de fingimentos comigo! Aqui — somos iguais!". Hoje, inversamente, quando na Europa somente o animal de rebanho recebe e dispensa honras, quando a "igualdade de direitos" pode facilmente se transformar em igualdade na injustiça: quero dizer, em uma guerra comum a tudo que é raro, estranho, privilegiado, ao homem superior, ao dever superior, à responsabilidade superior, à plenitude de poder criador e dom de dominar — hoje o ser-nobre, o querer-ser-para-si, o poder-ser-distinto, o estar-só e o ter-que-viver-por-si são parte da noção de "grandeza"; e o filósofo revelará algo do seu próprio ideal quando afirmar: "Será o maior aquele que puder ser o mais solitário, o mais oculto, o mais divergente, o homem além do bem e do mal, o senhor de suas virtudes, o transbordante de vontade; precisamente a isto se chamará grandeza: pode ser tanto múltiplo como inteiro, tanto vasto como pleno". E mais uma vez perguntamos: será hoje — *possível* a grandeza?

213. É difícil aprender o que é um filósofo, porque isso não se pode ensinar: há que "sabê-lo" por experiência — ou ter o orgulho de *não* sabê-lo. Mas o fato de que hoje todos falem de coisas de que não *podem* ter qualquer experiência vale particularmente, e desgraçadamente, para os filósofos e os estados filosóficos: — a pouquíssimos é dado conhecê-los, e todas as opiniões populares acerca deles estão erradas. Assim, por exemplo, a maioria dos pensadores e eruditos não conhece por experiência própria essa coexistência genuinamente filosófica de uma espiritualidade vivaz e audaciosa, que corre de modo *presto*, e uma exatidão e necessidade dialética que não dá um passo em falso; em consequência, eles não dariam crédito a quem lhes falasse disso. Eles imaginam toda necessidade como aflição,[122] como penoso ter-de-seguir e ser-coagido, e o pensar mesmo têm como algo lento, hesitante, quase uma fadiga, e com frequência "digno do *suor* dos nobres" — mas não absolutamente como algo leve, divino e intimamente aparentado à dança e à exuberância! "Pensar" e "levar a sério", "ponderar" uma coisa — para eles isso é o mesmo: apenas assim o "vivenciaram". Os artistas talvez tenham um faro mais sutil nesse ponto: eles, que sabem muito bem que justamente quando nada mais realizaram de "arbitrário", e sim tudo necessário, atinge o apogeu sua sensação de liberdade, sutileza e pleno poder, de colocar, dispor e modelar criativamente — em suma, que só então necessidade e "livre-arbítrio" se tornam unidos neles. Existe, afinal, uma hierarquia de estados anímicos, à qual corresponde a hierarquia dos problemas; e os problemas mais altos repudiam sem piedade todo aquele que ousa se avizinhar, sem estar predestinado a resolvê-los pela altura e o poder de sua espiritualidade. De que serve hábeis sabichões ou inábeis e honestos empíricos e mecânicos forçarem uma aproximação, como hoje é tão comum, tentando penetrar com ambição plebeia nessa "corte das cortes"! Mas pés grosseiros não poderão jamais pisar esses tapetes: disso já cuidou a lei primordial das coisas; as portas permanecem fechadas para esses importunos, ainda que nelas batam e partam as cabeças! Todo mundo elevado requer que se tenha nascido para ele; ou melhor, que se tenha sido *cultivado* para ele: direito à filosofia — no sentido mais amplo — obtém-se apenas em virtude da ascendência, os ancestrais, o "sangue" decide também aqui. Muitas gerações devem ter trabalhado na gênese do filósofo; cada uma de suas virtudes deve ter sido adquirida, cultivada, transmitida, incorporada, e não apenas o passo e curso ousado, leve e delicado de seus pensamentos, mas sobretudo a disposição para grandes responsabilidades, a elevação de olhares que dominam e olham para baixo, o sentir-se apartado da multidão e seus deveres e virtudes, a afável proteção e defesa do que é incompreendido e caluniado, seja Deus, seja Diabo, o prazer e o exercício da grande justiça, a arte do comando, a amplidão da vontade, a lentidão do olhar que raramente admira, raramente olha para cima, raramente ama...

Capítulo sétimo
NOSSAS VIRTUDES

214. Nossas virtudes? — É provável que também nós teremos ainda nossas virtudes, embora naturalmente não serão aquelas ingênuas, inteiriças virtudes pelas quais temos em alta estima, mas também um pouco à distância, os nossos avós. Nós, europeus de amanhã, nós, primogênitos do século XX — com toda a nossa perigosa curiosidade, nossa multiplicidade e arte do travestimento, nossa branda e como que adocicada crueldade de espírito e de sentidos —, teremos presumivelmente, *se* tivermos virtudes, apenas aquelas que aprenderem a se harmonizar com os nossos mais íntimos e autênticos pendores, com as nossas mais ardentes necessidades: muito bem, busquemo-las então em nossos labirintos! — onde, como se sabe, tanta coisa se extravia, tanta coisa é perdida para sempre. E o que pode haver mais belo que *buscar* suas próprias virtudes? Isto já não seria quase: *crer* em sua própria virtude? Mas esse "crer em sua virtude" — não é afinal o mesmo que outrora se chamava "boa consciência", aquela venerável, longa trança conceitual que nossos avós prendiam atrás na cabeça, e muitas vezes também no entendimento? Parece, portanto, que, mesmo nos sentindo bem pouco antiquados e veneráveis à maneira dos avós, numa coisa somos ainda netos dignos desses avós, nós, os últimos europeus com boa consciência: também nós usamos aquela trança. — Ah, se vocês soubessem com que rapidez, com que rapidez — isso mudará!...

215. Assim como no reino das estrelas são às vezes dois sóis que determinam a órbita de um planeta, e em alguns casos há sóis de cor diversa que iluminam um só planeta, ora com luz vermelha, ora com luz verde, logo irradiando simultaneamente e inundando-o de luz multicor: assim também nós, homens modernos, graças à complicada mecânica de nosso "firmamento" somos determinados por morais *diversas*; nossas ações brilham alternadamente em cores distintas, raras vezes são inequívocas — e com frequência realizamos ações *furta-cor*.

216. Amar seus inimigos? Creio que isso foi aprendido: ocorre hoje de mil maneiras, em grande e pequena escala; sim, por vezes o mais elevado e mais sublime acontece — aprendemos a *desprezar* quando amamos, e justamente quando amamos melhor — mas tudo isso inconscientemente, sem barulho, sem pompa, com aquele pudor e ocultamento da bondade que proíbe a palavra solene e a expressão virtuosa. Moral como atitude — vai de encontro a nosso gosto atualmente. Isso é também um progresso: como foi progresso para nossos pais, quando a religião como atitude lhes contrariou enfim o gosto, no que se incluiu a hostilidade e amargura voltaireana frente à religião (e tudo o que então era próprio da linguagem de gestos dos livres-pensadores). É a música de nossa consciência, a dança de nosso espírito, com que não podem afinar as litanias puritanas, as prédicas morais e o filistinismo.

217. Cautela com os que dão grande valor a que se confie no seu tato moral, na sutileza de sua discriminação moral! Não nos perdoam jamais, quando se equivocam em nossa presença (ou a nosso respeito) — inevitavelmente se tornarão nossos caluniadores e detratores instintivos, mesmo se continuam nossos "amigos". — Bem-aventurados os que esquecem: pois "darão conta" também de suas tolices.

218. Os psicólogos da França — e em que outro lugar existem hoje psicólogos? — ainda saboreiam o prazer amargo e múltiplo que têm na *bêtise bourgeoise* [estupidez burguesa], como se... basta, com isso já revelam algo. Flaubert, por exemplo, o honrado cidadão de Rouen, afinal enxergou, ouviu, experimentou apenas isso — era sua forma de autotortura e refinada crueldade. Agora sugiro, como mudança — pois já começa a enfastiar —, um outro objeto de deleite: a inconsciente astúcia com que os bons, gordos, honestos espíritos da mediocridade[123] se comportam face a espíritos elevados e a sua tarefa, aquela sutil, intrincada astúcia jesuítica, mil vezes mais sutil que o gosto e entendimento dessa classe média em seus melhores momentos — mais até que o entendimento de suas vítimas —: para renovada demonstração de que o "instinto" é a mais inteligente das espécies de inteligência até agora descobertas. Em suma, procurem estudar, psicólogos, a filosofia da "regra" em luta com a "exceção": aí vocês têm um espetáculo bom para os deuses e para a malícia divina! Ou, ainda mais claramente: vivisseccionem o "homem bom", o "*homo bonae voluntatis*" [homem de boa vontade]... *vocês mesmos*!

219. Julgar e condenar moralmente é a forma favorita de os espiritualmente limitados se vingarem daqueles que o são menos, e também uma espécie de compensação por terem sido descurados pela natureza; e, por fim, uma oportunidade de adquirirem espírito e se tornarem sutis — a malícia espiritualiza. No fundo do coração lhes faz bem que haja um critério segundo o qual mesmo os homens acumulados de bens e privilégios do espírito se igualem a eles — lutam pela "igualdade de todos perante Deus", e para isso *precisam* crer em Deus. Entre eles se acham os mais vigorosos adversários do ateísmo. Quem lhes dissesse que "não há comparação entre uma superior espiritualidade e qualquer honradez e respeitabilidade de um homem apenas moral", faria com que ficassem furiosos — eu tratarei de não dizê-lo. Pretendo, isto sim, lisonjeá-los com minha tese de que uma superior espiritualidade existe apenas como rebento final de qualidades morais; que é uma síntese de todos aqueles estados atribuídos ao homem "apenas moral", após terem sido adquiridos isoladamente, através de longa disciplina e exercício, e talvez por cadeias de gerações; que a superior espiritualidade é justamente a espiritualização da justiça, e daquele rigor bondoso que se sabe encarregado de manter no mundo a hierarquia entre as coisas mesmas — e não só entre os homens.

220. Agora que é tão popular o elogio do "desinteressado",[124] deve-se tomar consciência, não sem algum perigo, *do que* realmente interessa o povo, e das coisas que preocupam de modo essencial e profundo o homem comum: incluindo os homens cultos, também os eruditos e, se não me engano de todo, talvez até mesmo os filósofos. Resulta o fato de que a maior parte daquilo que interessa e estimula naturezas superiores, gostos mais sutis e exigentes, parece totalmente "sem interesse" para o homem médio — se porém ele nota em si uma inclinação para isso, chama-a de *désintéressée* e se espanta de que seja possível agir "desinteressadamente". Houve filósofos que souberam dar a este assombro popular uma expressão sedutora e místico-supraterrena (— talvez por não conhecerem de experiência a natureza superior?) — em vez de constatar nuamente a verdade simples de que a ação "desinteressada" é uma ação *muito* interessante e interessada, contanto que... "E o amor?" — Como? Até mesmo agir por amor será "altruísta"? Ora, seus simplórios —! "E o elogio dos que se sacrificam?" — Mas quem verdadeiramente realizou sacrifícios, sabe que queria algo em troca e conseguiu — talvez algo de si em troca de algo de si —, que cedeu aqui para ter mais ali, para talvez ser mais ou para sentir-se como "mais". Mas este é um domínio de perguntas e respostas, no qual um espírito mais exigente não gosta de se deter: tanto a verdade é aqui obrigada a sufocar os bocejos quando tem de responder. Afinal ela é uma mulher: não se deve violentá-la.

221. Pode ocorrer, disse um pedante e escrupuloso moralista, que eu respeite e trate com distinção um homem altruísta: não por ele ser altruísta, no entanto, mas porque me parece ter o direito de ser útil a outros à própria custa. Em suma: a questão é sempre quem é *ele* e quem é *aquele*. Num homem feito e destinado ao comando, por exemplo, abnegação e retraimento modesto não seriam virtude, mas um desperdício de virtude: assim me quer parecer. Toda moral não egoísta, que se toma por absoluta e se dirige a todo e qualquer um, não peca somente contra o gosto: é uma instigação a pecados de omissão, uma sedução *mais* sob a máscara da filantropia — e precisamente uma sedução e injúria para os mais elevados, mais raros e privilegiados. É preciso forçar as morais a inclinar-se antes de tudo frente à *hierarquia*, é preciso lhes lançar na cara sua presunção, até que conjuntamente se deem conta de que é *imoral* dizer: "o que é certo para um é certo para outro". Assim pensa meu *bonhomme* [bom homem] e pedante moral: não mereceria talvez nossas risadas, exortando assim as morais à moralidade? Mas não se deve ter razão demais, quando se quer ter os que riem do seu lado; um pouco de falta de razão faz parte inclusive do bom gosto.

222. Onde atualmente for pregada a compaixão — e, escutando-se bem, agora não se prega mais outra religião —, o psicólogo deve abrir bem os ouvidos: em meio a toda a vaidade, a todo o ruído que é característico desses pregadores (como de todos os pregadores), ele poderá ouvir um áspero, queixoso, genuíno tom de *autodesprezo*. Este é parte do ensombrecimento e enfeamento da Europa, que há um século não faz senão crescer (e cujos primeiros sintomas vêm consignados numa refletida carta de Galiani a Madame d'Épinay): *se não for mesmo a sua causa*! O homem das "ideias modernas", esse orgulhoso símio, está desmedidamente insatisfeito consigo: isto é um fato. Ele sofre, padece: mas, para sua vaidade, apenas "compadece"...[125]

223. O mestiço europeu — um plebeu razoavelmente feio, afinal de contas — precisa absolutamente de um traje de fantasia: ele tem necessidade da história como um depósito de fantasias.[126] Sem dúvida percebe que nenhuma delas lhe cai muito bem — está sempre mudando-as. Considerem-se, no século XIX, as súbitas predileções e mudanças das mascaradas de estilo; e também os momentos de desespero porque "nada assenta". — Inútil apresentar-se como romântico, ou clássico, cristão, florentino, barroco ou "nacional", *in moribus et artibus* [nos costumes e nas artes]: "não cai"! Mas o "espírito", em especial o "espírito histórico", divisa também uma vantagem nesse desespero: repetidamente, um novo pedaço do passado e do exterior é experimentado, vestido, retirado, guardado, sobretudo *estudado* — somos a primeira época estudiosa *in puncto* [em matéria de] "fantasias", quero dizer morais, artigos de fé, gostos artísticos e religiões, preparada, como nenhuma época anterior, para o Carnaval de grande estilo, para a mais espiritual gargalhada e exuberância momesca, para a altura transcendental da suprema folia e derrisão aristofânica do mundo. Talvez descubramos precisamente aqui o domínio da nossa invenção, esse domínio em que também nós ainda podemos ser originais, como parodistas da história universal e bufões do Senhor, quem sabe. Talvez, se nada mais do presente existir no futuro, justamente a nossa *risada* tenha futuro!

224. O *sentido histórico* (ou a capacidade de perceber rapidamente a hierarquia de valorações segundo as quais um povo, uma sociedade, um homem viveu, o "instinto divinatório" para as relações entre essas valorações, para o relacionamento da autoridade dos valores com a autoridade das forças atuantes): esse sentido histórico, que nós, europeus, reivindicamos como nossa particularidade, nos foi trazido na esteira da louca e fascinante *semibarbárie* em que a mistura de classes e raças mergulhou a Europa — apenas o século XIX conhece esse sentido, enquanto seu sexto sentido. O passado de toda forma e todo modo de vida, de culturas que então coexistiam e se superpunham, graças a essa mistura precipita-se em nós, "almas modernas", em toda parte nossos instintos correm para trás, nós mesmos somos uma espécie de caos —: afinal, como foi dito, "o espírito" divisa a sua vantagem nisso. Mediante nossa semibarbárie de corpo e desejo temos trânsito secreto para toda parte, sobretudo acessos ao labirinto das culturas incompletas e a toda semibarbárie que jamais existiu na Terra, e na medida em que a parte mais considerável da cultura humana foi sempre semibarbárie, "sentido histórico" significa quase que sentido e instinto para tudo, gosto e língua para tudo: no que logo se revela o seu caráter *não nobre*. Apreciamos novamente Homero, por exemplo: é talvez nosso avanço mais feliz o fato de sabermos desfrutar Homero, do qual os homens de uma cultura nobre (os franceses do século XVII, tal como Saint-Evremond, digamos, que lhe censurou o *esprit vaste* [espírito vasto], e mesmo o último eco dessa cultura, Voltaire) não souberam nem sabem se apropriar — e que não se permitiram apreciar. O tão definido Sim e Não do seu palato, seu pronto desgosto, sua hesitante reserva face a tudo que lhes for estranho, seu horror à falta de gosto que há na curiosidade viva, e sobretudo aquela má vontade que toda cultura nobre e autossuficiente demonstra em admitir uma nova cobiça, uma insatisfação com o que é seu e uma admiração do que é outro: tudo isso os predispõe negativamente até em face das melhores coisas do mundo, que não são sua propriedade e não poderiam se tornar sua presa — e nenhum sentido é mais incompreensível para esses homens do que justamente o sentido histórico, com a sua servil curiosidade plebeia. Não é diferente com Shakespeare, essa estupenda síntese hispano-mouro-saxã do gosto, que faria um antigo ateniense das relações de Ésquilo morrer de riso e de raiva: mas nós — nós aceitamos, com secreta familiaridade e afeto, essa selvagem policromia, essa miscelânea do que é mais delicado, mais grosseiro e artificial, nós o fruímos como um refinamento da arte reservado justamente para nós, e nos sentimos tão pouco incomodados pelos repugnantes miasmas e a promiscuidade da ralé inglesa, em que vivem a arte e o gosto de Shakespeare, quanto estaríamos ao andar na Chiaia de Nápoles, por exemplo: onde seguimos nosso caminho encantados e dispostos, com todos os sentidos alertas, embora as cloacas populares tomem conta do ar. Nós, homens do "sentido histórico": como tais temos nossas virtudes, não se pode negar — somos despretensiosos, desinteressados, modestos, bravos, plenos de autossuperação, de dedicação, muito gratos, muito pacientes e acolhedores — e com tudo isso não somos talvez "de muito bom gosto". Vamos admitir finalmente: o que para nós, homens do "sentido histórico", é mais difícil captar, sentir, saborear, amar, o que no fundo nos encontra prevenidos e quase hostis, é justamente o perfeito e definitivamente maduro em toda cultura e arte, o genuinamente nobre nos homens e obras, o seu momento de mar liso e de alciônica satisfação consigo, o quê de áureo e frio que têm as coisas que se completaram. Talvez nossa grande virtude do sentido histórico esteja necessariamente em oposição ao *bom* gosto, pelo menos ao melhor gosto, e apenas de modo precário, hesitante, constrangido, sejamos capazes de reproduzir em nós as pequenas, breves, excelsas felicidades e transfigurações da vida humana, tal como aqui e ali resplandecem: aqueles momentos e prodígios em que uma grande força deteve-se voluntariamente ante o ilimitado e desmedido —, em que desfrutamos uma abundância de sutil prazer na repentina contenção e petrificação, no permanecer e firmar-se num chão que ainda treme. A *medida* nos é estranha, confessemos a nós mesmos; a comichão que sentimos é a do infinito, imensurado. Como um ginete sobre o corcel em disparada, deixamos cair as rédeas ante o infinito, nós, homens modernos, semibárbaros; e temos a *nossa* bem-aventurança ali onde mais estamos — *em perigo*.

225. Seja hedonismo, seja pessimismo, utilitarismo ou eudemonismo: todos esses modos de pensar que medem o valor das coisas conforme o *prazer* e a *dor*, isto é, conforme estados concomitantes e dados secundários, são ingenuidades e filosofias de fachada, que todo aquele que for cônscio de suas energias *criadoras*[127] e de uma consciência de artista não deixará de olhar com derrisão, e também compaixão. Compaixão por vocês! Esta certamente não é a compaixão que imaginam: não é compaixão pela "miséria" social, pela "sociedade" com seus doentes e desgraçados, pelos viciosos e arruinados de antemão que jazem por terra a nosso redor; é menos ainda compaixão por essas oprimidas, queixosas, rebeldes camadas escravas que aspiram à dominação — que chamam de "liberdade". A *nossa* compaixão é algo mais longividente e elevado — nós vemos como *o ser humano* se diminui, como *vocês* o diminuem! — e há momentos em que observamos justamente a *sua* compaixão com indescritível temor, em que nos defendemos dessa compaixão — em que achamos a sua seriedade mais perigosa que qualquer leviandade. Vocês querem, se possível — e não há mais louco "possível" — *abolir o sofrimento*; e quanto a nós? — parece mesmo que nós o queremos ainda mais, maior e pior do que jamais foi! Bem-estar, tal como vocês o entendem — isso não é um objetivo, isso nos parece um *fim*! Um estado que em breve torna o homem ridículo e desprezível — que faz *desejar* o seu ocaso! A disciplina do sofrer, do *grande* sofrer — não sabem vocês que até agora foi *essa* disciplina que criou toda excelência humana? A tensão da alma na infelicidade, que lhe cultiva a força, seu tremor ao contemplar a grande ruína, sua inventividade e valentia no suportar, persistir, interpretar, utilizar a desventura, e o que só então lhe foi dado de mistério, profundidade, espírito, máscara, astúcia, grandeza — não lhe foi dado em meio ao sofrimento, sob a disciplina do grande sofrimento? No homem estão unidos *criador* e *criatura*: no homem há matéria, fragmento, abundância, lodo, argila, absurdo, caos; mas no homem há também criador, escultor, dureza de martelo, deus-espectador e sétimo dia — vocês entendem essa oposição? E que a *sua* compaixão diz respeito à "criatura no homem", ao que tem de ser formado, quebrado, rompido, forjado, queimado, encandescido, purificado — ao que necessariamente tem de *sofrer*, e *deve* sofrer? E a *nossa* compaixão — não percebem a quem se dirige nossa compaixão *contrária*, quando se defende da sua compaixão como o pior dos embrandecimentos e debilidades? — Compaixão *contra* compaixão! — Mas, para repetir ainda uma vez, há problemas mais elevados do que dor, prazer e compaixão; e toda filosofia que trate apenas disso é ingenuidade. —

226. *Nós, imoralistas!* — Esse mundo que nos concerne a nós, no qual *nós* temos que temer e amar, esse mundo quase invisível e inaudível, de comandos e obediências sutis, um mundo de "quase" em todo sentido, espinhoso, insidioso, cortante, delicado: sim, ele está bem protegido de espectadores grosseiros e curiosidade confiante! Estamos envoltos numa severa malha de deveres, e dela não *podemos* sair — nisso precisamente somos, também nós, "homens do dever"! Ocasionalmente, é verdade, dançamos com nossas "cadeias" e entre nossas "espadas"; com mais frequência, não é menos verdade, gememos debaixo delas e somos impacientes com toda a secreta dureza do nosso destino. Mas não importa o que façamos, os imbecis e as aparências falam contra nós, dizendo: "Estes são homens *sem* dever" — sempre temos os imbecis e as aparências contra nós!

227. A honestidade — supondo que esta seja a nossa virtude, da qual não podemos escapar, nós, espíritos livres — bem, então vamos esmerá-la com toda a malícia e amor, e não cansar de nos "perfeccionarmos" em *nossa* virtude, a única que nos resta: que o seu brilho possa um dia pairar, como uma dourada, azul, sarcástica luz de entardecer, sobre essa cultura minguante e sua seriedade opaca e sombria! E se no entanto nossa honestidade vier a se cansar e suspirar e esmorecer e nos achar duros demais, desejando vida melhor, mais fácil e gentil, como um vício agradável: permaneçamos *duros*, nós, os últimos estoicos!, e enviemos em sua ajuda o que possuímos em nós de demoníaco — nosso nojo ao que é grosseiro e aproximado, nosso "*nitimur in vetitum*" [lançamo-nos ao proibido],[128] nosso ânimo de aventura, nossa curiosidade aguda e requintada, nossa mais sutil, mais encoberta, mais espiritual vontade de poder e superação do mundo, que adeja e anseia[129] cobiçosa pelos reinos do futuro — ajudemos ao nosso "Deus" com todos os nossos "Demônios"! É provável que por isso sejamos incompreendidos e confundidos: que importa! "Sua 'honestidade' — é seu demonismo, e nada mais", dirão; mas que importa! E mesmo que tivessem razão! Todos os deuses até aqui não foram demônios rebatizados e santificados? E o que sabemos de nós afinal? Como quer *chamar-se* o espírito que nos guia? (é uma questão de nomes). Quantos espíritos abrigamos? Nossa honestidade, nós, espíritos livres — cuidemos para que não se torne nossa vaidade, nosso adereço e arabesco, nosso limite, nossa estupidez! Toda virtude tende à estupidez, toda estupidez à virtude; "estúpido até à santidade", dizem na Rússia — cuidemos de que, por honestidade, não nos tornemos santos e enfadonhos! A vida não é curta demais, para nela ainda — se enfadar? Seria preciso acreditar na vida eterna...

228. Que me perdoem a descoberta de que até agora todas as filosofias morais foram enfadonhas e soporíferas — e de que nada prejudicou mais "a virtude", a meus olhos, do que o *enfado* de seus advogados; com o que não desejo negar a utilidade geral destes. É importante que o menor número possível de pessoas reflita sobre moral — e é *muito* importante que a moral não venha a se tornar interessante! Mas estejam tranquilos! A situação é hoje a mesma de sempre: não vejo ninguém, na Europa, que tenha (ou *transmita*) a noção de que o refletir sobre a moral pode ser realizado de maneira perigosa, insidiosa, sedutora — e de que nele pode haver *fatalidade*! Vejam-se, por exemplo, os incansáveis e inevitáveis utilitaristas ingleses, como vão e vêm, rudes e veneráveis, nas pegadas de Bentham (uma imagem homérica o diz mais claramente),[130] tal como ele seguia as pegadas do venerável Helvétius (não, não era um homem perigoso, esse Helvétius!).[131] Nenhum novo pensamento, nenhuma versão e flexão mais sutil de um velho pensamento, nem sequer uma verdadeira história do que foi pensado antes: uma literatura *impossível* totalmente, quando não se sabe fermentá-la com alguma malícia. Pois também nesses moralistas (que devem ser lidos com segundas intenções, caso *devam* ser lidos —) insinuou-se aquele velho vício inglês chamado *cant* [linguagem artificial], que é uma *tartufice moral*, dessa vez oculta sob a forma da cientificidade; também não falta uma secreta luta com remorsos da consciência, de que é natural que sofra uma raça de ex-puritanos, por mais que se ocupe cientificamente da moral. (Um moralista não é o contrário de um puritano? Ou seja, um pensador que vê a moral como questionável, interrogável, em suma, como um problema? O moralizar não seria — imoral?) Afinal de contas, todos eles querem que se dê razão à moralidade *inglesa*, na medida em que justamente com ela é servida melhor a humanidade, ou “o benefício geral”, “a felicidade da maioria”, não! a felicidade da *Inglaterra*; eles querem provar a si mesmos, com todas as forças, que aspirar à felicidade *inglesa*, quer dizer, a *comfort* [conforto] e *fashion* [estilo] (e, objetivo supremo, um lugar no Parlamento), é também o caminho reto para a virtude, mais ainda, que toda virtude até hoje havida no mundo consistiu precisamente em tal aspiração. Nenhum desses graves animais de rebanho, de consciência agitada (que propõem defender a causa do egoísmo como causa do bem-estar geral), quer saber e sentir que o “bem-estar geral” não é um ideal, uma meta, uma noção talvez apreensível, mas apenas um vomitório — que o que é justo para um não *pode* absolutamente ser justo para outro, que a exigência de *uma* moral para todos é nociva precisamente para os homens elevados, em suma, que existe uma *hierarquia* entre homem e homem, e, em consequência, entre moral e moral. São uma espécie de gente modesta e fundamentalmente medíocre, esses ingleses utilitaristas, e, como já disse: na medida em que são enfadonhos, não podemos estimar suficientemente a sua utilidade. Devem ser inclusive *encorajados*; como foi tentado, em alguma medida, com os versos seguintes:

Salve, bravos carregadores,
"Mais longo o trabalho, maiores favores",
Sem ânimo e vontade de sorrir,
Sempre duros de cabeça e braço,
De originalidade nenhum traço,
Sans génie et sans esprit![132]

229. Nas épocas tardias, que podem se orgulhar de sua humanidade, permanece ainda tanto medo, tanta *superstição* de medo frente ao "animal feroz e cruel", o qual justamente as épocas mais humanas se orgulham de haver subjugado, que mesmo verdades tangíveis continuam inexpressas durante séculos, como que por um acordo, porque aparentemente poderiam chamar à vida esse animal selvagem finalmente abatido. Talvez eu corra algum perigo, ao me deixar escapar uma verdade assim: que outros a capturem novamente e a façam beber tanto "leite do pensamento devoto",[133] que ela fique inerte e esquecida no seu velho canto. — No tocante à crueldade é preciso reconsiderar e abrir os olhos; é preciso finalmente aprender a impaciência, para que deixem de circular, virtuosa e insolentemente, erros gordos e imodestos como, por exemplo, aqueles nutridos por filósofos antigos e novos a respeito da tragédia. Quase tudo a que chamamos "cultura superior" é baseado na espiritualização e no aprofundamento da crueldade — eis a minha tese; esse "animal selvagem" não foi abatido absolutamente, ele vive e prospera, ele apenas — se divinizou. O que constitui a dolorosa volúpia da tragédia é a crueldade; o que produz efeito agradável na chamada compaixão trágica, e realmente em tudo sublime, até nos tremores supremos e mais que delicados da metafísica, obtém sua doçura tão só do ingrediente crueldade nele misturado. O que o romano, na arena, o cristão, nos êxtases da cruz, o espanhol, ante as fogueiras e as touradas, o japonês de hoje, quando corre às tragédias, o operário de subúrbio parisiense, com saudade de revoluções sangrentas, a wagneriana que, de vontade suspensa, "deixa-se tomar" por Tristão e Isolda — o que todos eles apreciam, e procuram beber com misterioso ardor, é a poção bem temperada da grande Circe "crueldade". Nisso devemos pôr de lado, naturalmente, a tola psicologia de outrora, que da crueldade sabia dizer apenas que ela surge ante a visão do sofrimento *alheio*: há também um gozo enorme, imensíssimo, no sofrimento próprio, no fazer sofrer a si próprio — e sempre que o homem se deixa arrastar à autonegação no sentido *religioso*, ou à automutilação, como entre os fenícios e astecas, ou à dessensualização, descarnalização, compunção, às convulsões de penitência puritanas, à vivissecção de consciência e ao *sacrifizio dell'intelletto* pascaliano, ele é atraído e empurrado secretamente por sua crueldade, por esses perigosos frêmitos da crueldade voltada *contra ele mesmo*. Por fim se considere que mesmo o homem do conhecimento, ao obrigar seu espírito a conhecer, *contra* o pendor do espírito e também, com frequência, os desejos de seu coração — isto é, a dizer Não, onde ele gostaria de aprovar, amar, adorar —, atua como um artista e transfigurador da crueldade; tomar as coisas de modo radical e profundo já é uma violação, um querer-magoar a vontade fundamental do espírito, que incessantemente busca a aparência e a superfície — em todo querer-conhecer já existe uma gota de crueldade.

230. Talvez não se entenda de imediato o que acabo de dizer sobre uma "vontade fundamental do espírito": permitam-me uma explicação. — Esse imperioso algo a que o povo chama "espírito" quer ser e quer se sentir senhor, dentro e em torno de si: tem a vontade de conduzir da multiplicidade à simplicidade, uma vontade restritiva, conjuntiva, sequiosa de domínio e realmente dominadora. Suas necessidades e faculdades são aqui as mesmas que os fisiólogos apresentam para tudo que vive, cresce e se multiplica. A força que tem o espírito, de apropriar-se do que lhe é estranho, manifesta-se num forte pendor a assimilar o novo ao antigo, a simplificar o complexo, a rejeitar ou ignorar o inteiramente contraditório: do mesmo modo ele arbitrariamente sublinha, destaca e ajeita para si determinados traços e linhas do que lhe é estranho, de cada fragmento de "mundo exterior". Assim fazendo, sua intenção é incorporar novas "experiências", enquadrar novas coisas em velhas divisões — é o crescimento, portanto; mais exatamente, a *sensação* de crescimento, a sensação de força aumentada. A serviço dessa mesma vontade se acha também um impulso aparentemente oposto do espírito, uma brusca decisão de não saber, de encerrar-se voluntariamente, um fechamento das janelas, um dizer Não interiormente a essa ou aquela coisa, um não-deixar que algo se aproxime, um estado defensivo ante muita coisa conhecível, uma satisfação com o obscuro, com o horizonte que se fecha, um acolhimento e aprovação da insciência: tudo isso necessário, conforme o grau de sua força apropriadora, de sua "força digestiva", usando uma imagem — e realmente o "espírito" se assemelha mais que tudo a um estômago. A isto se relaciona, de igual maneira, a ocasional vontade de o espírito se deixar iludir, talvez pressentindo travessamente que as coisas *não* são assim, de que apenas se convenciona que sejam assim, um gosto na incerteza e ambiguidade, um jubiloso fruir da arbitrária estreiteza e discrição de um canto, do extremamente próximo, da fachada, do que é ampliado, diminuído, deslocado, embelezado, uma fruição da arbitrariedade dessas expressões de poder. Por fim também é parte disso a problemática disposição do espírito para iludir outros espíritos e disfarçar-se diante deles, o ímpeto e pressão permanente de uma força criadora, modeladora, mutável: nisso o espírito frui a astúcia e diversidade de suas máscaras, frui também o sentimento de sua certeza — justamente por suas artes de Proteu[134] ele é bem protegido e escondido! — *Contra* essa vontade de aparência, de simplificação, de máscara, de manto, enfim, de superfície — pois toda superfície é um manto —, atua aquele sublime pendor do homem de conhecimento, ao tomar e *querer* tomar as coisas de modo profundo, plural, radical: como uma espécie de crueldade da consciência e do gosto intelectuais, que todo pensador valente reconhecerá em si, desde que tenha endurecido e aguçado longamente o seu olhar para si mesmo, como deve, e esteja habituado a disciplina rigorosa e palavras rigorosas. Ele dirá: "Há algo cruel nesse pendor do meu espírito" — e os virtuosos e amáveis que procurem convencê-lo do contrário! De fato, soaria mais agradável se de nós murmurassem, se nos imputassem e também reputassem, em vez da crueldade, uma certa "extravagante honestidade", a nós, espíritos livres, *muito* livres — e quem sabe esta não será, um dia, a nossa — reputação? Entretanto — pois haverá tempo, até lá — seríamos os últimos a nos enfeitar com os floreios e franjas de tais expressões morais: todo o trabalho que até agora fizemos nos tira precisamente esse gosto e sua alegre luxúria. São palavras belas, solenes, reluzentes, tilintantes: honestidade, amor à verdade, amor à sabedoria, sacrifício pelo conhecimento, heroísmo do que é veraz — há algo nelas que faz subir o orgulho. Mas nós, eremitas e marmotas, há muito nos persuadimos, no fundo segredo de uma consciência eremita, que também essa digna pompa verbal é parte do velho enfeite-mentira, poeira e purpurina da inconsciente vaidade humana, e que também sob uma cor e uma pintura tão lisonjeiras deve ser reconhecido, uma vez mais, o terrível texto básico *homo natura*. Retraduzir o homem de volta à natureza; triunfar sobre as muitas interpretações e conotações vaidosas e exaltadas, que até o momento foram rabiscadas e pintadas sobre o eterno texto *homo natura*; fazer com que no futuro o homem se coloque frente ao homem tal como hoje, endurecido na disciplina da ciência, já se coloca frente à *outra* natureza, com intrépidos olhos de Édipo e ouvidos tapados como os de Ulisses, surdo às melodias dos velhos, metafísicos apanhadores de pássaros, que por muito tempo lhe sussurraram: "Você é mais! É superior! Tem outra origem!" — essa pode ser uma louca e estranha tarefa, mas é uma *tarefa* — quem o negaria? Por que a escolhemos, essa tarefa? Ou, perguntando de outro modo: "Por que conhecimento, afinal?". Todos nos perguntarão isso. E nós, premidos desse modo, nós, que já nos fizemos mil vezes a mesma pergunta, jamais encontraremos resposta melhor que...

231. A aprendizagem nos transforma; faz como toda alimentação, que não apenas "conserva" —: como bem sabe o fisiólogo. Mas no fundo de todos nós, "lá embaixo", existe algo que não aprende, um granito de *fatum* [destino] espiritual, de decisões e respostas predeterminadas a seletas perguntas predeterminadas. Em todo problema cardinal fala um imutável "sou eu"; sobre o homem e a mulher, por exemplo, um pensador não pode aprender diversamente, mas somente aprender até o fim — descobrir inteiramente o que nele está "firmado" a esse respeito. Logo deparamos com certas soluções de problemas, que justamente a nós nos inspiram uma forte fé; de ora em diante são chamadas talvez de "convicções". Mais tarde — enxergamos nelas apenas pistas para o autoconhecimento, indicadores para o problema que nós *somos* — ou, mais exatamente, para a grande estupidez que somos, para nosso *fatum* espiritual, *o que não aprende* "lá embaixo". — Depois da notável gentileza que acabo de endereçar a mim mesmo, talvez me seja permitido expor algumas verdades acerca da "mulher em si": supondo que desde já se saiba que são apenas verdades *minhas*.

232. A mulher quer ser independente: e com tal objetivo começa a esclarecer os homens sobre a "mulher em si" — este é um dos piores progressos no *enfeamento* geral da Europa. Pois o que não revelarão essas grosseiras tentativas de cientificidade e autodesnudamento femininos! A mulher tem muitos motivos para o pudor; há tanta coisa pedante, superficial, sabichã, mesquinhamente arrogante, mesquinhamente irrefreada e imodesta escondida na mulher — basta examinar sua relação com as crianças! —, que até o momento, e no fundo, só o *temor* ao homem reprimiu e conteve da melhor maneira. Ai de nós, se um dia o "eterno-tedioso da mulher"[135] — no qual ela é pródiga — puder aparecer! Se ela começar a desaprender radicalmente e por princípio sua arte e manha, a da graciosidade, do jogo, do afastar aflições, de aliviar e tomar com leveza, e sua refinada aptidão para desejos agradáveis!

Já se ouvem vozes femininas que — por santo Aristófanes! — assustam; explicam ameaçadoramente e com precisão médica o que, em primeira e última análise, a mulher *quer* do homem. Não é de péssimo gosto que a mulher se disponha de tal modo a ser científica? Até agora a tarefa de esclarecer foi, por felicidade, coisa de homens, dom dos homens — ficava "entre nós"; e afinal, com tudo o que as mulheres escreveram sobre "a mulher", é lícito duvidar que a mulher *queira* ou *possa* querer esclarecimento sobre si... Se com isso ela não busca para si um novo *enfeite* — creio que enfeitar-se é parte do eterno-feminino, não? —, então ela quer despertar temor — quer talvez dominar. Mas *não quer* a verdade: que interessa à mulher a verdade! Desde o início nada é mais alheio, mais avesso, mais hostil à mulher que a verdade — sua grande arte é a mentira, seu maior interesse, a aparência e a beleza. Vamos confessá-lo, nós, homens: nós festejamos e amamos precisamente *essa* arte e *esse* instinto na mulher: nós, para quem as coisas são pesadas e que de bom grado nos juntamos, para obter alívio, a seres cujas mãos, olhares e ternas tolices nos fazem parecer quase tolice a nossa seriedade, nosso peso e profundidade. Afinal coloco a pergunta: alguma mulher já reconheceu profundidade a uma cabeça de mulher, justiça a um coração de mulher? E não é verdadeiro que, tudo somado, "a mulher" foi sempre mais desprezada pela mulher mesma? — e de forma alguma por nós? Nós, homens, desejamos que a mulher não continue a se comprometer através do esclarecer: assim como foi cuidado e atenção masculina para com a mulher que a Igreja decretasse *mulier taceat in ecclesia*! [que a mulher se cale na igreja!]. Foi em proveito da mulher que Napoleão deu a entender à excessivamente loquaz Madame de Staël: *mulier taceat in politicis*! [a mulher se cale na política!] — e penso que é um verdadeiro amigo das mulheres quem hoje lhes diz: *mulier taceat de muliere*! [a mulher se cale acerca da mulher!].

233. Revela corrupção dos instintos — sem falar de mau gosto — o fato de uma mulher invocar justamente Madame Roland, ou Madame de Staël, ou *Monsieur* George Sand, como se isso demonstrasse algo *em favor* da "mulher em si". Entre os homens as três citadas são as mulheres *cômicas* em si — nada mais! — e precisamente os melhores *contra-argumentos* involuntários para a emancipação e soberania femininas.

234. A estupidez na cozinha; a mulher como cozinheira; a terrível leviandade com que se cuida da alimentação da família e do chefe da casa! A mulher não entende o que *significa* o alimento: e quer ser cozinheira! Se a mulher fosse uma criatura pensante teria descoberto, cozinhando há milênios, os mais importantes fatos fisiológicos, e teria também aprendido a arte da cura! Por más cozinheiras — por total ausência de razão na cozinha é que a evolução do homem foi mais longamente retardada, mais gravemente prejudicada: isso pouco mudou em nossos dias. Um aviso para as moças que frequentam o secundário.

235. Existem locuções e lances do espírito, existem sentenças, um punhado de palavras, em que toda uma cultura, toda uma sociedade se cristaliza de repente. Entre elas se encontra a advertência casual de Madame de Lambert a seu filho: "*Mon ami, ne vous permettez jamais que de folies qui vous feront grand plaisir*" [Meu amigo, não se permita senão loucuras que lhe deem grande prazer] — a frase mais maternal e mais inteligente que já foi dirigida a um filho.

236. O que Dante e Goethe acreditaram da mulher — aquele, ao cantar "*ella guardava suso, ed io in lei* [ela olhava para cima, e eu para ela], este ao traduzi-lo em "*das Ewig-Weibliche zieht uns* hinan" [o eterno-feminino atrai-nos *para cima*] —: não duvido que toda mulher mais nobre se oponha a essa crença, pois crê exatamente *isso* do eterno-masculino...

237. *Sete máximas de mulher*[136]

Como voa para longe o tédio, quando um homem nos faz o assédio!

* * *

A idade, ai! a ciência e a cultura tornam virtuosa até mesmo a menos pura.

* * *

Vestido escuro e boca fechada: faz toda mulher parecer — dotada.

* * *

A quem sou grata a vida inteira? A Deus — e a minha costureira!

* * *

Jovem: caverna com flores. Velha: um dragão diz horrores.

* * *

Nome distinto, olhos de fera, além disso homem: ah, quem me dera!

* * *

Palavra curta, sentido amplo como um rio: para a jumenta, gelo escorregadio!

237a.[137] Até agora os homens trataram as mulheres como pássaros que lhes tivessem caído das alturas: como algo mais delicado, mais vulnerável, mais doce, selvagem, exótico e cheio de alma — mas como algo que se prende, para que não fuja voando.

238. Equivocar-se no problema fundamental "homem e mulher", nele negar o mais profundo antagonismo e a necessidade de uma tensão hostil, e sonhar talvez com direitos iguais, igual educação, reivindicações e deveres iguais: eis um sinal *típico* de superficialidade,[138] e um pensador que se mostra superficial nesse ponto perigoso — superficial no instinto! — pode ser tido como suspeito, mais ainda, como descoberto, flagrado: provavelmente será "curto" demais para as questões fundamentais da vida, também da vida futura, e não atingirá profundidade alguma. Mas um homem que tenha profundidade tanto no espírito como nos desejos, e também a profundidade da benevolência que é capaz de rigor e dureza, e é confundida facilmente com estes, não pode pensar sobre a mulher senão de modo *oriental* — ele tem de conceber a mulher como posse, como propriedade a manter sob sete chaves, como algo destinado a servir e que só então se realiza; ele tem de se apoiar na imensa razão asiática, na superioridade de instinto da Ásia, tal como antigamente fizeram os gregos, esses grandes herdeiros e discípulos da Ásia, que, como se sabe, de Homero aos tempos de Péricles, à medida que cresciam em cultura e força, pouco a pouco tornavam-se também mais *rigorosos* com a mulher, isto é, mais orientais. Como isto era necessário, lógico, e mesmo humanamente desejável: que cada um medite a respeito!

239. Em nenhuma época o sexo fraco foi tratado com tanto respeito pelos homens como na nossa — o que é parte da tendência democrática e seu gosto básico, do mesmo modo que a falta de reverência pela velhice —: como admirar que logo se abuse desse respeito? Querem mais, aprendem a exigir, por fim acham quase ofensivo esse tributo de respeito, prefeririam a competição por direitos, até mesmo a luta: em suma, a mulher perde o pudor. Acrescentemos logo que também perde o gosto. Desaprende a *temer* o homem: mas a mulher que "desaprende o temor" abandona seus instintos mais femininos. Que a mulher ouse avançar quando já não se quer nem se cultiva o que há de amedrontador no homem, mais precisamente o *homem* no homem, é algo de se esperar e também de compreender; o que dificilmente se compreende é que por isso mesmo a mulher — degenera. Isso acontece hoje: não nos enganemos! Em toda parte onde o espírito industrial venceu o espírito militar e aristocrático, a mulher aspira à independência econômica e legal de um caixeiro: "a mulher como caixeira" — está escrito no portal da sociedade moderna que se forma. Apoderando-se de tal maneira de novos direitos, buscando tornar-se "senhor" e inscrevendo o "progresso" feminino em suas bandeiras e bandeirolas, ela vê realizar-se o contrário, com terrível nitidez: *a mulher está em regressão*. Desde a Revolução Francesa a influência da mulher na Europa *diminuiu*, na proporção em que aumentaram seus direitos e exigências; e a "emancipação da mulher", na medida em que é reivindicada e promovida pelas próprias mulheres (e não só por homens de cabeça oca) resulta num sintoma curioso de progressivo enfraquecimento e embotamento dos instintos mais femininos. Há *estupidez* nesse movimento, uma quase masculina estupidez, da qual uma mulher bem lograda — que é sempre uma mulher sagaz — se envergonharia gravemente. Perder a intuição do terreno onde a vitória é mais segura; descuidar o exercício de sua verdadeira arma; pôr-se a anteceder o homem, chegando talvez "até o livro", quando antes praticava a reserva e uma sutil, astuta submissão; combater, com virtuosa audácia, a crença do homem num ideal radicalmente outro *escondido* na mulher, num eterno- e necessário-feminino; tentar dissuadir o homem, com insistência e parolice, de que a mulher deve ser cuidada, mantida, protegida, poupada como um animal doméstico bem delicado, curiosamente selvagem e frequentemente agradável; a procura canhestra e indignada de tudo o que há de escravo e servil na posição da mulher na presente ordem social (como se a escravidão fosse um contra-argumento, e não uma condição de toda cultura elevada, de toda elevação da cultura) — que significa tudo isso, senão uma desagregação dos instintos femininos, uma desfeminização? Certamente não faltam idiotas amigos das senhoras e corruptores da mulher entre os doutos jumentos masculinos, que aconselham a mulher a se desfeminizar dessa maneira e imitar as estupidezes de que sofre o "homem" da Europa, a "masculinidade" europeia — que gostariam de rebaixar a mulher à "educação geral" e mesmo à leitura de jornais e à política. Pensa-se inclusive, aqui e ali, em fazer das mulheres livres-pensadores e literatos: como se uma mulher sem religião não fosse, para um homem profundo e ateu, algo totalmente repugnante ou ridículo —; em quase toda parte arruinam os nervos delas com a mais doentia e perigosa espécie de música (nossa mais recente música alemã) e as tornam a cada dia mais histéricas e mais incapacitadas para sua primeira e última ocupação, que é gerar filhos robustos. Querem "cultivá-las" ainda mais e, como dizem, através da cultura tornar *forte* o "sexo fraco": como se a história não ensinasse, do modo mais premente, que o "cultivo" do ser humano e o enfraquecimento — isto é, enfraquecimento, fragmentação, adoecimento da *força de vontade* — sempre andaram juntos, e que as mais poderosas e influentes mulheres do mundo (por último a mãe de Napoleão) deveram seu poder e autoridade junto aos homens à sua força de vontade — e não aos professores! O que na mulher inspira respeito e com frequência temor é sua *natureza*, que é "mais natural" que a do homem, sua autêntica astuciosa agilidade ferina, sua garra de tigre por baixo da luva, sua inocência no egoísmo, sua ineducabilidade e selvageria interior, o caráter inapreensível, vasto, errante de seus desejos e virtudes... O que, com todo o temor, desperta compaixão por esse belo e perigoso felino "mulher", é o fato de ela parecer mais sofredora, mais frágil, mais necessitada de amor e condenada à desilusão que qualquer outro animal. Temor e compaixão:[139] com estes sentimentos o homem colocou-se até agora diante da mulher, sempre com um pé na tragédia, que dilacera ao encantar. — Como? E isso estaria acabando? O *desencantamento* da mulher está em marcha? Estará surgindo o entediamento da mulher? Ó Europa! Europa! Conhecemos o animal com chifres que sempre te atraiu mais, e do qual sempre existe a ameaça! Tua velha fábula poderia mais uma vez tornar-se "história" — mais uma vez uma imensa estupidez poderia assenhorar-se de ti e levar-te embora! E embaixo dela não se esconde nenhum deus; não! apenas uma "ideia", uma "ideia moderna"!...

Capítulo oitavo

POVOS E PÁTRIAS

240. Ouvi, novamente pela primeira vez, a abertura de Wagner para os *Mestres cantores*: eis uma arte soberba, grave, carregada e tardia, que tem o orgulho de pressupor, para seu entendimento, que dois séculos de música permanecem vivos — o fato de esse orgulho se ter justificado é algo que honra os alemães! Que seivas e forças, que estações e latitudes não se acham aqui mescladas! Ora nos dá uma impressão de antiguidade, ora de estranheza, aspereza e excessiva juventude; é tão caprichosa quanto pomposa-tradicional, não raramente travessa, mais frequentemente grosseira e rude — tem fogo e ânimo, e ao mesmo tempo a pele seca e baça dos frutos que amadurecem tarde demais. Ela flui de modo amplo e cheio: e súbito há um momento de inexplicável hesitação, como que um hiato entre causa e efeito, um peso que leva ao sonho, quase um pesadelo —,[140] mas logo se alarga e amplia novamente o fluxo do deleite, do mais múltiplo deleite, de felicidade antiga e nova, nisso incluindo a felicidade do artista consigo, da qual ele não quer fazer segredo, sua espantada e feliz consciência da maestria dos meios que aqui emprega, meios artísticos novos, recém-adquiridos e ainda não testados, como nos parece dar a entender. Tudo somado, aqui não há beleza, não há Sul, nem a sutil, meridional claridade celeste, nenhuma graça, nenhuma dança, dificilmente uma vontade lógica; uma certa inelegância mesmo, que ademais é sublinhada, como se o artista nos quisesse dizer: "era da minha intenção"; uma vestimenta pesada, algo voluntariamente bárbaro e solene, um cintilar de veneráveis e sábios esplendores e rendas; algo alemão, no melhor e no pior sentido da palavra, algo multíplice, informe, inexaurível ao modo alemão; uma certa pujança e plenitude alemã da alma, que não teme se esconder sob os requintes do declínio — onde talvez se sinta mais à vontade; um vero e genuíno emblema da alma alemã, que é simultaneamente jovem e senil, hipermadura e mais que rica de futuro. Tal espécie de música expressa da melhor maneira o que penso dos alemães: eles são de anteontem e do depois de amanhã — *eles ainda não têm hoje*.

241. Nós, "bons europeus": também nós temos horas em que nos permitimos uma bela patriotice, um salto e recaída em velhos amores e estreitezas — como acabei de provar —, horas de fervor nacional, de palpitações patrióticas e toda espécie de arcaicas inundações emotivas. Espíritos mais pesados do que nós podem requerer bem mais tempo, para dar conta do que em nós transcorre e chega ao fim em poucas horas: alguns levariam meio ano, outros meia vida, conforme a rapidez e a força de sua digestão e metabolismo. Posso imaginar raças lentas e apáticas que, mesmo em nossa apressada Europa, necessitariam dezenas de anos para superar esses atávicos acessos de patriotismo e apego à terrinha e retornar à razão, isto é, ao "bom europeísmo". E enquanto divago sobre essa possibilidade, acontece-me entreouvir o diálogo de dois velhos "patriotas" — ambos escutam mal, evidentemente, e por isso falam bem alto. "*Esse* entende e pensa de filosofia tão pouco quanto um camponês ou estudante de corporação" — diz um deles —: "é ainda inocente. Mas que importa isso hoje! Estamos na era das massas: elas se prosternam diante de tudo maciço.[141] E assim também *in politicis* [em questões políticas]. Um estadista que lhes amontoe uma nova torre de Babel, uma monstruosidade de império e poder, será chamado de 'grande' — que importa se nós, mais prudentes e reservados, não deixamos ainda a velha crença de que só o grande pensamento pode dar grandeza a um ato ou uma causa. Supondo que um estadista conduzisse seu povo à situação de ter de exercer a 'grande política', para a qual este é por natureza mal disposto e preparado, de modo que tivesse precisão de sacrificar, por uma nova e duvidosa mediocridade, suas virtudes antigas e seguras — supondo que um estadista condenasse seu povo a 'fazer política', quando até então este povo tinha coisa melhor a fazer e pensar, e no fundo de sua alma não se livrou de um prudente nojo ante o desassossego, o vazio e a ruidosa dissensão dos povos politiqueiros — supondo que tal estadista aguilhoasse as paixões e cobiças dormentes em seu povo, lhe tornasse em mácula o seu retraimento e gosto em permanecer à margem, transformasse em culpa seu estrangeirismo e secreta infinitude, lhe retirasse o valor a seus mais caros pendores, lhe revirasse a consciência, fizesse estreito seu espírito, 'nacional' seu gosto — como? um estadista que realizasse tudo isso, ao qual seu povo teria de expiar por todo o futuro, caso tenha futuro, um tal estadista seria *grande*?". "Sem dúvida!", respondeu vivamente o outro velho patriota, "do contrário não teria podido fazer o que fez! Seria loucura talvez, pretender algo assim? Mas tudo que é grande talvez tenha sido loucura no início!". — "Abuso das palavras!", replicou a gritar seu interlocutor, "forte! forte! forte e louco! Grande, *não*!". — Os velhos se tinham acalorado visivelmente, gritando um ao outro as suas "verdades"; eu, porém, em minha felicidade e meu além, ponderei que em breve um mais forte dominará o forte; e que para o achatamento espiritual de um povo existe uma contrapartida: no aprofundamento de um outro. —[142]

242. Chame-se "civilização", "humanização" ou "progresso" àquilo em que se vê a distinção dos europeus; chame-se-lhe simplesmente, sem louvar ou censurar, e utilizando uma fórmula política, o *movimento democrático* da Europa: por trás de todas as fachadas morais e políticas a que remetem essas fórmulas, efetua-se um tremendo processo *fisiológico*, que não para de avançar — o processo de homogeneização dos europeus, seu crescente libertar-se das condições em que surgem as raças ligadas a clima e classe, sua independência cada vez maior de todo meio *determinado*, que durante séculos se inscreveria com exigências iguais no corpo e na alma — ou seja, a lenta ascensão de um tipo de homem essencialmente supranacional e nômade, que fisiologicamente possui, como marca distintiva, o máximo em força e arte de adaptação. Este processo do *europeu em evolução*,[143] que pode ser atrasado por grandes recaídas em seu andamento, mas talvez por isso ganhe e cresça em veemência e profundeza — a isso se relaciona a impetuosidade e fúria ainda hoje vociferante do "sentimento nacional", assim como o anarquismo agora emergente —: este processo acarretará, muito provavelmente, resultados com que seus promotores e apologistas ingênuos, os apóstolos das "ideias modernas", estão longe de contar. As mesmas novas condições em que se produzirá, em termos gerais, um nivelamento e mediocrização do homem — um homem animal de rebanho, útil, laborioso, variamente versátil e apto —, são sumamente adequadas a originar homens de exceção, da mais perigosa e atraente qualidade. Pois enquanto essa tal força de adaptação, que está sempre a testar condições cambiantes e começa um novo trabalho a cada geração, cada decênio quase, não permite em absoluto a *pujança* do tipo; enquanto a impressão geral causada por esses futuros europeus será, provavelmente, a de trabalhadores bastante utilizáveis, múltiplos, faladores e fracos de vontade, *necessitados* do senhor, do mandante, como do pão de cada dia; enquanto a democratização da Europa resulta, portanto, na criação de um tipo preparado para a *escravidão* no sentido mais sutil: o homem *forte*, caso singular e de exceção, terá de ser mais forte e mais rico do que possivelmente jamais foi — graças à ausência de preconceitos em sua educação, graças à enorme diversidade de sua exercitação, dissimulação e arte. Quero dizer que a democratização da Europa é, simultaneamente, uma instituição involuntária para o cultivo de *tiranos* — tomando a palavra em todo sentido, também no mais espiritual.

243. Ouço, com prazer, que o nosso Sol se dirige velozmente para a constelação de *Hércules*: espero que o homem desta terra siga o exemplo do Sol. E nós à frente, nós, bons europeus![144] —

244. Houve um tempo em que se costumava distinguir os alemães como "profundos"; agora, em que o tipo de maior êxito do novo germanismo quer distinções inteiramente outras, e talvez sinta a falta de "arrojo" em tudo que é profundo, pode ser atual e patriótico perguntar se não havia ilusão naquele elogio: se a profundidade alemã não seria, no fundo, algo distinto e pior — algo de que, graças a Deus, estamos a ponto de nos livrar com sucesso. Façamos, pois, a tentativa de nos reeducar acerca da profundidade alemã: para isso deve bastar uma pequena vivissecção da alma alemã. — A alma alemã é antes de tudo múltipla, de origem vária, mais composta e sobreposta que propriamente construída: a causa disso está em sua procedência. Um alemão que ousasse afirmar "Duas almas, oh! habitam em meu peito"[145] estaria bem longe da verdade, ou melhor, ficaria muitas almas aquém da verdade. Como povo da mais extraordinária mistura e amálgama de raças, talvez com predomínio do elemento pré-ariano, como "povo do meio" em todo sentido, os alemães são mais inapreensíveis, mais amplos, mais contraditórios, mais desconhecidos, mais imprevisíveis, mais surpreendentes e mesmo mais apavorantes para si mesmos do que outros povos — eles se esquivam à *definição*, e apenas por isso já constituem o desespero dos franceses. É próprio dos alemães nunca deixar de se perguntar "o que é alemão?". Kotzebue conhecia bem seus alemães, não há dúvida: "Fomos reconhecidos", disseram-lhe contentes — mas também *Sand* acreditava conhecê-los. Jean Paul sabia o que fazia, quando se declarou irritado com os exageros e adulações de Fichte, mendazes porém patrióticos — mas é provável que Goethe pensasse diferente de Jean Paul sobre os alemães, embora lhe desse razão no tocante a Fichte. O que pensou Goethe realmente sobre os alemães? — Ele nunca falou claramente sobre muitas coisas a seu redor, e toda a vida foi um mestre no silêncio sutil — provavelmente tinha boas razões para isso. É certo que não foram as "Guerras de Libertação"[146] que lhe tornaram mais alegre o olhar, e tampouco a Revolução Francesa — o acontecimento que o levou a repensar seu Fausto, e mesmo todo o problema "homem", foi o surgimento de Napoleão. Existem frases de Goethe nas quais ele julga com impaciente dureza, como de um país estrangeiro, aquilo que os alemães têm como orgulho: o célebre *Gemüt* [ânimo] alemão é definido por ele como "indulgência para com as fraquezas alheias e próprias". Estaria sendo injusto? É próprio dos alemães o fato de raras vezes alguém ser inteiramente injusto para com eles. A alma alemã tem corredores e veredas em si, no seu interior existem cavernas, esconsos e masmorras; sua desordem tem muito do encanto do mistério; o alemão conhece os caminhos tortuosos para o caos. E como toda coisa ama seu símile, o alemão ama as nuvens e tudo que é turvo, cambiante, crepuscular, úmido e velado: todo tipo de coisa incerta, inacabada, evasiva, em crescimento, ele sente como "profundo". O alemão mesmo não *é*, ele *se torna*, se "desenvolve". O "desenvolvimento" é, por isso, o autêntico achado e acerto alemão no reino das fórmulas filosóficas[147] — um conceito soberano, que, aliado à cerveja alemã e à música alemã, trabalha para a germanização de toda a Europa. Os estrangeiros se detêm surpresos e atraídos, ante os enigmas que lhes propõe a natureza contraditória da alma alemã (que Hegel colocou em sistema, e por último Wagner transpôs em música). "Bonomia e perfídia" — uma tal coexistência, absurda em qualquer outro povo, infelizmente se justifica com muita frequência na Alemanha: basta viver algum tempo entre os suábios! A gravidade do erudito alemão, sua insipidez social quadram terrivelmente bem com seu funambulismo interior e audácia desenvolta, que os deuses todos aprenderam a temer. Querendo-se uma demonstração *ad oculos* [para a vista] da alma alemã, examine-se o gosto alemão, as artes e os costumes alemães: que indiferença campônia face ao "gosto"! Como se acham lado a lado o que é nobre e o que é vulgar! Quão desordenada e rica é essa economia da alma! O alemão se *arrasta* com sua alma, e com tudo que vivencia. Ele digere mal seus acontecimentos, jamais "dá conta" deles; a profundidade alemã é, com frequência, apenas uma "digestão" pesada e arrastada. E como todos os doentes crônicos, todos os dispépticos, têm inclinação para o conforto, o alemão gosta de "franqueza" e "correção": é *cômodo* ser correto e franco! O disfarce mais perigoso e feliz de que o alemão entende, hoje em dia, é talvez esse caráter confidente, afável, cartas à mostra que tem a *honestidade* alemã: ele é sua autêntica arte mefistofélica, com ele pode ir "bem longe ainda"! O alemão se deixa ir, olhando com seus leais, azuis, vazios olhos alemães — e logo os estrangeiros o confundem com seu roupão![148] — Quero dizer: seja o que for a "profundidade alemã", aqui entre nós não podemos rir dela? — faremos bem em continuar honrando sua aparência e bom nome no futuro, e não vender nossa velha fama de povo da profundidade, em troca de "arrojo" prussiano e de engenho e areia berlinenses. É sábio para um povo ser tido, *fazer* com que o tenham por profundo, sem jeito, bonachão, tolo, honesto: pode até ser — profundo! Afinal: é preciso honrar o próprio nome — não é por nada que nos chamamos *das "tuische" Volk, das Täusche-Volk* [o povo que engana]...[149]

245. Acabaram-se os "bons velhos tempos"; em Mozart ouvimos o canto do cisne — que fortuna para nós o fato de seu rococó ainda nos dizer algo, o fato de sua "boa sociedade", seu terno entusiasmo, seu prazer infantil em floreios e *chinoiseries*,[150] sua cortesia do coração, seu anelo pelo gracioso, apaixonado, dançante, plangente-feliz, sua fé no Sul, ainda poderem apelar a algum *resíduo* em nós! Oh, um dia isso passará — mas quem duvida que ainda antes terão fim a compreensão e o gosto por Beethoven! — que foi apenas o acorde final de uma transição e ruptura de estilo, e *não*, como Mozart, o acorde final de um grande e secular gosto europeu. Beethoven é o evento intermediário entre uma alma velha e enfraquecida, que constantemente quebra, e uma alma futura e mais que jovem, que continuamente *sobrevém*; sobre sua música está esse crepúsculo da eterna perda e da eterna e extravagante esperança — a mesma luz em que se banhava a Europa, ao sonhar juntamente com Rousseau, ao dançar em torno à árvore da liberdade da Revolução, ao enfim quase adorar Napoleão. Mas como precisamente *este* sentimento empalidece rápido, como é difícil agora *saber* deste sentimento — como soa estranha, ao nosso ouvido, a linguagem desses Rousseau, Schiller, Shelley, Byron, nos quais, *conjuntamente*, encontrou a via da palavra esse destino europeu que em Beethoven sabia cantar! — O que depois veio de música alemã pertence ao romantismo, ou seja, a um movimento historicamente ainda mais curto, mais fugaz, mais superficial do que aquele grande entreato, aquela transição europeia de Rousseau a Napoleão e à ascensão da democracia. Weber: o que significam para *nós*, hoje, o *Freischütz* e *Oberon*? Ou *Hans Heiling* e o *Vampiro*, de Marschner? Ou mesmo o *Tannhäuser*, de Wagner? Isto é música passada, embora ainda não esquecida. Além disso, toda essa música do romantismo não era nobre o bastante, música o bastante, para se impor em outros lugares que não o teatro e frente à multidão; desde o início era música de segunda ordem, a que os verdadeiros músicos davam pouca atenção. É diferente com Felix Mendelssohn, esse mestre alciônico, que por sua alma mais ligeira, mais pura e afortunada foi rapidamente festejado e também rapidamente esquecido: como o belo *incidente* da música alemã. Quanto a Robert Schumann, que tudo tomava a sério e desde o começo foi igualmente tomado a sério — foi o último a fundar uma escola —: não se considera atualmente uma fortuna, um alívio, uma libertação, que esse romantismo schumanniano esteja superado? Schumann, que se refugiou na "Suíça saxônica"[151] de sua alma, por natureza meio Werther, meio Jean Paul, certamente nada Beethoven, nada Byron! — sua música para o *Manfred* é um desacerto e despropósito que chega à injustiça —, Schumann, com seu gosto que no fundo era um gosto *pequeno* (isto é, um perigoso, entre os alemães duplamente perigoso pendor para o calmo lirismo e a embriaguez do sentimento), que sempre se manteve à parte, se retirando e retraindo timidamente, criatura nobre e debilitada, que se regalava em fortuna e dor anônima, espécie de garota e *noli me tangere* [não me toques] desde o começo: esse Schumann já não era mais que um acontecimento *alemão* na música, não mais europeu, como foi Beethoven, ou como, em medida ainda maior, foi Mozart — com ele a música alemã se viu ameaçada por seu maior perigo, o de perder *a voz para a alma da Europa* e se reduzir a mera patriotice.

246. — Que tortura são os livros escritos em alemão para aquele que possui o *terceiro* ouvido! Como se detém contrariado junto ao lento evolver desse pântano de sons sem harmonia, de ritmos que não dançam, que entre os alemães é chamado de "livro"! E o alemão que *lê* livros! Como lê mal, de má vontade, preguiçosamente! Quantos alemães sabem, e de si mesmos exigem saber, que existe *arte* em cada boa frase — arte que deve ser percebida, se a frase quer ser entendida! Uma má compreensão do seu *tempo*, por exemplo: e a própria frase é mal-entendida! Não ter dúvidas quanto às sílabas ritmicamente decisivas, sentir como intencional e como atraente a quebra de uma simetria muito rigorosa, prestar ouvidos sutis e pacientes a todo *staccato*, todo *rubato*, atinar com o sentido da sequência de vogais e ditongos, e o modo rico e delicado como se podem colorir e variar de cor em sucessão: quem, entre os alemães que leem livros, estaria disposto a reconhecer tais deveres e exigências, e a escutar tamanha arte e intenção na linguagem? Mas afinal não há "ouvidos para isso": e assim não se ouvem os mais intensos contrastes de estilo, e a mais sutil artesania é *desperdiçada*, como diante de surdos. — Estes foram meus pensamentos, ao notar de que modo grosseiro e inadvertido dois mestres na arte da prosa eram confundidos: um, do qual as palavras caem frias e hesitantes, como do teto de uma caverna úmida — ele conta com sua embotada sonoridade e ressonância —; e outro que maneja a língua como uma adaga flexível, e do braço até o artelho sente a perigosa felicidade da lâmina vibrante hiperafiada, que só deseja morder, silvar, cortar. —

247. Que o estilo alemão tem pouco a ver com o som e os ouvidos é demonstrado pelo fato de que justamente nossos bons músicos escrevem mal. O alemão não lê em voz alta, não lê para os ouvidos, mas apenas com os olhos: ao fazê-lo, põe os ouvidos na gaveta. O homem da Antiguidade, quando lia — acontecia raramente —, lia em voz alta, também para si mesmo; as pessoas admiravam-se quando alguém lia baixo, e secretamente perguntavam-se pelo motivo. Em voz alta: ou seja, com todos os crescendos, inflexões, mudanças de tom e variações de ritmo com que o mundo *público* da Antiguidade se rejubilava. As leis do estilo escrito eram então as mesmas que as do estilo falado; estas dependiam em parte do espantoso desenvolvimento, das refinadas exigências do ouvido e da laringe, e em parte da força, duração e potência dos pulmões antigos. Um período é, na concepção dos antigos, antes de tudo um todo fisiológico, na medida em que é contido numa só respiração. Esses períodos, tal como ocorrem em Demóstenes, em Cícero, duas vezes crescendo e duas vezes baixando, tudo em um só fôlego: eles são deleites para os homens *antigos*, que por sua instrução podiam apreciar a virtude que há nisso, o raro e difícil na elocução de um tal período — *nós* não temos direito ao *grande* período, nós, modernos, nós, de fôlego curto em todo sentido! Pois esses antigos eram todos diletantes na oratória, portanto conhecedores, portanto críticos — e assim compeliam seus oradores a extremos; o mesmo no século passado, em que todos os italianos e italianas sabiam cantar, e o virtuosismo do canto (e com ele também a arte da melodia —) alcançou seu apogeu. Na Alemanha, porém (até a época mais recente, quando uma espécie de eloquência de palanque agita as asas, tímida e sem jeito), havia apenas *um* gênero de oração pública e *aproximadamente* artística: aquela feita do púlpito. Apenas o pregador sabia, na Alemanha, o quanto pesa uma sílaba, uma palavra, até que ponto uma frase golpeia, salta, se precipita, corre, conclui; somente ele tinha consciência nos ouvidos, não raro uma má consciência: pois não faltam motivos para que um alemão dificilmente, quase sempre tarde demais, conquiste habilidade na oratória. É então natural que a obra-prima da prosa alemã seja a obra-prima do seu maior prosador: a *Bíblia* foi, até hoje, o melhor livro alemão. Comparado à Bíblia de Lutero, quase todo o resto não passa de "literatura" — algo que não cresceu na Alemanha, e por isso não criou nem cria raiz nos corações alemães: como sucedeu com a Bíblia.

248. Há dois tipos de gênio: o que antes de tudo fecunda e quer fecundar, e o que prefere ser fertilizado e dar à luz. Assim também existem, entre os povos de gênio, aqueles a quem coube o problema feminino da gravidez e a secreta missão de plasmar, amadurecer, consumar — os gregos, por exemplo, foram um povo desse tipo, e também os franceses —; e aqueles que têm de fertilizar e ser causa de novas ordens de vida — como os judeus, os romanos e, perguntando com toda a modéstia, os alemães? —, povos enlevados e atormentados por febres desconhecidas, irresistivelmente arrastados para fora de si, apaixonados e ávidos de outras raças (as que "preferem ser fertilizadas" —), e com isso dominadores, como tudo que se sabe pleno de força fecundante e, portanto, de "graça divina". Esses dois tipos de gênio se procuram, tal como o homem e a mulher; mas também se entendem mal — como o homem e a mulher.

249. Cada povo tem sua tartufice própria, que chama de suas virtudes. — O que se tem de melhor não se conhece — não se pode conhecer.

250. O que a Europa deve aos judeus? — Muitas coisas, boas e más, e sobretudo esta, que é simultaneamente a melhor e a pior: o grande estilo na moral, o horror e a majestade de infinitas exigências, infinitos significados, todo o sublime romantismo das problemáticas morais[152] — e, por conseguinte, justamente a parte mais atraente, mais insidiosa e mais seleta daquelas iridescências e seduções que chamam à vida, em cujo reflexo arde — e talvez se apague — o céu da nossa cultura europeia, seu céu crepuscular. Nós, artistas entre os filósofos e espectadores, somos por isso gratos aos judeus.

251. Não deve surpreender, quando no espírito de um povo que sofre, que *quer* sofrer de febre nervosa nacionalista e ambição política, passam nuvens e perturbações várias, pequenos acessos de imbecilização: entre os alemães de hoje, num momento a imbecilidade antifrancesa, noutro a antijudaica, logo a antipolonesa, logo a cristã-romântica, ora a wagneriana, ora a teutônica, ou a prussiana (vejam-se esses pobres historiadores, esses Treitschke e Sybel, com suas cabeças bem amarradas —), ou como quer que se chamem, esses breves enevoamentos do espírito e da consciência alemães. Que se me perdoe o fato de, numa curta e arriscada estadia em terreno infectado, também não ter ficado inteiramente imune à doença, já tendo começado, como todo mundo, a ter pensamentos sobre coisas que não me dizem respeito: primeiro sintoma da infecção política. Por exemplo, sobre os judeus: ouçam-me. — Ainda não encontrei um alemão que tivesse afeição pelos judeus; e embora todos os homens cautelosos e políticos rejeitem de modo absoluto a autêntica antissemitice, mesmo essa cautela e essa política não se dirigem contra o próprio gênero do sentimento, mas tão somente contra a sua perigosa imoderação, em especial contra a manifestação disparatada e vergonhosa desse sentimento imoderado — quanto a isso não haja ilusões. Que a Alemanha tem judeus *bastantes*, que o estômago alemão, o sangue alemão tem dificuldade (e por muito tempo ainda terá) em dar conta desse *quantum* [quantidade] de judeus — como fizeram os italianos, os ingleses, os franceses, graças a uma digestão mais robusta —: eis a clara afirmação e linguagem de um instinto geral, ao qual se deve dar ouvidos, segundo o qual se deve agir. "Não deixar entrar novos judeus! Fechar as portas para o Leste (para a Áustria também)!"[153] — isso é o que ordena o instinto de um povo cuja natureza é ainda fraca e indefinida, de modo que facilmente poderia ser apagada, facilmente extinta por uma raça mais forte. Mas os judeus são, sem qualquer dúvida, a raça mais forte, mais tenaz e mais pura que atualmente vive na Europa; eles sabem se impor mesmo nas piores condições (até mais que nas favoráveis), mercê de virtudes que hoje se prefere rotular de vícios — graças, antes de tudo, a uma fé resoluta, que não precisa se envergonhar frente às "ideias modernas"; eles se transformam, *quando* se transformam, tal como o Império Russo faz suas conquistas — como um império que tem tempo e não é de ontem —: isto é, segundo o princípio do "mais lentamente possível!". Um pensador que tenha na consciência o futuro da Europa contará, nos projetos que fizer consigo no tocante a esse futuro, tanto com os judeus como com os russos, como os fatores mais seguros e mais prováveis no grande jogo e combate de forças. Aquilo que na Europa tem o apelido de "nação", que na realidade é antes uma *res facta* que *nata* [antes uma coisa feita que nascida] (e às vezes pode ser confundida com uma *res ficta et picta* [coisa imaginada e pintada]), é de todo modo algo em evolução, jovem, facilmente mutável, não é ainda uma raça, muito menos algo *aere perennius* [mais perene que o bronze],[154] como o tipo judeu: essas "nações" deveriam precaver-se muito bem de toda hostilidade e concorrência inflamada! Que os judeus *poderiam*, se quisessem — ou se fossem obrigados, como parecem querer os antissemitas —, ter já agora a preponderância, e mesmo literalmente o domínio sobre a Europa, isto é certo; que eles *não* trabalham nem fazem planos para isso, é igualmente seguro. Entretanto o que eles desejam e anseiam, com insistência quase importuna, é serem absorvidos e assimilados na Europa, pela Europa, querem finalmente se tornar estabelecidos, admitidos, respeitados em algum lugar, pondo um fim à sua vida nômade, ao "judeu errante"[155] —; esse ímpeto e pendor (que talvez já indique um abrandamento dos instintos judaicos) deveria ser considerado e bem acolhido: para isso talvez fosse útil e razoável expulsar do país os agitadores antissemitas. Acolher bem e com toda a prudência, com critério; como faz a aristocracia inglesa, digamos. É fato evidente que poderiam estabelecer ligações com eles, sem a menor hesitação, os tipos mais fortes e solidamente talhados do novo germanismo, o oficialato nobre da Marca,[156] por exemplo: sob muitos aspectos, seria interessante ver se não é possível juntar e enxertar, na arte hereditária de obedecer e comandar — em ambos a mencionada região é hoje clássica —, o gênio do dinheiro e da paciência (e sobretudo um pouco de espírito e espiritualidade, de que muito carece o referido lugar). E neste ponto convém interromper meu jovial e "germaníaco" discurso: pois já começo a tocar no que é *sério* para mim, no "problema europeu" tal como o entendo, no cultivo de uma nova casta que governe a Europa. —

252. Não são nenhuma raça filosófica, esses ingleses: Bacon representa um *atentado* ao espírito filosófico, Hobbes, Hume e Locke, um rebaixamento e desvalorização do conceito de "filósofo" por mais de um século. *Contra* Hume se levantou e avultou Kant; Locke foi aquele de quem Schelling *pôde* dizer: "*Je méprise Locke*" [eu desprezo Locke]; na luta contra a bestificação anglo-mecanicista do mundo estavam de acordo Hegel e Schopenhauer (também Goethe), aqueles dois gênios-irmãos hostis da filosofia, que tendiam para polos opostos do espírito alemão, e nisto se desentendiam como só irmãos podem fazê-lo.[157] — O que falta e sempre faltou à Inglaterra, sabia-o muito bem aquele semicomediante retórico, o insípido cabeça-tonta Carlyle, que procurou esconder sob caretas passionais o que sabia de si: o mesmo que faltava a Carlyle — autêntica *pujança* da espiritualidade, autêntica *profundidade* do olhar espiritual, ou, numa palavra, filosofia. — É característico dessa raça não filosófica se ater firmemente ao cristianismo: ela *precisa* da disciplina dele para se "moralizar" e humanizar. Sendo mais sombrio, mais sensual, de vontade mais forte e mais brutal que o alemão, o inglês é, justamente por isso — enquanto o mais vulgar entre os dois —, também mais devoto que o alemão: o cristianismo, para ele, é ainda *mais necessário*. Para narinas mais sutis, esse cristianismo inglês tem um odor suplementar propriamente inglês, feito de *spleen* [fastio] e dissolução alcoólica, contra os quais ele é bem justamente usado como remédio — ou seja, o veneno mais sutil contra o mais grosseiro: um mais sutil envenenamento já é, de fato, um progresso para os povos rudes, um degrau na espiritualização. A rudeza e rústica seriedade dos ingleses ainda é disfarçada do modo mais tolerável, ou melhor: elaborada e reinterpretada, na linguagem de gestos cristã, nas orações e salmos cantados; e para esse gado de beberrões e dissolutos, que no passado aprendeu a grunhir moralmente sob o mando metodista, e agora como "Exército da Salvação", um espasmo de penitência pode realmente ser o máximo de "humanidade" que ele é capaz de atingir: com isso pode-se razoavelmente concordar. Mas o que ainda ofende, mesmo no mais humano inglês, é sua carência de música, usando uma imagem (ou nenhuma imagem —): ela não possui, nos movimentos da alma e do corpo, nem cadência nem dança, ou sequer o desejo de cadência e dança, de "música". Ouçam-no falar; vejam-se as mais belas inglesas *caminhar* — não há, em país algum da Terra, pombas e cisnes mais belos — por fim: ouçam-nas cantar! Eu exijo demais...

253. Há verdades que são mais bem reconhecidas por cabeças medíocres, por lhes serem as mais adequadas; há verdades que encantam e seduzem apenas os espíritos medíocres — a essa constatação talvez desagradável somos levados precisamente agora, depois que o espírito de ingleses respeitáveis, porém medíocres — menciono Darwin, John Stuart Mill e Herbert Spencer — começa a preponderar nas regiões médias do gosto europeu. Quem negaria, de fato, que é útil a dominação temporária de espíritos como esses? Seria um erro tomar precisamente os espíritos de alta linhagem, que planam à parte, como especialmente hábeis em fixar muitos pequenos fatos comuns, reuni-los e encerrá-los em conclusões — pelo contrário, enquanto exceções eles se acham, já em princípio, em posição pouco favorável diante das "regras". Afinal, eles têm mais a fazer do que somente conhecer — têm de *ser* algo novo, *significar* algo novo, *representar* novos valores! O abismo entre saber e poder é talvez maior, e também mais inquietante, do que se imagina: o homem que pode em grande estilo, o que faz, terá de ser provavelmente um ignorante — enquanto, por outro lado, uma certa estreiteza, secura e escrupulosa diligência, algo inglês, em suma, pode predispor bem para descobertas científicas como as de Darwin. — Por fim não esqueçamos que os ingleses, com sua profunda mediania,[158] já ocasionaram antes uma depressão geral do espírito europeu: isso que chamam de "ideias modernas", ou "ideias do século XVIII", ou também "ideias francesas" — isso contra que o espírito *alemão* se ergueu com profundo nojo —, foi de origem inglesa, não há como duvidar. Os franceses foram apenas os macacos e comediantes dessas ideias, também seus melhores soldados, assim como, infelizmente, suas vítimas primeiras e mais radicais: pois com a execrável anglomania das "ideias modernas" a *âme française* [alma francesa] tornou-se enfim tão frágil e pálida, que hoje nos recordamos quase incredulamente dos seus séculos XVI e XVII, de sua profunda e apaixonada força, de sua inventiva nobreza. Mas é preciso agarrar com firmeza esta proposição historicamente justa e defendê-la do momento e da evidência:[159] a *noblesse* europeia — de sentimento, de gosto, de costume, de todo elevado sentido em que se tome a palavra — é obra e invenção *da França*; a vulgaridade europeia, o plebeísmo das ideias modernas — *da Inglaterra*.

254. Ainda agora a França é matriz da cultura mais espiritual e mais refinada da Europa, e elevada escola do gosto: mas é preciso saber encontrar essa "França do gosto". Quem a ela pertence, permanece oculto — deve ser pequeno o número daqueles nos quais ela vive e vivifica, entre eles homens que não teriam muita robustez, em parte fatalistas, sombrios, doentes, em parte melindrosos e artificiais, homens tais que têm a *ambição* de se ocultar. Uma coisa é comum a todos: eles mantêm os ouvidos fechados à delirante estupidez e ruidosa garrulice da burguesia democrática. De fato, é uma França imbecilizada e grosseira que hoje se move em primeiro plano — recentemente ela celebrou, nos funerais de Victor Hugo, uma verdadeira orgia de mau gosto e admiração por si. Uma outra coisa lhes é comum: uma boa vontade em resistir à germanização espiritual — e ainda melhor incapacidade de fazê-lo! Talvez já agora, nessa França do espírito que é também uma França do pessimismo, Schopenhauer esteja mais em casa e seja mais nativo do que jamais foi na Alemanha; sem falar de Heinrich Heine, que há muito penetrou a carne e o sangue dos mais finos e exigentes poetas de Paris, ou de Hegel, que nos dias de hoje exerce, na pessoa de Taine — do *primeiro* historiador vivo — uma influência quase tirânica. Mas no tocante a Richard Wagner: quanto mais a música francesa aprenda a se configurar segundo as reais necessidades da *âme moderne* [alma moderna], tanto mais ela se "wagnerizará", isso podemos predizer — pois ela já o faz agora! No entanto há três coisas que os franceses podem exibir com orgulho, como herança e patrimônio seu, e como signo duradouro de uma velha superioridade cultural na Europa, apesar de toda a voluntária e involuntária germanização e plebeização do gosto: primeiro a capacidade de ter paixões artísticas, de dedicações à "forma", para a qual se inventou, entre mil outras, a expressão "*l'art pour l'art*" [arte pela arte] — coisa tal vem existindo há três séculos na França, tornando possível, graças à reverência pelo "pequeno número", uma espécie de música de câmara da literatura que se buscará em vão no resto da Europa —. O segundo elemento com que os franceses podem fundamentar uma superioridade na Europa é sua antiga e complexa cultura *moralista*, que via de regra faz que encontremos, até em pequenos *romanciers* [romancistas] de periódicos e casuais *boulevardiers* [frequentadores de bulevar] *de Paris*, uma suscetibilidade e curiosidade psicológica de que na Alemanha, por exemplo, não se pode ter ideia (e muito menos a coisa!). Faltam aos alemães, para isso, alguns séculos de trabalho moralista,[160] os quais, como afirmei, a França não se poupou; quem por isso chama de "ingênuos" os alemães, transforma-lhes um defeito em louvor. (Como antítese à inexperiência e inocência alemã *in voluptate psychologica* [na volúpia psicológica], que tem parentesco não remoto com o tédio do convívio alemão, e como expressão mais lograda de uma inventiva e curiosidade francesa nesse domínio de delicados tremores, podemos considerar Henri Beyle, aquele notável antecipador e precursor, que com celeridade napoleônica correu por *sua* Europa, por vários séculos da alma europeia, como rastreador e descobridor dessa alma: — foram precisas duas gerações para *alcançá-lo* de algum modo, para adivinhar posteramente alguns dos enigmas que o atormentavam e encantavam, a esse peculiar epicúreo e homem-da-interrogação, o último grande psicólogo da França —.) Eles possuem ainda um terceiro título à superioridade: na natureza dos franceses houve uma semilograda síntese de Norte e Sul, que os faz compreender muitas coisas e os leva a fazer outras tantas que um inglês jamais compreenderia; seu temperamento periodicamente atraído e repelido pelo Sul, no qual de vez em quando transborda o sangue provençal e ligúrio, preserva-os do horroroso gris e cinza nórdico e da fantasmagoria conceitual exangue e sem sol — nossa enfermidade *alemã* do gosto, contra cujo excesso se prescreve agora tenazmente ferro e sangue, isto é, a "grande política" (segundo uma perigosa terapia, que até este momento me ensinou a espera, mas não a esperança —).[161] Ainda na França de hoje, de antemão se compreende e se acolhe esses homens mais raros, raramente satisfeitos, demasiado amplos para satisfazer-se com alguma patriotice, que sabem amar no Norte o Sul, e no Sul o Norte — esses mediterrâneos natos, os "bons europeus". — Foi para eles a música de *Bizet*, o último gênio a vislumbrar uma nova beleza e sedução — a descobrir um pedaço do *Sul da música*.

255. Ante a música alemã creio que se impõe alguma cautela. Quem amar o Sul como eu o amo, como uma grande escola da convalescença mais espiritual e mais sensual, como uma indomável plenitude e transfiguração solar, que se expande sobre uma existência que é soberana e acredita em si: bem, esse alguém se porá em guarda contra a música alemã, porque ela lhe compromete a saúde, ao lhe corromper o gosto. Esse meridional, não por ascendência, mas por *crença*, caso sonhe com o futuro da música, sonhará também com a sua libertação do Norte, e terá no ouvido o prelúdio a uma música mais poderosa, mais profunda, talvez mais misteriosa e malvada, a uma música supragermânica, que à vista do voluptuoso mar azul e da mediterrânea claridade celeste não se acanhe, não amareleça e empalideça como toda música alemã, a uma música supraeuropeia, que se afirme também face aos fulvos poentes do deserto, cuja alma se assemelhe à palma, e saiba vagar e sentir-se em casa entre belos, grandes, solitários animais de rapina... Eu poderia imaginar uma música em que a rara magia seria nada mais saber de bem e mal, sobre a qual talvez alguma saudade marinheira, sombras douradas e suaves fraquezas apenas passassem vez por outra: uma arte que de longe percebesse, fugindo em sua direção, as cores de um mundo moral declinante, já quase incompreensível, e fosse hospitaleira e profunda o bastante para acolher esses refugiados tardios. —

256. Graças ao mórbido estranhamento que a insânia do nacionalismo produziu e produz entre os povos da Europa, graças igualmente aos políticos de vista curta e mãos velozes, que se acham no topo devido à tal insânia e não suspeitam que sua política desagregadora é, necessariamente, não mais que entreato — graças a tudo isso, e a algo mais que é agora inexprimível, são ignorados, ou arbitrária e mendazmente reinterpretados, os indícios mais inequívocos de que a Europa *quer se tornar uma*. Em todos os homens mais amplos e profundos deste século, a orientação geral do secreto lavor de sua alma foi preparar o caminho para essa nova *síntese* e antecipar experimentalmente o europeu do futuro: apenas em sua fachada, ou nas horas mais fracas, talvez na velhice, eles pertenciam às "pátrias" — apenas descansavam de si mesmos, ao se tornar "patriotas". Penso em homens como Napoleão, Goethe, Beethoven, Stendhal, Heinrich Heine, Schopenhauer; não me reprovem se incluo também Richard Wagner entre eles, pois não devemos nos deixar enganar por seus próprios mal-entendidos a seu respeito — é raro que um gênio da sua espécie tenha a prerrogativa de se compreender. Tampouco nos deixemos enganar pelo indecoroso ruído com que na França atual se resiste e se reage a Wagner — contudo permanece o fato de que o *derradeiro romantismo francês* dos anos 40 e Richard Wagner se relacionam da maneira mais íntima e próxima. Nas alturas e profundezas todas de suas exigências eles são aparentados, radicalmente aparentados: é a Europa, a Europa *una*, cuja alma aspira, nessa arte múltipla e tempestuosa, a ascender, crescer, sair — em que direção? para uma nova luz? para um novo sol? Mas quem quer exprimir exatamente o que esses mestres de novos meios de expressão não souberam exprimir claramente? É certo que a mesma impetuosidade e fúria os torturava, que do mesmo modo eles *tentavam*, esses últimos grandes tentadores! Todos tomados por literatura até nos olhos e ouvidos — os primeiros artistas de formação literária universal —, na maioria também escritores e poetas eles mesmos, mediadores e misturadores das artes e dos sentidos (como músico, Wagner está entre os pintores, como poeta, entre os músicos, como artista, entre os atores); todos eles fanáticos da *expressão* "a todo custo" — quero destacar Delacroix, o parente mais próximo de Wagner —, todos grandes descobridores no terreno do sublime, também do feio e do horrível, descobridores ainda maiores no âmbito do efeito, na exposição, na arte da vitrine, todos talentos bem acima de seu gênio —, virtuoses de cima a baixo, com misteriosos acessos a tudo que seduz, atrai, compele, transtorna, inimigos natos da lógica e da linha reta, cobiçosos do que seja estranho, exótico, enorme, torto, contraditório; como pessoas, Tântalos da vontade,[162] plebeus que subiram, e que na vida e na criação sabiam-se incapazes de um *tempo* nobre, de um *lento* — recorde-se Balzac, por exemplo —, trabalhadores desenfreados, quase se destruindo pelo trabalho; antinomistas e rebeldes nos costumes, ambiciosos insaciáveis sem equilíbrio e prazer; todos enfim prostrados e quebrantados diante da cruz cristã (com toda a razão: pois qual, dentre eles, seria suficientemente profundo e primordial para uma filosofia do *Anticristo*?) — no todo uma espécie ousada-temerária, esplêndida-violenta, altaneira e arrebatadora de homens superiores, que teve de ensinar ao seu século — o século da *multidão*! — o conceito de "homem superior"... Que os amigos alemães de Richard Wagner discutam se em sua arte existe algo simplesmente alemão, ou se não a distingue o fato de se originar de fontes e impulsos *supragermânicos*: no que não deve ser subestimado o quanto, na formação total de seu tipo, foi indispensável justamente Paris, pela qual a profundidade de seus instintos o fez ansiar no momento mais decisivo, e o quanto seu modo de apresentar-se, seu apostolado próprio, pôde consumar-se apenas à vista do modelo dos socialistas da França. Numa comparação mais sutil, talvez se venha a pensar, em favor da natureza alemã de Richard Wagner, que em tudo ele foi mais ousado, mais forte, mais elevado e mais duro do que um francês do século XIX poderia ter sido — graças à circunstância de que nós, alemães, estamos ainda mais próximos à barbárie que os franceses —; e talvez seja inacessível, inimitável, "insentível" para essa inteira, tardia raça latina, para sempre e não só por hoje, a criação mais notável de Richard Wagner: a figura de Siegfried, aquele homem *muito livre*, que é porventura demasiado livre, demasiado duro, contente, sadio e *anticatólico* para o gosto de velhos e márcidos povos civilizados. Ele pode ter sido mesmo um pecado contra o romantismo, esse antirromânico Siegfried: bem, Wagner expiou abundantemente esse pecado nos dias turvos de sua velhice, quando — antecipando um gosto que desde então se tornou política — começou, com a veemência religiosa que lhe é própria, se não a percorrer, certamente a pregar *o caminho para Roma*. — Para que não me entendam mal essas últimas palavras, gostaria de recorrer a alguns versos vigorosos, que também a ouvidos menos sutis revelarão o que é do meu gosto — o que me *desgosta* no "último Wagner" e na música de seu *Parsifal*:

— Então isso é alemão?
É de coração alemão esse estridente anelo?
E de um corpo alemão esse autoflagelo?

Alemães os gestos sacerdotais,
As pregações aromáticas, sensuais?
E alemão esse hesitar, cair, cambalear
Esse mais-que-incerto bambambolear?
O repicar dos sinos, esse olhar entre o véu?
E o falso-extático ansiar além do céu?
— Então isso é alemão?
Considerem! Ainda não terminaram o percurso:
O que estão ouvindo é Roma — a fé de Roma sem discurso![163]

Capítulo nono
O QUE É NOBRE?

257. Toda elevação do tipo "homem" foi, até o momento, obra de uma sociedade aristocrática — e assim será sempre: de uma sociedade que acredita numa longa escala de hierarquias e diferenças de valor entre um e outro homem, e que necessita da escravidão em algum sentido. Sem o *pathos da distância*,[164] tal como nasce da entranhada diferença entre as classes, do constante olhar altivo da casta dominante sobre os súditos e instrumentos, e do seu igualmente constante exercício em obedecer e comandar, manter abaixo e ao longe, não poderia nascer aquele outro *pathos* ainda mais misterioso, o desejo de sempre aumentar a distância no interior da própria alma, a elaboração de estados sempre mais elevados, mais raros, remotos, amplos, abrangentes, em suma, a elevação do tipo "homem", a contínua "autossuperação do homem", para usar uma fórmula moral num sentido supramoral. É certo que não devemos nos entregar a ilusões humanitárias, no tocante às origens de uma sociedade aristocrática (ou seja, do pressuposto dessa elevação do tipo "homem"): pois a verdade é dura. Digamos, sem meias palavras, de que modo *começou* na Terra toda sociedade superior! Homens de uma natureza ainda natural, bárbaros em toda terrível acepção da palavra, homens de rapina, ainda possuidores de energias de vontade e ânsias de poder intactas, arremeteram sobre raças mais fracas, mais polidas, mais pacíficas, raças comerciantes ou pastoras, talvez, ou sobre culturas antigas e murchas, nas quais a derradeira vitalidade ainda brilhava em reluzentes artifícios de espírito e corrupção. A casta nobre sempre foi, no início, a casta de bárbaros: sua preponderância não estava primariamente na força física, mas na psíquica — eram os homens *mais inteiros* (o que em qualquer nível significa também "as bestas mais inteiras" —).

258. A corrupção como indicação de que no interior dos instintos ameaça a anarquia, e de que se encontra abalado o fundamento dos afetos, a que se chama "vida": a corrupção varia radicalmente, segundo a forma de vida em que se manifesta. Por exemplo, quando uma aristocracia, como a da França no começo da Revolução, descarta com sublime nojo seus privilégios e se sacrifica a um excesso do seu sentimento moral, isto é corrupção — foi, na verdade, apenas o ato final de uma corrupção de séculos, através da qual ela cedera pouco a pouco suas prerrogativas senhoriais e se rebaixara a uma mera *função* da realeza (e enfim a até mesmo seu ornato e aparato). O essencial numa aristocracia boa e sã, porém, é que *não* se sinta como função (quer da realeza, quer da comunidade), mas como seu *sentido* e suprema justificativa — que portanto aceite com boa consciência o sacrifício de inúmeros homens que, *por sua causa*, devem ser oprimidos e reduzidos a seres incompletos, escravos, instrumentos. Sua fé fundamental tem de ser que a sociedade *não* deve existir a bem da sociedade, mas apenas como alicerce e andaime no qual um tipo seleto de seres possa elevar-se até sua tarefa superior e um modo de *ser* superior: à semelhança daquelas trepadeiras ávidas de sol que existem em Java — chamadas de *Sipo Matador* [cipó matador] —, que com seus braços tanto envolvem um carvalho, por tanto tempo, que acima dele, mas nele apoiadas, podem finalmente abrir sua copa e exibir sua felicidade em plena luz.

259. Abster-se de ofensa, violência, exploração mútua, equiparar sua vontade à do outro: num certo sentido tosco isso pode tornar-se um bom costume entre indivíduos, quando houver condições para isso (a saber, sua efetiva semelhança em quantidades de força e medidas de valor, e o fato de pertencerem a *um* corpo). Mas tão logo se quisesse levar adiante esse princípio, tomando-o possivelmente como *princípio básico da sociedade*, ele prontamente se revelaria como aquilo que é: vontade de *negação* da vida, princípio de dissolução e decadência. Aqui devemos pensar radicalmente até o fundo, e guardarmo-nos de toda fraqueza sentimental: a vida mesma é *essencialmente* apropriação, ofensa, sujeição do que é estranho e mais fraco, opressão, dureza, imposição de formas próprias, incorporação e, no mínimo e mais comedido, exploração — mas por que empregar sempre essas palavras, que há muito estão marcadas de uma intenção difamadora? Também esse corpo no qual, conforme supusemos acima, os indivíduos se tratam como iguais — isso ocorre em toda aristocracia sã —, deve, se for um corpo vivo e não moribundo, fazer a outros corpos tudo o que os seus indivíduos se abstêm de fazer uns aos outros: terá de ser a vontade de poder encarnada, quererá crescer, expandir-se, atrair para si, ganhar predomínio — não devido a uma moralidade ou imoralidade qualquer, mas porque *vive*, e vida é precisamente vontade de poder. Em nenhum outro ponto, porém, a consciência geral dos europeus resiste mais ao ensinamento; em toda parte sonha-se atualmente, inclusive sob roupagem científica, com estados vindouros da sociedade em que deverá desaparecer o "caráter explorador" — a meus ouvidos isto soa como se alguém prometesse inventar uma vida que se abstivesse de toda função orgânica. A "exploração" não é própria de uma sociedade corrompida, ou imperfeita e primitiva: faz parte da *essência* do que vive, como função orgânica básica, é uma consequência da própria vontade de poder, que é precisamente vontade de vida. Supondo que isto seja uma inovação como teoria — como realidade é o *fato primordial* de toda a história: seja-se honesto consigo mesmo até esse ponto!

260. Numa perambulação pelas muitas morais, as mais finas e as mais grosseiras, que até agora dominaram e continuam dominando na Terra, encontrei certos traços que regularmente retornam juntos e ligados entre si: até que finalmente se revelaram dois tipos básicos, e uma diferença fundamental sobressaiu. Há uma *moral dos senhores* e uma *moral de escravos*; acrescento de imediato que em todas as culturas superiores e mais misturadas aparecem também tentativas de mediação entre as duas morais, e, com ainda maior frequência, confusão das mesmas e incompreensão mútua, por vezes inclusive dura coexistência — até mesmo num homem, no interior de *uma só* alma. As diferenciações morais de valor se originaram ou dentro de uma espécie dominante, que se tornou agradavelmente cônscia da sua diferença em relação à dominada — ou entre os dominados, os escravos e dependentes de qualquer grau. No primeiro caso, quando os dominantes determinam o conceito de "bom", são os estados de alma elevados e orgulhosos que são considerados distintivos e determinantes da hierarquia. O homem nobre afasta de si os seres nos quais se exprime o contrário desses estados de elevação e orgulho: ele os despreza. Note-se que nesta primeira espécie de moral a oposição "bom" e "ruim" significa tanto quanto "nobre" e "desprezível" — a oposição "bom" e "*mau*" tem outra origem. Despreza-se o covarde, o medroso, o mesquinho, o que pensa na estreita utilidade; assim como o desconfiado, com seu olhar obstruído, o que rebaixa a si mesmo, a espécie canina de homem, que se deixa maltratar, o adulador que mendiga, e sobretudo o mentiroso — é crença básica de todos os aristocratas que o povo comum é mentiroso. "Nós, verdadeiros" — assim se denominavam os nobres na Grécia antiga. É óbvio que as designações morais de valor, em toda parte, foram aplicadas primeiro a *homens*, e somente depois, de forma derivada, a *ações*: por isso é um grave equívoco, quando historiadores da moral partem de questões como "por que foi louvada a ação compassiva?". O homem de espécie nobre se sente como aquele que determina valores, ele não tem necessidade de ser abonado, ele julga: "o que me é prejudicial é prejudicial em si", sabe-se como o único que empresta honra às coisas, que *cria valores*. Tudo o que conhece de si, ele honra: uma semelhante moral é glorificação de si. Em primeiro plano está a sensação de plenitude, de poder que quer transbordar, a felicidade da tensão elevada, a consciência de uma riqueza que gostaria de ceder e presentear — também o homem nobre ajuda o infeliz, mas não ou quase não por compaixão, antes por um ímpeto gerado pela abundância de poder. O homem nobre honra em si o poderoso, e o que tem poder sobre si mesmo, que entende de falar e calar, que com prazer exerce rigor e dureza consigo e venera tudo que seja rigoroso e duro. "Um coração duro me colocou Wotan no peito", diz uma velha saga escandinava: uma justa expressão poética da alma de um orgulhoso *viking*. Uma tal espécie de homem se orgulha justamente de *não* ser feito para a compaixão: daí o herói da saga acrescentar, em tom de aviso, que "quem quando jovem não tem o coração duro, jamais o terá". Os nobres e bravos que assim pensam estão muito longe da moral que vê o sinal distintivo do que é moral na compaixão, na ação altruísta ou no *désintéressement* [desinteresse]; a fé em si mesmo, o orgulho de si mesmo, uma radical hostilidade e ironia face à "abnegação"[165] pertencem tão claramente à moral nobre quanto um leve desprezo e cuidado ante as simpatias e o "coração quente". — São os poderosos que *entendem* de venerar, esta é sua arte, o reino de sua invenção. A profunda reverência pela idade e pela origem — todo o direito se baseia nessa dupla reverência —, a fé e o preconceito em favor dos ancestrais e contra os vindouros são algo típico da moral dos poderosos; e quando, inversamente, os homens das "ideias modernas" creem quase instintivamente no "progresso" e no "porvir", e cada vez mais carecem do respeito pela idade, já se acusa em tudo isso a origem não nobre dessas "ideias". O que faz uma moral dos dominantes parecer mais estranha e penosa para o gosto atual, no entanto, é o rigor do seu princípio básico de que apenas frente aos iguais existem deveres; de que frente aos seres de categoria inferior, a tudo estranho-alheio, pode-se agir ao bel-prazer ou "como quiser o coração", e em todo caso "além do bem e do mal" —: aqui pode entrar a compaixão, e coisas do gênero. A capacidade e o dever da longa gratidão e da longa vingança — as duas somente com os iguais —, a finura na retribuição, o refinamento no conceito de amizade, uma certa necessidade de ter inimigos (como canais de escoamento, por assim dizer, para os afetos de inveja, agressividade, petulância — no fundo, para poder ser bem *amigo*): todas essas são características da moral nobre, que, como foi indicado, não é a moral das "ideias modernas", sendo hoje difícil percebê-la, portanto, e também desenterrá-la e descobri-la. — É diferente com o segundo tipo de moral, a *moral dos escravos*. Supondo que os violentados, oprimidos, prisioneiros, sofredores, inseguros e cansados de si moralizem: o que terão em comum suas valorações morais? Provavelmente uma suspeita pessimista face a toda a situação do homem achará expressão, talvez uma condenação do homem e da sua situação. O olhar do escravo não é favorável às virtudes do poderoso: é cético e desconfiado, tem *finura* na desconfiança frente a tudo "bom" que é honrado por ele — gostaria de convencer-se de que nele a própria felicidade não é genuína. Inversamente, as propriedades que servem para aliviar a existência dos que sofrem são postas em relevo e inundadas de luz: a compaixão, a mão solícita e afável, o coração cálido, a paciência, a diligência, a humildade, a amabilidade recebem todas as honras — pois são as propriedades mais úteis no caso, e praticamente os únicos meios de suportar a pressão da existência. A moral dos escravos é essencialmente uma moral de utilidade. Aqui está o foco de origem da famosa oposição "bom" e "mau" — no que é mau se sente poder e periculosidade, uma certa terribilidade, sutileza e força que não permite o desprezo. Logo, segundo a moral dos escravos o "mau" inspira medo; segundo a moral dos senhores é precisamente o "bom" que desperta e quer despertar medo, enquanto o homem "ruim" é sentido como desprezível. A opressão chega ao auge quando, de modo consequente à moral dos escravos, um leve aro de menosprezo envolve também o "bom" dessa moral — ele pode ser ligeiro e benévolo —, porque em todo caso o bom tem de ser, no modo de pensar escravo, um homem *inofensivo*: é de boa índole, fácil de enganar, talvez um pouco estúpido, ou seja, *un bonhomme* [um bom homem]. Onde quer que a moral dos escravos se torne preponderante, a linguagem tende a aproximar as palavras "bom" e "estúpido". — Uma última diferença básica: o anseio de *liberdade*, o instinto para a felicidade e as sutilezas do sentimento de liberdade, pertence tão necessariamente à moral e moralidade escrava quanto a arte e entusiasmo da veneração, da dedicação, sintoma regular do modo aristocrático de pensamento e valoração. — Com isso pode-se compreender por que o amor-*paixão* — nossa especialidade europeia — deve absolutamente ter uma procedência nobre: é notório que ele foi invenção dos cavaleiros-poetas provençais, aqueles magníficos, inventivos homens do "*gai saber*" [gaia ciência], aos quais a Europa tanto deve, se não deve ela mesma.[166] —

261. Para um homem nobre, a vaidade está entre as coisas de mais difícil compreensão: ele será tentado a negá-la, mesmo ali onde uma outra espécie de homem pensa tocá-la com as mãos. O problema para ele é imaginar seres que buscam criar de si uma opinião boa que eles mesmos não têm — e portanto não "merecem" também —, e que no entanto passam a *crer* posteriormente nessa boa opinião. Isso lhe parece de tão mau gosto, de tão pouco respeito por si mesmo e, por outro lado, tão barrocamente irracional, que ele gostaria de ver na vaidade uma exceção, e em geral duvida de sua existência quando se fala dela. Dirá, por exemplo: "Posso me enganar quanto a meu valor e contudo exigir que seja reconhecido por outros tal como eu o estimo — mas isto não é vaidade (e sim pretensão, ou, com maior frequência, o que se chama 'humildade' e 'modéstia')". Ou dirá também: "Por muitas razões posso me alegrar com a boa opinião dos outros, talvez por amá-los e honrá-los e me alegrar com suas alegrias, talvez porque a sua boa opinião confirme e reforce minha crença em minha boa opinião, talvez porque a boa opinião dos outros, mesmo quando não a partilho, seja ou prometa ser útil para mim — mas nada disso é vaidade". Apenas mediante esforço, com auxílio da história, o homem nobre pode considerar que desde tempos imemoriais, em todas as camadas de algum modo dependentes, o homem comum era somente aquilo pelo qual *era tido* — jamais habituado a estabelecer valores por si mesmo, tampouco se atribuía outro valor que não o atribuído por seus senhores (o autêntico *direito senhorial é* criar valores). Entenda-se como consequência de um enorme atavismo o fato de o homem ordinário ainda hoje *esperar* uma opinião sobre si, e depois submeter-se instintivamente a ela: mas não somente a uma opinião "boa", em absoluto, e sim também a uma ruim ou injusta (pense-se, por exemplo, na maior parte das autoapreciações e depreciações que as mulheres devotas aprendem dos confessores, e o cristão devoto em geral de sua Igreja). De fato, com a lenta ascensão da ordem democrática das coisas (e sua causa, a mistura de sangue entre senhores e escravos), o ímpeto originalmente raro e nobre de só por si se arrogar um valor e "pensar bem" de si é agora mais e mais encorajado e difundido: mas a todo instante ele tem contra si um pendor mais antigo, mais amplo e profundamente arraigado — e no fenômeno da "vaidade" esse pendor mais antigo prepondera ao mais novo. O vaidoso se alegra de cada opinião boa que ouve sobre si (independente de qualquer ponto de vista de utilidade, e também não considerando se é falsa ou verdadeira), assim como sofre de cada opinião ruim: pois ele se submete a ambas, ele se *sente* submetido a elas, por esse antigo instinto de submissão que nele irrompe. — É o "escravo" no sangue do vaidoso, um vestígio da manha do escravo — e quanto de "escravo" ainda resta hoje na mulher, por exemplo! —, que procurava *sedutoramente* obter boas opiniões sobre si; é também o escravo que em seguida se prosterna perante essas opiniões, como se jamais as tivesse provocado. — Seja dito mais uma vez: a vaidade é um atavismo.

262. Uma *espécie* nasce, um tipo se torna firme e forte na luta prolongada com condições *desfavoráveis* essencialmente iguais. Das experiências de criadores se sabe que, inversamente, as espécies favorecidas com alimentação abundante, e sobretudo com proteção e cuidado extra, logo propendem fortemente à variação do tipo e são ricas em prodígios e monstruosidades (também em vícios monstruosos). Agora veja-se uma comunidade aristocrática, uma antiga *pólis* grega, ou Veneza, digamos, como uma instituição, voluntária ou involuntária, para fins de *cultivo*: ali se acham, coexistindo e dependendo de si mesmos, homens que querem impor sua espécie, em geral porque *têm* de se impor, ou correr o pavoroso risco de serem exterminados. Aqui falta o desvelo, o excesso, a proteção sob a qual a variação é promovida; a espécie necessita de si mesma como espécie, como algo que justamente por sua dureza, uniformidade, simplicidade de forma pode se impor e se tornar duradouro, na constante luta com os vizinhos ou os oprimidos em revolta ou que ameaçam revoltar-se. A mais multifária experiência lhe ensina a que propriedades ela deve, acima de tudo e apesar de todos os deuses e homens, o fato de ainda viver e de ter sempre vencido: essas propriedades ela as denomina virtudes, e apenas essas virtudes ela cria e cultiva. Ela o faz com dureza, inclusive deseja a dureza; toda moral aristocrática é intolerante: na educação da juventude, nas prescrições sobre a mulher, nos costumes matrimoniais, na relação entre jovens e velhos, nas leis penais (que têm em vista somente os que desviam) — ela inclui a intolerância mesma entre as virtudes, sob o nome de "justiça". Um tipo dotado de poucos, porém fortes traços, uma espécie de homens severos, guerreiros, sabiamente silentes, fechados e reservados (e como tais possuindo o mais fino sentimento para os charmes e nuances da sociedade), é fixada por esse modo através da mudança das gerações; a luta permanente com condições desfavoráveis e sempre iguais é, como disse, a causa para que um tipo se torne duro e firme. Mas enfim sobrevém uma situação feliz, diminui a enorme tensão; talvez já não existam inimigos entre os vizinhos, e os meios para viver, e até mesmo gozar a vida, são encontrados em abundância. De um golpe se rompem o laço e a coação da antiga disciplina: ela não mais se sente como indispensável, como determinante da existência — se quisesse continuar, só poderia fazê-lo como uma forma de *luxo*, de gosto arcaizante. A variação, seja como desvio (rumo ao mais sutil, mais raro e elevado), seja como degeneração e monstruosidade, aparece no palco de maneira súbita e magnífica, o indivíduo se atreve a ser indivíduo e se coloca em evidência. Nessas viradas da história se mostram, um ao lado do outro, e com frequência um no outro emaranhado e entrelaçado, um esplêndido, silvestre, multiforme incremento e extensão para o alto, uma espécie de ritmo *tropical* no afã do crescimento, e um tremendo perecer e se arruinar, mediante egoísmos que se opõem selvagemente e como que explodem, que disputam entre si por "sol e luz" e já não sabem extrair, da moral até então vigente, nem limite, nem freio, nem consideração. Foi essa própria moral que fez acumular a força a tal ponto, que fez retesar o arco de modo tão ameaçador — agora ela é, ela está "ultrapassada".[167] Atingiu-se o ponto inquietante e perigoso em que a vida maior, mais múltipla e mais abrangente *vive além* da velha moral; o "indivíduo" está aí, obrigado a uma legislação própria, a artes e astúcias próprias de autopreservação, autoelevação, autorredenção. Novos "para que", novos "com que", mais nenhuma fórmula em comum, mal-entendido e menosprezo em aliança, declínio, degradação e sublimes desejos horrivelmente ligados, o gênio da raça a transbordar de toda cornucópia boa e ruim, coincidência fatal de outono e primavera, plena de mais atrativos e véus, próprios da nova, ainda inesgotada, incansada corrupção. De novo se apresenta o perigo, o pai da moral, o grande perigo, desta vez situado no indivíduo, no próximo e amigo, nas ruas, no próprio filho, no próprio coração, no que é mais próprio e mais secreto no voto e na vontade: o que haverão de pregar os filósofos da moral que a essa altura surgem no horizonte? Eles descobrem, esses observadores e ociosos perspicazes, que rapidamente se chega ao fim, que tudo à sua volta é corrompido e corrompe, que nada fica de pé até amanhã, com exceção de *uma* espécie de homens, os incuravelmente *medíocres*. Apenas os medíocres têm perspectivas de prosseguir, procriar — eles são os homens do futuro, os únicos sobreviventes; "sejam como eles! tornem-se medíocres!", diz a única moral que agora tem sentido, que ainda encontra ouvidos. — Mas é difícil de se pregar, essa moral da mediocridade! — ela não pode jamais admitir o que é e o que quer! tem de falar de medida, dignidade, dever e amor ao próximo —terá necessidade de *ocultar a ironia*! —

263. Há um *instinto para a categoria* que já é, mais do que tudo, sinal de uma categoria elevada; há um *prazer* nas nuances da reverência, que permite adivinhar ascendência e hábitos nobres. A finura, bondade e altura de uma alma é perigosamente testada quando lhe surge algo de primeira categoria, mas ainda não protegido de garras e grosserias importunas pelo tremor da autoridade: algo que, de modo não sinalizado, não descoberto, tentador, talvez voluntariamente velado e travestido, segue por seu caminho como uma pedra de toque viva. Alguém de cuja tarefa e treino faz parte o perscrutar almas, que de variadas formas se valerá justamente dessa arte para fixar o valor derradeiro de uma alma, a hierarquia inata e inalterável a que pertence: colocando à prova o seu *instinto de reverência*. *Différence engendre haine* [diferença engendra ódio]:[168] a vulgaridade de certas naturezas esguicha de repente como água suja, quando por ela passa algum vaso sagrado, alguma preciosidade de um cofre fechado, algum livro com as marcas do grande destino; e por outro lado há um emudecer involuntário, uma hesitação do olhar, uma cessação de todos os gestos, em que se exprime que uma alma *sente* a proximidade do que mais merece veneração. O modo como em geral se manteve na Europa a reverência pela *Bíblia*, até os dias de hoje, é talvez o melhor exemplo de disciplina e refinamento de costumes que a Europa deve ao cristianismo: semelhantes livros, de profundidade e extrema significação, requerem uma tirania de autoridade externa para sua proteção, a fim de conquistar os milênios de *permanência* que são precisos para esgotá-los e decifrá-los. Já é muito quando se consegue incutir à multidão (aos superficiais e "intestinos-ligeiros" de toda espécie) o sentimento de que não lhe é dado tocar em tudo; de que existem vivências sagradas, ante as quais ela tem que tirar os sapatos e manter afastadas as mãos sujas — isto é praticamente o máximo que alcança em humanidade. De maneira inversa, nos chamados homens cultos, crentes das "ideias modernas", talvez nada exista de mais nojento que a sua falta de pudor, seu cômodo atrevimento do olhar e da mão, com que tudo é tocado, lambido, apalpado; e é possível que hoje em dia se encontre no povo, no povo baixo, especialmente camponeses, mais nobreza *relativa* de gosto e tato na reverência do que nesse semimundo do espírito que lê jornais, os homens cultos.

264. Não se pode extinguir da alma de um homem o que seus ancestrais fizeram com o maior prazer e a maior constância: se eram, por exemplo, assíduos poupadores e criaturas de escrivaninha e caixa-forte, modestos e burgueses nos desejos, modestos também nas virtudes; ou se viveram habituados a dar ordens da manhã à noite, afeiçoados a divertimentos rudes e a responsabilidades e deveres mais rudes ainda; ou se, enfim, alguma vez sacrificaram velhos privilégios de nascimento e de posse, para dedicar-se integralmente à sua fé — a seu "Deus" —, como seres de consciência delicada e inexorável, que se ruborizam perante qualquer compromisso. Não é possível que um homem *não* tenha no corpo as características e predileções de seus pais e ancestrais: mesmo que as evidências afirmem o contrário. Este é o problema da raça. Supondo que se conheça algo dos pais, é permitida uma conclusão a respeito do filho: alguma intemperança repulsiva, alguma inveja mesquinha, uma maneira rude de sempre dar-se razão — as três coisas juntas constituíram sempre o autêntico tipo plebeu —, têm de passar para o filho, tão seguramente como sangue corrompido; e com ajuda da melhor educação e cultura não se consegue mais que *enganar* a respeito dessa herança. — E outra coisa não desejam hoje a educação e a cultura! Em nossa época tão popular, ou melhor, plebeia, "educação" e "cultura" têm de ser, essencialmente, arte de enganar — enganar quanto à origem, quanto à plebe herdada no corpo e na alma. Um educador que hoje em dia pregasse a veracidade acima de tudo, gritando continuamente a seus discípulos: "Sejam verazes! Sejam naturais! Mostrem-se como são!" — mesmo um tal ingênuo e virtuoso asno aprenderia, após algum tempo, a tomar daquela *furca* [forcado] de Horácio, para *naturam expellere* [expulsar a natureza]: com que resultado? "Plebe" *usque recurret* [volta sempre].[169] —

265. Com o risco de desagradar a ouvidos inocentes eu afirmo: o egoísmo é da essência de uma alma nobre, quero dizer, aquela crença inamovível de que, a um ser "tal como nós", outros seres têm de sujeitar-se por natureza, e a ele sacrificar-se. A alma nobre aceita esse fato do seu egoísmo sem colocar questões e também sem qualquer sentimento de dureza, coação, arbitrariedade, antes como algo que estaria fundamentado na lei primordial das coisas — buscasse um nome para isso, ela diria que "é a justiça mesma". Em circunstâncias que de início a fazem hesitar, ela admite que há outros com direitos iguais; tão logo esclarece para si essa questão da hierarquia, move-se entre os seus iguais, os dotados de iguais direitos, com a mesma segurança de pudor e delicado respeito que tem no trato consigo — conforme uma inata mecânica celeste que todos os astros entendem. É uma parcela *mais* de seu egoísmo, essa finura e autorrestrição no comércio com seus pares — todo astro é um desses egoístas —: ela honra *a si* *própria* neles e nos direitos que concede a eles, não duvida que a troca de honras e direitos, como *essência* de todo comércio, pertence igualmente ao estado natural das coisas. A alma nobre dá como toma, com o passional e suscetível instinto de retribuição que habita no seu fundo. *Inter pares* [entre iguais] o conceito de "graça" não tem sentido nem aroma; pode haver um modo sublime de deixar que dons de cima caiam sobre si, e sorvê-los avidamente como gotas: mas a alma nobre não possui aptidão para essa arte ou atitude. O seu egoísmo a impede: ela não gosta de olhar "para cima" — mas sim *adiante*, de maneira lenta e horizontal, ou para baixo — *ela sabe que se encontra no alto.*

266. "Apenas quem não busca a si mesmo pode ser verdadeiramente estimado." — Goethe ao conselheiro Schlosser.

267. Existe entre os chineses um provérbio que as mães ensinam às crianças de berço: "Faz *pequeno* o teu coração!". Esta é, de fato, a tendência fundamental das civilizações tardias: não tenho dúvida de que a primeira coisa que um grego antigo observaria em nós, europeus modernos, seria também a autodiminuição — apenas com isso já lhe seríamos "repugnantes ao gosto".

268. O que é, afinal, a vulgaridade?[170] — Palavras são sinais sonoros para conceitos; mas conceitos são sinais-imagens, mais ou menos determinados, para sensações recorrentes e associadas, para grupos de sensações. Não basta utilizar as mesmas palavras para compreendermos uns aos outros; é preciso utilizar as mesmas palavras para a mesma espécie de vivências interiores, é preciso, enfim, ter a experiência *em comum* com o outro. Por esse motivo os indivíduos de um povo se entendem melhor do que membros de povos diversos, mesmo que estes se sirvam da mesma língua; ou melhor, quando as pessoas viveram juntas por muito tempo, em condições semelhantes (clima, solo, perigos, necessidade, trabalho), *nasce* algo que "se entende", um povo. Em todas as almas, um mesmo número de vivências recorrentes obteve primado sobre aquelas de ocorrência rara: com base nelas as pessoas se entendem, cada vez mais rapidamente — a história da linguagem é a de um processo de abreviação —; com base nesse rápido entendimento as pessoas se unem, cada vez mais estreitamente. Quando é maior o perigo, maior é a necessidade de entrar em acordo, com rapidez e facilidade, quanto ao que é necessário fazer; não entender-se mal em meio ao perigo, eis o que os homens não podem dispensar de modo algum no convívio. Em toda amizade ou relação de amor se comprova: nenhuma tem duração, tão logo se percebe que um dos parceiros, usando as mesmas palavras, sente, pensa, pressente, anseia, receia de modo diferente do outro. (O temor ao "eterno mal-entendido": é este o gênio benévolo que tantas vezes previne homens e mulheres de contrair ligações precipitadas, que os sentidos e o coração lhes recomendam — e *não* algum schopenhaueriano "gênio da espécie" — !) Quais os grupos de sensações que dentro de uma alma despertam mais rapidamente, tomam a palavra, dão as ordens: isso decide a hierarquia inteira de seus valores, determina por fim a sua tábua de bens. As valorações de uma pessoa denunciam algo da *estrutura* de sua alma, e aquilo em que ela vê suas condições de vida, sua autêntica necessidade. Supondo, então, que desde sempre a necessidade aproximou apenas aqueles que podiam, com sinais semelhantes, indicar vivências semelhantes, necessidades semelhantes, daí resulta que em geral, entre todas as forças que até agora dispuseram do ser humano, a mais poderosa deve ter sido a fácil *comunicabilidade* da necessidade, que é, em última instância, o experimentar vivências apenas medianas e *vulgares*. Os homens mais semelhantes, mais costumeiros, estiveram e sempre estarão em vantagem; os mais seletos, mais sutis, mais raros, mais difíceis de compreender, esses ficam facilmente sós, em seu isolamento sucumbem aos reveses, e dificilmente se propagam. É preciso invocar prodigiosas forças contrárias, para fazer frente a esse natural, muitíssimo natural *progressus in simile* [progresso no semelhante], à evolução do homem rumo ao semelhante, costumeiro, mediano, gregário — rumo ao *vulgar*!

269. Quanto mais um psicólogo — um nato e inevitável psicólogo e leitor de almas — voltar a atenção para os casos e seres mais seletos, maior será o perigo de ele sufocar de compaixão: ele *necessita* dureza e serenidade, mais que qualquer outro homem. A corrupção e a ruína dos homens mais elevados, das almas de constituição mais estranha, constituem a regra: é horrível ter diante dos olhos uma tal regra. A múltipla tortura do psicólogo que divisou essa ruína, que descobriu uma vez e depois *quase* sempre, através da história inteira, essa "incurabilidade" interior do homem elevado, esse eterno "Tarde demais!" em todos os sentidos — pode vir a ser causa de ele se voltar com amargura contra a sua sorte e fazer uma tentativa de autodestruição — de ele próprio se "corromper". Em quase todo psicólogo se notará inclinação e prazer revelador em lidar com gente cotidiana e regrada: nisto se mostra que ele sempre requer uma cura, que precisa de uma espécie de fuga e esquecimento, para longe de tudo que lhe colocaram na consciência suas percepções e incisões, seu "ofício". O medo da própria memória lhe é característico. Ele facilmente emudece diante do juízo dos outros: escuta com rosto impassível como veneram, amam, admiram, transfiguram, ali onde ele *viu* — ou mesmo esconde seu silêncio, ao concordar expressamente com alguma opinião de fachada. Talvez o paradoxo de sua situação chegue tão terrivelmente longe, que bem ali, onde ele aprendeu a grande compaixão juntamente ao grande desprezo, a multidão, os homens cultos, os entusiastas aprendem por sua vez a grande veneração — a veneração por "grandes homens" e animais-prodígio, devido aos quais abençoa-se e prestam-se honras à pátria, ao planeta, à dignidade dos homens, a si mesmo, e que são indicados à juventude como modelos e mestres... E quem sabe se até aqui não ocorreu o mesmo em todos os grandes casos: que a multidão tenha adorado um deus — e o "deus" era um pobre animal de sacrifício! O êxito sempre foi o maior mentiroso — e a "obra" mesma é um êxito; o grande estadista, o conquistador, o descobridor está disfarçado em suas criações, até um ponto irreconhecível; a "obra", a do artista, do filósofo, só ela inventa quem a criou, quem a teria criado; os "grandes homens", tal como são venerados, são pequenas criações ruins, feitas posteriormente; no mundo dos valores históricos a moeda falsa domina. Esses grandes criadores, por exemplo, esses Byron, Musset, Poe, Leopardi, Kleist, Gogol (não ouso citar nomes maiores, mas penso neles) — tal como são e talvez tenham de ser: criaturas do momento, entusiasmados, sensuais, pueris, levianos e impulsivos no confiar e desconfiar; tendo almas em que habitualmente se deve esconder uma ruptura; muitas vezes vingando-se com suas obras de uma mancha interior; tantas vezes buscando, com seus voos, esquecimento face a uma memória demasiado fiel; frequentemente atolados e quase enamorados da lama, até semelharem os fogos-fátuos dos pântanos e fazerem-se de estrelas — o povo chama-os então de idealistas —; com frequência lutando contra um nojo prolongado, contra um fantasma de descrença que sempre volta, que os torna frios e obriga a suspirar por *gloria* [glória, em latim] e comer a "fé em si" das mãos de aduladores inebriados — que *tortura* são esses grandes artistas, e os homens superiores em geral, para aquele que alguma vez os decifrou! É compreensível que *eles* precisamente sejam alvo, por parte da mulher — que é clarividente no mundo do sofrer e também ansiosa de ajudar e salvar, infelizmente muito além de suas forças —, dessas erupções de ilimitada e devotadíssima *compaixão*, que a multidão, sobretudo a multidão que venera, não entende e acumula de interpretações curiosas e autocomplacentes. Essa compaixão normalmente se ilude a respeito de sua força; a mulher quer acreditar que o amor *tudo pode* — eis aí propriamente a sua *fé*. Oh, o conhecedor do coração percebe quão pobre, desamparado, presunçoso, estúpido, canhestro, destruidor mais que salvador é inclusive o melhor e mais profundo amor! — É possível que na santa fábula e disfarce da vida de Jesus esteja oculto o mais doloroso caso de martírio do *conhecimento sobre o amor*: o martírio do coração mais inocente e desejoso, que nenhum amor humano havia satisfeito, que *exigia* amor, ser amado e nada além, com dureza, com delírio, com terríveis acessos contra os que amor lhe negavam; a história de um pobre insaciado e insaciável no amor, que teve de inventar o inferno para povoá-lo dos que não queriam amá-lo — e que, conhecendo enfim o amor dos humanos, teve de inventar um Deus que é inteiramente amor, inteiramente capacidade de amar — que se compadece do amor humano, tão mísero, tão insciente! Quem sente deste modo, quem possui tal *saber* a respeito do amor — *procura* a morte. — Mas por que se entregar a reflexões assim dolorosas? Supondo que não se *tenha* de fazê-lo. —

270. A altivez e o nojo espirituais de todo homem que sofreu profundamente — a hierarquia é quase que determinada pelo *grau de sofrimento* a que um homem pode chegar —, a arrepiante certeza da qual é impregnado e tingido, de mediante seu sofrimento *saber mais* do que os mais inteligentes e sábios podem saber, de ter estado e ser versado em tantos mundos distantes e horríveis, dos quais "*vocês* nada sabem!"..., essa altivez espiritual silenciosa daquele que sofre, esse orgulho do eleito do conhecimento, do "iniciado", do quase sacrificado, tem como necessárias todas as formas do disfarce, para proteger-se do contato com mãos importunas e compassivas e, sobretudo, de todo aquele que não lhe é igual na dor. O sofrimento profundo enobrece; coloca à parte. Uma das mais sutis formas de disfarce é o epicurismo, e uma certa ostensiva bravura do gosto, que não toma a sério o sofrimento e se põe em guarda contra tudo que é triste e profundo. Há "homens joviais" que se utilizam da jovialidade porque graças a ela são mal entendidos — eles *querem* ser mal entendidos. Há "homens científicos" que se utilizam da ciência por lhes dar uma aparência jovial, e porque a cientificidade leva a concluir que o homem é superficial — eles *querem* induzir a uma falsa conclusão. Há espíritos livres e insolentes, que gostariam de ocultar e negar que são corações destroçados, orgulhosos, incuráveis;[171] e por vezes a doidice mesma é a máscara para um saber desventurado, certo em demasia. — Do que resulta ser próprio de uma humanidade mais fina possuir reverência "diante da máscara", e não exercitar psicologia e curiosidade no lugar errado.

271. O que separa mais profundamente dois homens é um sentido e grau diferente de asseio. Para que serve toda honradez e utilidade mútua, para que serve toda boa vontade de um com o outro: no final o que importa é — eles "não conseguem se cheirar!". O instinto supremo do asseio coloca seu portador no mais singular e perigoso isolamento, como um santo: pois justamente isso é santidade — a espiritualização suprema do mencionado instinto. Ter alguma ciência de uma indescritível felicidade e plenitude no banho, algum ardor e avidez que continuamente impele a alma a sair da noite para a manhã, e do que é turvo, do infortúnio,[172] para o claro, brilhante, fino, profundo —; um pendor como esse, assim como *distingue* — é um pendor nobre —, também *separa*. A compaixão do santo é compaixão pelo *desasseio* do humano, demasiado humano. E existem graus e alturas em que a compaixão mesma é por ele sentida como poluição, desasseio...

272. Sinais de nobreza: nunca pensar em rebaixar nossos deveres a deveres para todos; não querer ceder nem compartir a própria responsabilidade; contar entre os *deveres* os privilégios e o exercício dos mesmos.

273. O homem que aspira a uma coisa grande considera todo aquele que lhe cruza o caminho, ou como um meio, ou como retardamento e obstáculo — ou descanso temporário. Sua *bondade* para com os outros, que lhe é peculiar e de estirpe superior, é possível apenas quando ele atinge sua altura e domina. A impaciência, e sua consciência de, até então, estar sempre condenado à comédia — pois mesmo a guerra é uma comédia e esconde, assim como todo meio esconde o fim —, estragam-lhe todo convívio: tal espécie de homem conhece a solidão e o que ela tem de mais venenoso.

274. *O problema dos que esperam.* — São necessários golpes de sorte e muita coisa incalculável, para que um homem superior, no qual se acha adormecida a solução de um problema, chegue a agir — a "irromper", poderíamos dizer — no momento justo. Em geral isto *não* acontece, e em todos os cantos da Terra existem aqueles que esperam, mal sabendo em que medida esperam, e menos ainda que esperam em vão. Por vezes também chega muito tarde a chamada que desperta, aquele acaso que traz a "permissão" para o agir — quando a melhor juventude e força para agir já foi consumida pela inação; e muitos sentiram com espanto, ao se "pôr de pé", os membros já dormentes e o espírito pesado! "É tarde demais!" — disseram a si mesmos, descrentes de si e desde então inúteis para sempre. — Seria o "Rafael sem mãos",[173] no sentido mais amplo, a regra e não a exceção, no reino do gênio? — Talvez o gênio não seja tão raro; mas são raras as quinhentas *mãos* que ele necessita para tiranizar o καιρός, o "momento justo", para agarrar o acaso do melhor jeito!

275. Quem não quer ver o que há de elevado num homem, olha tanto mais agudamente para o que nele é baixo e superficial — e com isso se revela.

276. Em todas as espécies de injúria e perda, a alma mais baixa e mais rude se sai melhor do que a nobre: os perigos desta serão maiores, a probabilidade de sofrer desastre e perecer é enorme, na complexidade de suas condições de vida. — Num lagarto volta a crescer o dedo perdido: o mesmo não acontece no homem.

277. — Péssimo! Sempre a velha história! Ao terminar a construção da casa, notamos que sem nos dar conta aprendemos, ao construí-la, algo que simplesmente *tínhamos* de saber, antes de começar a construir. O eterno aborrecido "Tarde demais!". — A melancolia de tudo *terminado*!...

278. — Andarilho, quem é você? Vejo-o que anda por sua estrada, sem desdém, sem amor, com olhar inescrutável; úmido e triste, como uma sonda que da profundeza volta insaciada para a luz — que buscava ela lá embaixo? —, com um peito que não suspira, com um lábio que esconde seu nojo, com uma mão que apreende apenas devagar: quem é você? que fez você? Descanse aqui: este lugar é hospitaleiro para com todos — recupere-se! E quem quer que seja: que coisa lhe apetece agora? o que pode lhe servir de conforto? Apenas diga; o que eu tiver, lhe ofereço! — "Conforto? Conforto? Ó curioso, o que diz você! Mas, por favor, me dê — — O quê? O quê? Fale! — "Mais uma máscara! Uma segunda máscara!"...

279. Os homens de profunda tristeza se denunciam quando estão felizes: têm uma maneira de agarrar a felicidade, como se a quisessem esmagar e sufocar, por ciúme — eles sabem muito bem como ela escapa!

280. "Mau, muito mau! Como? Ele está — recuando?" — Sim! Mas vocês o compreendem mal, se reclamam por isso. Ele recua como quem quer dar um grande salto. — —

281. "Acreditarão em mim? Mas eu insisto em que acreditem: sempre pensei mal em mim, sobre mim, apenas em casos raros, apenas forçado, sempre sem prazer 'na coisa', pronto a me desviar 'de mim', sempre sem fé no resultado, graças a uma incoercível desconfiança frente à *possibilidade* de autoconhecimento, que me levou até ao ponto de sentir uma *contradictio in adjecto* [contradição no adjetivo] na noção de 'conhecimento imediato' que os teóricos se permitem — esse fato é praticamente a coisa mais segura que sei de mim. Deve haver em mim uma espécie de aversão a *crer* algo determinado sobre mim. — Não haverá nisso um enigma? Provavelmente; mas por felicidade não serei eu a enfrentá-lo. — Talvez isso revele a que espécie pertenço? — Mas não para mim: o que me vem muito a propósito. —"

282. "Mas que houve com você?" — "Não sei", respondeu hesitante; "talvez as harpias[174] tenham sobrevoado a minha mesa." — Hoje acontece por vezes que um homem suave, moderado, reservado, fique subitamente enraivecido, quebre a louça, vire a mesa, grite, esbraveje, ofenda o mundo inteiro — e por fim se afaste envergonhado, furioso consigo — para onde? para quê? Para morrer de fome no isolamento? Para sufocar da lembrança? — Quem tem os desejos de uma alma elevada e exclusiva e raramente encontra sua mesa posta, seu alimento pronto, estará sempre em grande perigo; mas esse perigo é hoje extraordinário.

Lançado numa época ruidosa e plebeia, com a qual não quer partilhar o mesmo prato, ele pode facilmente perecer de fome e sede ou, caso finalmente "se sirva" — de súbita náusea. — Todos nós, é provável, já nos sentamos junto a mesas a que não pertencíamos; e precisamente os mais espirituais entre nós, os mais difíceis de serem alimentados, conhecem aquela perigosa *dispepsia*, que vem de uma súbita percepção e desilusão da comida e dos vizinhos de mesa — *a náusea da sobre-mesa*.

283. Supondo que se deseje absolutamente elogiar, constitui um sutil e também nobre autodomínio elogiar somente quando *não* se está de acordo: — de outro modo se estaria elogiando a si mesmo, o que vai de encontro ao bom gosto — sem dúvida, um autodomínio que traz boa instigação e ocasião para ser continuamente *mal entendido*. É preciso, para se dar a esse verdadeiro luxo de gosto e moralidade, não viver entre grosseirões do espírito, mas entre homens nos quais os mal-entendidos e equívocos divertem por sua sutileza — ou então se terá de pagar caro! — "Ele me elogia: *portanto* me dá razão" — essa dedução perfeitamente asinina nos estraga boa parte da vida, a nós, eremitas, porque atrai os asnos à nossa vizinhança e amizade.

284. Viver com uma imensa e orgulhosa calma; sempre além. — Ter e não ter espontaneamente nossos afetos, nosso pró e contra, condescender durante horas com eles; *montá-los* como cavalos, frequentemente como asnos: — precisamos saber utilizar sua estupidez tão bem como seu fogo. Conservar suas trezentas fachadas; e também os óculos escuros: pois existem casos em que ninguém nos deve olhar nos olhos, menos ainda no "fundo". E escolher como companhia esse vício velhaco e jovial, a cortesia. E continuar senhores de nossas quatro virtudes: coragem, perspicácia, simpatia, solidão. Pois a solidão é conosco uma virtude, enquanto sublime pendor e ímpeto para o asseio, que percebe como no contato entre as pessoas — "em sociedade" — as coisas se dão inevitavelmente sujas. Toda comunidade torna, de algum modo, alguma vez, em algum lugar — comum, vulgar.

285. Os maiores acontecimentos e pensamentos — mas os maiores pensamentos são os maiores acontecimentos — são os últimos a serem compreendidos: as gerações que vivem no seu tempo não *vivenciam* tais acontecimentos — passam ao largo deles. Ocorre algo semelhante no reino das estrelas. A luz das estrelas mais distantes é a última a chegar aos homens; e enquanto ela não chega, os homens *negam* que ali — haja estrelas. "De quantos séculos precisa um espírito para ser compreendido?" — eis aí também uma medida, com que se estabelece uma hierarquia e etiqueta de que há necessidade: para o espírito e para a estrela. —

286. "Aqui a visão se estende, o espírito se eleva."[175] — Mas existe uma espécie contrária de homens, que também está nas alturas e cuja visão também está livre — mas que olha *para baixo*.

287. — O que é nobre? O que significa hoje para nós a palavra "nobre"? Onde se revela, em que se reconhece, sob o pesado e anuviado céu do incipiente domínio da plebe, através do qual tudo fica opaco e plúmbeo, o homem nobre? — Não são os atos que o apontam — os atos são sempre ambíguos, sempre insondáveis —; também não são as "obras". Entre artistas e eruditos encontram-se muitos que revelam, com suas obras, o quanto um anseio profundo os impele em direção ao que é nobre: mas precisamente este necessitar do que é nobre é radicalmente distinto das necessidades da alma nobre mesma, e inclusive um sintoma eloquente e perigoso da sua ausência. Não são as obras, é a *fé* que aqui decide, que aqui estabelece a hierarquia, para retomar uma velha fórmula religiosa num sentido novo e mais profundo: alguma certeza fundamental que a alma nobre tem a respeito de si, algo que não se pode buscar, nem achar, e talvez tampouco perder. *A alma nobre tem reverência por si mesma.*

288. Existem homens que de um modo inevitável possuem espírito; eles podem virar e revirar-se como queiram, e encobrir com as mãos os olhos delatores (— como se a mão não fosse um delator! —): afinal sempre resulta que eles têm algo a ocultar, isto é, espírito. Um dos meios mais sutis para enganar o mais longamente possível, e para ter êxito em fingir ser mais estúpido do que se é — o que na vida comum pode ser tão desejável como um guarda-chuva —, chama-se *entusiasmo*; nele incluindo o que dele faz parte, a virtude, por exemplo. Pois, como diz Galiani, que devia saber —: *vertu est enthousiasme* [virtude é entusiasmo].

289. Nos escritos de um eremita se ouve também um quê do eco do deserto, um quê do sussurro e do tímido olhar em torno que é próprio da solidão; em suas mais fortes palavras, em seu grito mesmo ainda ressoa uma espécie nova e mais perigosa de silêncio e mudez. Quem através dos anos e a cada dia se entrevistou com a sua alma, num íntimo diálogo e disputa, quem em sua caverna — que pode ser labirinto, mas também mina de ouro — tornou-se urso, caçador de tesouros ou guardião e dragão: suas ideias acabam adquirindo elas mesmas um tom crepuscular, um odor tanto de profundeza como de mofo, algo incomunicável e repugnante, cujo sopro frio atinge quem passa. Um eremita não crê que um filósofo — supondo que todo filósofo tenha sido antes um eremita — alguma vez tenha expresso num livro suas opiniões genuínas e últimas: não se escrevem livros para esconder precisamente o que se traz dentro de si?[176] — ele duvidará inclusive que um filósofo *possa* ter opiniões “verdadeiras e últimas”, e que nele não haja, não tenha de haver, uma caverna ainda mais profunda por trás de cada caverna — um mundo mais amplo, mais rico, mais estranho além da superfície, um abismo atrás de cada chão, cada razão, por baixo de toda “fundamentação”. Toda filosofia é uma filosofia de fachada — eis um juízo de eremita: “Existe algo de arbitrário no fato de ele se deter *aqui*, de olhar para trás e em volta, de não cavar mais fundo *aqui* e pôr de lado a pá — há também algo de suspeito nisso”. Toda filosofia também *esconde* uma filosofia, toda opinião é também um esconderijo, toda palavra também uma máscara.

290. Todo pensador profundo tem mais receio de ser compreendido que de ser mal compreendido. Neste caso talvez sofra sua vaidade; mas naquele sofrerá seu coração, sua simpatia, que sempre diz: "Oh, por que desejam passar também por essas coisas?".

291. O homem, um animal complexo, mendaz, artificial, intransparente, e para os outros animais inquietante, menos pela força que pela astúcia e inteligência, inventou a boa consciência para chegar a fruir sua alma como algo *simples*; e toda a moral é uma decidida e prolongada falsificação, em virtude da qual se torna possível a fruição do espetáculo da alma. Desse ponto de vista, o conceito de "arte" incluiria bem mais do que normalmente se crê.

292. Um filósofo: é um homem que continuamente vê, vive, ouve, suspeita, espera e sonha coisas extraordinárias; que é colhido por seus próprios pensamentos, como se eles viessem de fora, de cima e de baixo, constituindo a *sua* espécie de acontecimentos e coriscos; que é talvez ele próprio um temporal, caminhando prenhe de novos raios; um homem fatal, em torno do qual há sempre murmúrio, bramido, rompimento, inquietude. Um filósofo: oh, um ser que tantas vezes foge de si, que muitas vezes tem medo de si — mas é sempre curioso demais para não "voltar a si"...

293. Um homem que diz: "Isso me agrada, vou me apropriar disso, protegê-lo e defendê-lo contra todos"; um homem que pode conduzir uma causa, executar uma decisão, ser fiel a um pensamento, reter uma mulher, castigar e abater um insolente; um homem que tem sua ira e sua espada, a quem os fracos, aflitos, sofredores e também os animais se achegam com gosto e pertencem por natureza; em suma, um homem que é *senhor* por natureza — se um tal homem tem compaixão, *esta* compaixão tem valor! Mas que importa a compaixão dos que padecem! Ou daqueles que inclusive *pregam* a compaixão! Em quase toda a Europa de hoje há uma doentia sensibilidade e suscetibilidade para a dor, assim como um irritante destempero no lamento, um embrandecimento que se adorna de religião e trastes filosóficos para parecer coisa elevada — há um verdadeiro culto do sofrer. O que primeiramente salta à vista, quero crer, é a *invirilidade* daquilo que em tais círculos fanáticos é batizado de "compaixão". — Essa espécie novíssima de mau gosto deve ser proscrita de modo enérgico e radical; e por fim quero desejar que se ostente contra isso, em volta do pescoço e junto ao coração, o bom amuleto do "*gai saber*" — *fröhliche Wissenchaft* [gaia ciência], para que os alemães entendam.

294. *O vício olímpico.* — Não obstante aquele filósofo que, como autêntico inglês, tentou difamar o riso entre as cabeças pensantes — "o riso é uma grave enfermidade da natureza humana, que toda cabeça pensante se empenharia em superar" (Hobbes)[177] — eu chegaria mesmo a fazer uma hierarquia dos filósofos conforme a qualidade do seu riso — colocando no topo aqueles capazes da *risada de ouro*. E supondo que também os deuses filosofem, como algumas deduções já me fizeram crer, não duvido que eles também saibam rir de maneira nova e sobre-humana — e à custa de todas as coisas sérias! Os deuses gostam de gracejos: parece que mesmo em cerimônias religiosas não deixam de rir.

295. O gênio do coração, tal como o possui aquele grande oculto, o deus-tentador e aliciador nato de consciências, cuja voz sabe descer ao submundo de cada alma, que não diz palavra, não lança olhar em que não haja ideia e aceno de sedução, de cuja mestria faz parte o saber parecer — não aquilo que é, mas aquilo que para os que o seguem é uma compulsão *mais* a mais proximamente o assediarem, a sempre mais íntima e radicalmente o seguirem: — o gênio do coração, que a tudo estridente e autocomplacente faz calar e ensina a ouvir, que alisa as almas ásperas e lhes dá novo anseio a saborear — estender-se imóveis como espelho d'água, para que nelas se espelhe o profundo céu —; o gênio do coração, que à mão rude e arrebatada ensina a hesitar e a prender com maior graça, que adivinha o tesouro oculto e esquecido, a gota de bondade e doce espiritualidade sob o espesso e opaco gelo, e é um mágico ímã para todo grão de ouro que por muito jazeu sepulto na prisão de lama e areia; o gênio do coração, de cujo toque cada um torna mais rico, não agraciado e surpreso, não redimido e oprimido por um bem alheio, porém mais rico de si mesmo, mais novo do que nunca, partido, por um vento brando acariciado e sondado, mais inseguro talvez, mais grácil frágil fraco, porém cheio de esperanças ainda sem nome, cheio de uma nova vontade e energia, nova relutância e apatia...[178] mas que faço, meus amigos? De quem lhes falo? Distraí-me a ponto de sequer lhes dizer o seu nome? A menos que já tenham adivinhado quem é esse deus e espírito problemático, que de tal modo deseja ser *louvado*. Como sucede a todo aquele que desde criança esteve sempre a caminho e fora de casa, também a mim me sobressaltaram espíritos raros e bem pouco inofensivos, sobretudo e quase sempre esse do qual venho falando, ninguém menos que o deus *Dionísio*, esse grande ambíguo e deus-tentador, a quem certa vez, como sabem, em todo sigilo e reverência ofereci meu primogênito[179] — tendo sido o último a lhe ofertar um *sacrifício*, ao que parece: pois não encontrei ninguém que compreendesse então o que eu fazia. Nesse meio-tempo aprendi mais, e até demais, sobre a filosofia desse deus, de boca em boca, como disse — eu, o derradeiro iniciado e último discípulo do deus Dionísio: e talvez eu pudesse enfim, caros amigos, lhes dar de provar um pouco dessa filosofia, tanto quanto me é permitido? A meia voz, como é justo: pois ela inclui coisa nova, secreta, estranha, singular, inquietante. Já o fato de Dionísio ser filósofo, e de também os deuses filosofarem, portanto, parece-me uma novidade um tanto insidiosa, que justamente entre filósofos despertaria suspeita — mas vocês, caros amigos, provavelmente lhe oporão menor resistência, a menos que ela chegue tarde e no momento inoportuno: pois hoje em dia, segundo me consta, vocês não gostam de acreditar em Deus ou em deuses. E talvez eu não tenha de ir, na franqueza do que falo, mais longe do que seria grato aos hábitos severos dos seus ouvidos? Com toda a certeza o deus em questão foi além, muito além em diálogos assim, e estava sempre muitos passos à minha frente... Sim, se me fosse permitido lhe aplicar, conforme o costume humano, belos e solenes títulos de pompa e virtude, eu celebraria sua coragem de explorador e descobridor, sua impetuosa honestidade, veracidade e amor à sabedoria. No entanto, um deus como esse não sabe o que fazer dessas pomposas ninharias. "Guarde isso", ele diria, "para você e seus iguais, e todo aquele que o necessite! Eu — não tenho motivo para cobrir minha nudez!" — Já se percebe: a essa espécie de filósofo e divindade talvez falte pudor. — Assim disse ele uma vez: "Eventualmente posso amar o ser humano" — aludindo a Ariadne, que estava presente —: "ele é para mim um animal agradável, valente, inventivo, que não tem igual sobre a Terra, em todo labirinto ele é capaz de se achar. Sou bom para com ele: com frequência medito em como fazê-lo avançar e torná-lo mais forte, mais malvado e profundo". — "Mais forte, mais malvado e profundo?", perguntei aterrorizado. "Sim", confirmou ele, "mais forte, mais malvado e profundo; também mais bonito" — e ao dizê-lo sorriu o deus-tentador seu sorriso alciônico, como se tivesse dito uma encantadora gentileza. Igualmente se nota: a essa divindade não falta somente pudor —; e há bons motivos para supor que algumas coisas os deuses poderiam aprender conosco. Nós, homens, somos — mais humanos...

296. Oh, que são vocês afinal, meus pensamentos escritos e pintados! Há pouco tempo ainda eram tão irisados, tão jovens e maldosos, com espinhos e temperos secretos, que me faziam espirrar e rir — e agora? Já se despojaram de sua novidade, e alguns estão prestes, receio, a tornar-se verdades: tão imortal já é seu aspecto, tão pateticamente honrado, tão enfadonho! E alguma vez foi diferente? Que coisas escrevemos e pintamos, nós, mandarins com pincel chinês, eternizadores do que *consente* em ser escrito, que coisa conseguimos apenas pintar? Oh, somente aquilo que está a ponto de murchar e perder seu aroma! Oh, somente pássaros que se fatigaram e extraviaram no voo, e agora se deixam apanhar com a mão — com a *nossa* mão! Eternizamos o que já não pode viver e voar muito tempo, somente coisas gastas e exaustas! Apenas para sua *tarde* eu tenho cores, meus pensamentos escritos e pintados, muitas cores talvez, várias delicadezas multicores, e cinquenta amarelos e vermelhos e marrons e verdes: — mas com isso ninguém adivinhará como eram vocês em sua manhã, vocês, imprevistas centelhas e prodígios de minha solidão, vocês, velhos e amados — *maus* pensamentos!

DO ALTO DOS MONTES

Canção-epílogo

AUS HOHEN BERGEN

Nachgesang

O Lebens Mittag! Feierliche Zeit!
O Sommergarten!
Unruhig Glück im Stehn und Spähn und Warten: —
Der Freunde harr ich, Tag und Nacht bereit,
Wo bleibt ihr, Freunde? Kommt!'s ist Zeit!'s ist Zeit!

Wars nicht für euch, dass sich des Gletschers Grau
Heut schmückt mit Rosen?
Euch sucht der Bach, sehnsüchtig drängen, stossen
Sich Wind und Wolke höher heut ins Blau,
Nach euch zu spähn aus fernster Vogel-Schau.

Im Höchsten ward für euch mein Tisch gedeckt —
Wer wohnt den Sternen
So nahe, wer des Abgrunds grausten Fernen?
Mein Reich — welch Reich hat weiter sich gereckt?
Und meinen Honig — wer hat ihn geschmeckt?...

— *Da* seid *ihr, Freunde!* — *Weh, doch* ich *bins nicht,*
Zu dem ihr wolltet?
Ihr zögert, staunt — ach, dass ihr lieber grolltet!
Ich — bins nicht mehr? Vertauscht Hand, Schritt, Gesicht?
Und was *ich bin, euch Freunden — bin ichs nicht?*

Ein andrer ward ich? Und mir selber fremd?
Mir selbst entsprungen?

DO ALTO DOS MONTES

Canção-epílogo[180]

Ó meio-dia da vida! Tempo festivo!
   Ó jardim do verão!
Inquieta ventura em se deter, atentar e esperar: —
Pelos amigos aguardo, dia e noite disposto,
Onde estão, amigos? Venham! É tempo! É tempo!

Não foi para vocês que o cinza da geleira
   Se enfeitou hoje de rosas?
É a vocês que o riacho procura, e ansiosamente afluem
E se batem ventos e nuvens, mais alto no azul,
Para observá-los a distância, como pássaros na espreita.

A grande altura lhes preparei minha mesa: —
   Quem habita tão próximo
Às estrelas, e às escuras distâncias do abismo?
Meu reino — que reino se estendeu mais longe?
E o meu mel — quem o terá provado?

— *Aí estão vocês*, amigos! Como, não é *a mim*
   Que estão a buscar?
Vocês hesitam, surpresos — oh, melhor se tivessem rancor!
Eu — não sou mais eu? Mudaram a mão, o rosto, o passo?
E *o que* sou, amigos — não sou para vocês?

Terei me tornado outro? A mim mesmo estranho?
   De mim mesmo evadido?

Ein Ringer, der zu oft sich selbst bezwungen?
Zu oft sich gegen eigne Kraft gestemmt,
Durch eignen Sieg verwundet und gehemmt?

Ich suchte, wo der Wind am schärfsten weht?
Ich lernte wohnen,
Wo niemand wohnt, in öden Eisbär-Zonen,
Verlernte Mensch und Gott, Fluch und Gebet?
Ward zum Gespenst, das über Gletscher geht?

— *Ihr alten Freunde! Seht! Nun blickt ihr bleich,*
Voll Lieb und Grausen!
Nein, geht! Zürnt nicht! Hier — könntet ihr *nicht hausen*:
Hier zwischen fernstem Eis-und Felsenreich —
Hier muss man Jäger sein und gemsengleich.

Ein schlimmer *Jäger ward ich! — Seht, wie steil*
Gespannt mein Bogen!
Der Stärkste wars, der solchen Zug gezogen — —:
Doch wehe nun! Gefährlich ist der *Pfeil,*
Wie kein *Pfeil, — fort von hier! Zu eurem Heil!...*

Ihr wendet euch? — O Herz, du trugst genung,
Stark blieb dein Hoffen:
Halt neuen *Freunden deine Türen offen!*
Die alten lass! Lass die Erinnerung!
Warst einst du jung, jetzt — bist du besser jung!

Was je uns knüpfte, einer *Hoffnung Band —*
Wer liest die Zeichen,
Die Liebe einst hineinschrieb, noch, die bleichen?
Dem Pergament vergleich ichs, das die Hand
Zu fassen scheut — *ihm gleich verbräunt, verbrannt.*

Nicht Freunde mehr, das sind — wie nenn ichs doch? —
Nur Freunds-Gespenster!

Um lutador que a si mesmo subjugou demasiadas vezes?
Que demasiadas vezes se opôs à própria força?
Ferido e detido pela própria vitória?

Procurei onde o vento sopra mais cortante?
    Aprendi a viver
Onde ninguém vive, em ermas zonas de ursos brancos,
Desaprendi Deus e Homem, oração e maldição?
Tornei-me um espectro que caminha nas geleiras?

— Velhos amigos! Vejam! Agora parecem pálidos,
    Cheios de amor e de horror!
Não, partam! Não se aborreçam! Aqui — não poderiam habitar:
Aqui, neste longínquo reino de pedras e gelo —
Aqui é preciso ser como caçador e igual à cabra montesa.

Um *mau* caçador me tornei! — Vejam como
    Está tenso o meu arco!
O mais forte é aquele que logrou essa tensão — —:
Mas agora, cuidado! Perigosa é a seta,
Como *nenhuma* outra, — fora daqui! Para o bem de vocês!...

Já se vão? — Ó coração, suportaste bastante,
    Forte permaneceu tua esperança:
Mantém abertas para *novos* amigos as tuas portas!
Deixa os velhos! Deixa a recordação!
Se outrora foste jovem, agora — és ainda mais jovem!

O que uma vez nos ligou, o laço da mesma esperança, —
    Quem lê ainda os sinais,
Empalidecidos, que há tempos o amor ali inscreveu?
Eu o comparo a um pergaminho que a mão
hesita em segurar, — como ele enegrecido e consumido.

Já não são amigos, são — como chamá-los? —
    Somente fantasmas de amigos!

Das klopft mir wohl noch nachts an Herz und Fenster,
Das sieht mich an und spricht: "wir warens *doch?"*
— O welkes Wort, das einst wie Rosen roch!

O Jugend-Sehnen, das sich missverstand!
Die ich *ersehnte,*
Die ich mir selbst verwandt-verwandelt wähnte,
Dass alt *sie wurden, hat sie weggebannt:*
Nur wer sich wandelt, bleibt mit mir verwandt.

O Lebens Mittag! Zweite Jugendzeit!
O Sommergarten!
Unruhig Glück im Stehn und Spähn und Warten!
Der Freunde harr ich, Tag und Nacht bereit,
Der neuen *Freunde! Kommt! 's ist Zeit! 's ist Zeit!*

Dies *Lied ist aus — der Sehnsucht süsser Schrei*
Erstarb im Munde:
Ein Zaubrer tats, der Freund zur rechten Stunde,
Der Mittags-Freund — nein! fragt nicht, wer es sei —
Um Mittag wars, da wurde Eins zu Zwei...

Nun feiern wir, vereinten Siegs gewiss,
Das Fest der Feste:
Freund Zarathustra *kam, der Gast der Gäste!*
Nun lacht die Welt, der grause Vorhang riss,
Die Hochzeit kam für Licht und Finsternis...

Eles ainda batem, à noite, em meu coração e minha janela,
Olham para mim e dizem: "mas *éramos* amigos!"
— Ó palavras murchas, que um dia cheiraram a rosas!

Ó anelo da juventude, que não se compreendia!
  Aqueles por quem eu ansiava,
Que julgava como eu transformados, comigo aparentados,
O fato de *envelhecerem* os afastou de mim:
Somente quem muda pertence ao meu mundo.

Ó meio-dia da vida! Segunda juventude!
  Ó jardim do verão!
Inquieta ventura em se deter, atentar e esperar!
Pelos amigos aguardo, dia e noite disposto,
Pelos *novos* amigos! Venham! É tempo! É tempo!

Esta canção acabou, — o grito doce da saudade
  Morreu na boca:
Um mago foi seu autor, o amigo da hora certa,
O amigo do meio-dia — não! não perguntem quem é ele —
Aconteceu no meio-dia, quando Um se tornou Dois...

Agora celebramos, seguros da vitória comum,
  A festa das festas:
O amigo *Zaratustra* chegou, o hóspede dos hóspedes!
Agora o mundo ri, rasgou-se a horrível cortina,
É hora do casamento entre a Luz e as Trevas...

NOTAS DO TRADUTOR

Nota preliminar às notas

Algumas considerações são talvez necessárias, para que o leitor saiba o que pode esperar dessas notas. Muitas delas são puramente informativas: pretendem elucidar alusões e referências históricas, literárias, filosóficas e mitológicas. Outras (a maioria, talvez) são de natureza filológica: buscam delimitar o sentido de certas palavras e expressões, mostrar como Nietzsche se utiliza de recursos da língua alemã para obter efeitos retóricos, e justificar as soluções adotadas pelo tradutor. Não se incluem comentários filosóficos entre essas notas. Mas, por sua natureza mesma, às vezes elas filosofam inadvertidamente — isto é, tangenciam uma ou outra questão filosófica, ao se debruçar sobre a linguagem.

A extensão das notas varia bastante: de uma ou duas linhas a várias páginas. Delas o leitor deve ler apenas o que lhe parecer indispensável para a *sua* leitura do livro, conforme o seu grau de interesse por problemas "técnicos" de tradução. Pois algumas se dirigem a especialistas em traduções filosófico-poéticas do alemão, fazendo parte de um diálogo subterrâneo com outros tradutores. Assim se explica a minúcia de várias notas. Outra explicação estaria numa máxima de fé particular: a crença de que, embora morto, Deus está nos detalhes.

As seguintes versões estrangeiras de *Além do bem e do mal* foram consultadas durante a elaboração desta: 1) *Para além de bem e mal*, trad. Hermann Pflüger, revisão de Delfim Santos F°., Lisboa, Guimarães, 1987; 2) *Mas allá del bien y del mal*, trad. Andrés Sánchez Pascual, Madri, Alianza, 1972; 3) *Al di là del bene e del male*, trad. Ferruccio Masini, Milão, Mondadori/Oscar, 1982; 4) *Par-delà le bien et le mal*, trad. Geneviève Bianquis, Paris, U. G. E./10-18, 1967; 5) *Par-delà le bien et le mal*, trad. André Meyer e René Guast, Paris, Hachette/Pluriel, s. d.; 6) *Par-delà bien et mal*, trad. Cornélius Heim, Paris, Gallimard, 1978; 7) *Beyond good and evil*, trad. Walter Kaufmann, Nova York, Vintage, 1965; 8) *Beyond good and evil*, trad. R. J. Hollingdale, Londres, Penguin, 1973.

Elas são citadas com frequência nas notas. Quando isso ocorre sem indicação do tradutor, a citação é feita na ordem acima: português, espanhol, italiano etc. (não é preciso indicar a página, já que os parágrafos são numerados). No caso da versão portuguesa, o crédito será dado ao revisor, pois um cotejo com a edição não revista mostra ser ele o responsável pelo texto. Existem inúmeras traduções de *Além do bem e do mal*; somente em francês há no mínimo seis. Foram utilizadas aquelas a que tivemos acesso e que possuem um padrão mínimo de fidelidade. Além dessas versões integrais, recorremos aos trechos traduzidos por Rubens Rodrigues Torres Filho, constantes do volume dedicado a Nietzsche na coleção Os Pensadores, organizado por Gérard Lebrun (São Paulo, Abril Cultural, 2ª ed., 1978, pp. 269-94).

As edições alemãs de obras de Nietzsche que utilizamos foram: Karl Schlechta, *Werke*, 5 vols., Frankfurt, Ullstein, 1979; Giorgio Colli e Mazzino Montinari, *Kritische Studienausgabe*, 15 vols., Munique, DTV/de Gruyter, 2ª ed., 1988. No tocante ao texto de *Além do bem e do mal*, as diferenças entre as duas são insignificantes, e serão registradas nas notas.

Essas notas não pretendem ser exaustivas; e, não obstante o que foi dito, desejamos que não sejam cansativas. Algumas delas se beneficiaram de sugestões do prof. Willi Bolle, a quem agradecemos.

PRÓLOGO (pp. 7-8)

(1) A palavra *Verführung*, que é normalmente traduzida por "sedução", tem o sentido literal de "desencaminhamento". O prefixo *ver-* denota erro ou desvio neste caso (como o nosso *des-*), modificando o substantivo *Führung* ("condução", do verbo *führen*, "conduzir"). A versão tradicional resulta bem apropriada, se tivermos em mente o sentido do verbo *seducere*, em latim: "conduzir para o lado, desviar".

(2) "cuja tarefa é precisamente a vigília": *deren Aufgabe das Wachsein selbst ist*. Na edição espanhola é dada uma tradução literal para *Wachsein*: *cuya tarea es el estar despiertos*; os tradutores de língua inglesa dizem *we whose task is wakefulness itself*; os de língua francesa e italiana usam o verbo "velar": *veiller*, *vegliare*. Na mesma frase, "engendrada" traduz *grossgezüchtet*. O adjetivo *gross* [grande] é juntado aqui ao verbo *züchten* [cultivar, criar], gerando o verbo *grosszüchten*. Alguns tradutores recorreram a dois verbos para traduzi-lo: "a força que a luta contra este erro desenvolveu e fez crescer" (o tradutor português acompanha literalmente o espanhol), *quella forza che è stata allevata e ingrandita*, *l'énergie qui s'est développée*, *la force qui s 'est affermie*, *l'énergie qu'a grandement disciplinée*, *that strength which has been fostered* (Kaufmann) / *cultivated* (Hollingdale).

(3) "perspectiva": o original emprega um adjetivo substantivado — *das Perspektivische*, isto é, a coisa, o caráter, o elemento ou (redundância pertinente) a ótica perspectiva. A tradução italiana consultada utiliza *carattere prospettico*. As duas traduções para o inglês, assim como a francesa de Meyer e Guast, adotaram a mesma solução nossa: retroceder ao nome que origina o adjetivo. As demais traduções francesas, a espanhola e a portuguesa preferem "perspectivismo"; mas Nietzsche poderia ter usado o termo (*Perspektivismus*), como faz em outros momentos de sua obra (no § 354 de *A gaia ciência*, por exemplo). A noção de perspectiva é retomada na *Genealogia da moral*. "Existe *apenas* uma visão perspectiva, *apenas* um 'conhecer' perspectivo" (parte III, seção 12).

(4) "miséria": *Notstand*; logo em seguida, "necessidade": *Not*. As outras traduções oferecem: "calamidade/ sofrimento"; *estado penoso/penosidad*; *condizione penosa/pena*; *tourment/tourment* (duas das francesas); *état de détresse/ détresse*; *need and distress/ need*; *state of distress/ need*.

(5) "os alemães inventaram a pólvora": acreditava-se que o monge Berthold Schwarz a tinha inventado. Quanto à imprensa e à leitura de jornais, são sempre invectivadas por Nietzsche; ver, por exemplo, *Humano, demasiado humano* II, "Opiniões e Sentenças Várias", § 324, e *Genealogia da moral*, III, 8.

"bons europeus": Nietzsche usa a expressão pela primeira vez no § 475 de *Humano, demasiado humano*; o bom europeu é, no seu entender, aquele que despreza nacionalismos e se empenha na união da Europa. O conceito é retomado adiante, nas seções 241 e 254.

1. DOS PRECONCEITOS DOS FILÓSOFOS (pp. 9-28)

(6) A expressão "vontade de verdade" (*Wille zur Wahrheit*) aparece em *Assim falou Zaratustra*, parte 2, "Da superação de si mesmo": " 'Vontade de verdade' é como chamais, ó mais sábios entre os sábios, ao que vos impele e vos inflama?". Em sua meritória tradução de *Assim falou Zaratustra*, Mário da Silva recorre a uma paráfrase: "vontade de conhecer a verdade" (Rio de Janeiro, Bertrand Brasil, 6ª ed., 1990, p. 126). Desse modo se perde na concisão, porém, e não se considera a analogia sintática com "vontade de poder" (*Wille zur Macht*; sobre esta expressão, ver nota 26). Mais adiante neste livro (seção 211), a vontade de verdade dos "autênticos filósofos" é identificada à sua vontade de poder, como faz Zaratustra naquela mesma passagem, dirigindo-se ao homem do conhecimento: "[...] em verdade, a minha vontade de poder também caminha com os pés da tua vontade de verdade!". Já na terceira dissertação da *Genealogia da moral* a vontade de verdade questiona a si mesma, enquanto fé metafísica no valor em si da verdade, derivada do ideal ascético e da fé em Deus como verdade (seções 24 a 28).

Já nesta primeira seção se percebe o uso personalíssimo da pontuação em Nietzsche. Ele tem predileção por sinais de dois pontos, ponto e vírgula e — o que mais salta à vista — travessão. Este é usado com frequência depois de um ponto, no início da frase, como que denotando pausa ou inflexão no raciocínio. Há um tradutor de Nietzsche, o americano Walter Kaufmann, que tomou a liberdade (justificável, talvez) de abrir parágrafos onde há travessões desse tipo. Na presente versão, resolvemos respeitar ao máximo a pontuação original, mesmo onde ela parece desnecessária (caso dos travessões no final de seções, como se verá).

(7) "Vontade de engano" ou de ilusão [*Wille zur Täuschung*] é a contrapartida da vontade de verdade. Na frase seguinte, "ação desinteressada" traduz *selbstlose Handlung*; *selbst* é referente ao próprio sujeito: nas formas compostas corresponde a "auto" ou "ego"; los é o sufixo que exprime ausência; em inglês há um equivalente exato para *selbstlos*: *selfless*.

"Altruísta" seria outra opção neste caso; mas preferimos reservá-la para traduzir *unegoistisch*, que aparecerá oportunamente. Na mesma frase, "egoísmo" foi a tradução adotada para *Eigennutze*, que literalmente significa "vantagem própria"; em inglês pode-se dizer *selfishness*.

(8) "coisa em si" [*Ding an sich*]: referência ao conceito kantiano; o que existiria de modo independente das formas de percepção humana. Logo em seguida, outra alusão a Kant: "é a partir desta sua 'crença' que eles procuram alcançar seu 'saber'" — cf. *Crítica da razão pura*, Prólogo à Segunda Edição: "Portanto, tive que suprimir o *saber* para obter lugar para a *fé* [...]" (trad. Valerio Rohden e Udo

Baldur Moosburger, coleção Os Pensadores, São Paulo, Abril Cultural, 1980, p. 17; em alemão há apenas uma palavra para "fé" e "crença": *Glaube*).

(9) "preconceito": adotamos aqui a tradução convencional para *Vorurteil*, apesar de sua insuficiência. *Vorurteil* corresponde precisamente ao termo latino *praejudicium* (prefixo *vor*, "pré", mais *Urteil*, "juízo"). Etimologicamente, a tradução mais adequada seria "prejuízo". Assim ocorre nas demais línguas latinas: *prejuicio*, *pregiudizio*, *préjugé*; e também no inglês: *prejudice*. Mas em português essa palavra veio a significar "dano", e não "conceito ou opinião formada antecipadamente, sem maior ponderação ou conhecimento dos fatos" (na definição do *Novo dicionário da língua portuguesa*, de Aurélio Buarque de Holanda Ferreira, Rio de Janeiro, Nova Fronteira, 2ª ed. revista e aumentada). Em artigo bastante elucidativo publicado no jornal *Folha de S. Paulo* ("Tradução em Perspectiva: a *Crítica da faculdade do juízo*, de Kant", Caderno de Letras, 29/12/1990), o professor e tradutor Valerio Rohden discute esse termo, observando que, à diferença do alemão e do latim — e de outras línguas, como se vê — "em português a essencial referência ao juízo ficará perdida". É certo que os dicionários também trazem "prejuízo" na acepção de "preconceito", mas ela quase desaparece frente ao sentido de "dano"; ao passo que em latim, esclarece Valerio Rohden, "o dano é tomado apenas secundariamente como sentido do resultado (da desvantagem) de uma decisão preconcebida, isto é, de um *praeiudicium*". Acrescentemos que o caráter insatisfatório dessa tradução também se deve ao sentido coloquial mais difundido da palavra "preconceito", como ódio ou aversão irracional, "estado de superstição, de cegueira moral" (Caldas Aulete, *Dicionário contemporâneo da língua portuguesa*, Rio de Janeiro, Delta, 4ª ed., 1958). Mas não há como retroceder à denotação primeira e "pura" da palavra. A língua não vive suspensa num limbo: o português é falado por pessoas que têm *preconceito* de cor *e prejuízo* com a inflação.

(10) "crença nas oposições de valores": *Glaube an die Gegensätze der Werte*. Os tradutores se dividem quanto à versão do termo *Gegensatz*. O espanhol Sánchez Pascual, o italiano Masini e o inglês Hollingdale preferem traduzi-lo por "antítese". A francesa Geneviève Bianquis e os também franceses A. Meyer e R. Guast (autores de uma tradução conjunta) utilizam "antinomia". O americano Kaufmann, o francês Cornélius Heim, o português Santos Filho e o brasileiro Torres Filho optaram por "oposição". Esta me parece a melhor solução, porque mantém a relação entre o substantivo e seus cognatos. Tal não ocorre quando se emprega um dos outros termos. No parágrafo seguinte, por exemplo, os tradutores que se valeram de "antinomia" para verter *Gegensatz* traduziram o verbo *entgegensetzen* (corretamente) como "opor". Com isso perdem-se os "laços de família" entre as palavras.

(11) "Valoração" é como traduzimos *Wertschätzung*; Wert significa "valor", *Schätzung* é o substantivo de *schätzen*, "estimar, avaliar"; o cognato *Schatz* se traduz como "tesouro". Segundo o *Aurélio*, valorar é "emitir juízo de valor acerca de; aquilatar, ponderar"; não deve ser confundido com "valorizar", isto é, aumentar o valor; e pode ser diferençado de "avaliar", na medida em que este possui maior amplitude semântica ("apreciar, determinar o valor, calcular, fazer ideia, ajuizar").

Nietzsche utiliza *Wertschätzung* e *Schätzung*. "Valoração" traz estampado o substantivo matriz, dando-lhe a mesma ênfase que o substantivo-atributo *Wert* no original (atributo porque nas palavras compostas alemãs o último termo é qualificado pelos que o precedem). "Avaliação" é como traduzimos *Schätzung*, nesse mesmo parágrafo.

"avaliações de fachada": *Vordergrunds-schätzungen*, expressão cunhada por Nietzsche, que foi um emérito cunhador de palavras. *Vordergrund* — *foreground*, em inglês — é a parte de um ambiente que se acha mais próxima de um observador; é o primeiro plano de uma pintura em perspectiva, de qualquer imagem assim construída; é o oposto de *background*. Como atributo expressa pouca profundidade. Daí alguns tradutores optarem pelo adjetivo mais próximo, obliterando a metáfora: "avaliações superficiais", *estimaciones superficielles, évaluations superficielles* (Bianquis e Meyer/Guast), *jugements superficiels* (Heim). Bem menos aceitável, porém, é a solução do tradutor italiano: *apprezzamenti pregiudiziali* [apreciações preconceituosas]. Os de língua inglesa não têm dificuldade: *foreground valuations, foreground estimates*. Rubens Rodrigues Torres Filho adota "estimativas de fachada" (*Nietzsche*, Os Pensadores, p. 269).

(12) "Depois de por muito tempo ler nos gestos e nas entrelinhas dos filósofos": *Nachdem ich lange genug den Philosophen zwischen die Zeilen und auf die Finger gesehen habe*. Nietzsche faz um jogo de grande riqueza semântica, ao combinar as expressões *zwischen die Zeilen lesen* [ler entre as linhas] e *auf die Finger sehen* (literalmente "olhar para os dedos"), usando o verbo desta para ambas. Segundo o *Wörterbuch der deutschen Umgangsprache* [Dicionário da língua coloquial alemã], de Heinz Küpper (Stuttgart, Klett, 1987), "olhar para os dedos de alguém" é expressão idiomática que remonta ao século XVIII, e significa observar com toda a atenção. Refere-se aos movimentos dos dedos de alguém que se suspeita roubar dinheiro ("bater a carteira") ou trapacear no jogo. Aplicando esse idiomatismo aos filósofos, Nietzsche naturalmente insinua o que diz claramente adiante (no § 5): que eles não se revelam íntegros o bastante no tratamento das verdades. Nossa tradução obtém parte do efeito poético do original, ao acrescentar (enxertar) "nos gestos" à expressão "ler nas entrelinhas", colocando as atitudes e a escrita dos filósofos no mesmo horizonte de leitura semiótica. Perde-se, todavia, a saborosa referência à prestidigitação fraudulenta dos metafísicos. As traduções consultadas ignoram o problema, mutilando a frase ou traduzindo literalmente: "Depois de ter passado bastante tempo a observar de perto os filósofos"; *a leer a los filósofos entre las líneas y a mirarles a las manos*; [*Dopo avere*] *letto i filosofi tra le righe e riveduto loro le bucce* (idiomático: "examinar severamente o trabalho de alguém"); *observe les philosophes, lu entre leurs lignes et surveillé leurs tours de main* (trad. de G. Bianquis, utiliza três verbos onde o original traz apenas um); *épluché les livres des philosophes et lu entre leurs lignes*; *lu entre les lignes des philosophes et épié tous leurs tours et détours*; *looked... between the philosophers lines and fingers*; *kept a close eye on philosophers and read betweew their lines*.

(13) "atividades instintivas": *Instinkt-Tätigkeiten*; a mesma palavra — *Instinkt* — é usada na frase seguinte. Na mesma frase, "aqui se deve mudar o modo de ver":

hier muss man umlernen. O verbo *umlernen é* composto do prefixo *um*, que indica transformação, e do verbo *lernen*, "aprender". Na definição do dicionário *Wahrig* (Gütersloh, Bertelsmann, 1975): "aprender a fazer algo de outra maneira, aprender uma coisa diversamente". Excluímos a tradução por "reaprender", que significa aprender novamente o que foi desaprendido.

(14) "no processo e progresso geral da hereditariedade": *in dem ganzen Vor- und Fortgange der Vererbung*. A gama de sentidos desses dois substantivos — *Vorgang* e *Fortgang* — pode ser bem apreendida por meio de seus verbos cognatos: *vorgehen* = preceder, proceder ou suceder (acontecer); *fortgehen* = ir embora, continuar ou progredir (sentidos determinados pelos prefixos, pois *gehen* = ir). Em alemão se omite a primeira ocorrência do corpo da palavra, no caso de substantivos formados com prefixos diversos e mesmo corpo: *Vor- und Fortgang*. Em português há algo semelhante quando se juntam dois advérbios: o sufixo -mente é normalmente conservado tão somente no último. Nietzsche tira partido desse fenômeno, e também da quase homofonia dos prefixos, para ressaltar o movimento da hereditariedade em seu conjunto, no processo que abrange o que precede e o que prossegue.

"estar consciente": "*Bewusst-sein*". A tradução habitual para *Bewusstsein* é "consciência". Ao pôr entre aspas e separar por um hífen seus componentes, Nietzsche mantém à superfície o sentido literal da palavra: ser/estar consciente, ter ciência, estar ciente. No § 354 de *A gaia ciência* ele oferece, como sinônimo mais adequado para *Bewusstsein*, a expressão *Sich-Bewusst-Werden*, "tornar-se consciente de si" — que registraria melhor a reflexividade do fenômeno. Na língua alemã existem dois termos para "consciência", ambos aparentados ao verbo *wissen* [saber]: *Bewusstsein* designa o estado de consciência, a intuição que se tem dos próprios atos e estados; *Gewissen* é a consciência escrupulosa, a faculdade de estabelecer distinções morais. No *Vocabulaire technique et critique de la philosophie*, de André Lalande (Paris, PUF, 16ª ed., 1988), aquela é apresentada como *conscience psychologique*, e esta como *conscience morale*. Em inglês se diz *consciousness* e *conscience*. As línguas latinas não fazem essa diferenciação lexical. Por isso os tradutores mais conscientes evitam "consciência" neste caso: *le* "*conscient*" é o que propõem os franceses G. Bianquis e Meyer/Guast; "*esser cosciente*", diz o italiano Masini; "*being conscious*", dizem Hollingdale e Kaufmann.

(15) "além do bem e do mal": adotamos a versão tradicional para a expressão *jenseits von Gut und Böse*, que se tornou famosa como título deste livro. Tem havido a tendência de traduzi-la por "para além de bem e mal". Assim fizeram Rubens Rodrigues Torres Filho, e Delfim Santos Fº.. Ao que tudo indica, nisso eles foram influenciados pela nova edição francesa de Nietzsche, intitulada *Par-delà bien et mal*, em contraste com o *Par-delà le bien et le mal* das edições anteriores. O argumento dos responsáveis por essa nova edição — que é a tradução francesa da edição crítica de Colli e Montinari — é o seguinte: deve-se notar que na expressão alemã não há artigos; *gut* e *böse* são dois adjetivos ("bom" e "mau, malvado") que estão no caso nominativo, e não no dativo, como pede a preposição; logo, isto "su-

gere que Nietzsche não busca um domínio transcendente a dois valores opostos, mas nega esta oposição mesma, como produto do ressentimento dos fracos" (nota de Maurice de Gandillac, *Par-delà bien et mal*, p. 36l). Isto parece consistente, mas apenas enquanto não lembrarmos que, se Nietzsche não usa artigos e não declina os dois adjetivos substantivados, é porque no caso eles formam uma locução fixa. A não consideração deste simples fato linguístico levou *Monsieur* de Gandillac a crer que, se empregamos artigos diante de "bem" e "mal", afirmamos implicitamente a oposição desses valores, onde Nietzsche procura negá-la. Mas as línguas românicas pedem o artigo antes dos substantivos abstratos (*they just can't help it* — não podem deixar de fazê-lo, normalmente). Em inglês ele não é usado em certa classe desses substantivos — aqueles, digamos, "metafísicos": *love*, *hate*, *life*, *death*, *religion*, *magic* etc. Logo, o título inglês desta obra é *Beyond good and evil*. Os títulos espanhol e italiano (ou "espanhóis e italianos", abrangendo as várias traduções anteriores às consultadas) são *Más allá del bien y del mal* e *Al di là del bene e del male* — este inclusive da versão italiana de Colli e Montinari. Esses títulos soam naturais; os seus tradutores não se colocaram problemas que não existem, suscitados apenas pela gramática. Quanto à diferença de sentido entre "além" e "para além", não há diferença no caso: "além de" significa "para lá de" (*par-delà*, em francês; *más allá*, em espanhol). A ideia de traspassamento já está presente; o que torna redundante o uso de "para". Além dessas considerações, não devemos esquecer o dado estético. Nietzsche jamais escreveria "para além de bem e mal". Para ele, todo título deveria ser citável, como disse a Peter Gast ("*Jeder Titel muss vor allem zitierbar sein*" — carta de 20/3/1881, em *Sämtliche Briefe* [Cartas completas], Munique, DTV/de Gruyter, 1986, vol. 6, p. 73).

(16) "inspiração": Nietzsche usa a mesma palavra latina, *Inspiration*.

"uma ideia inesperada, uma 'intuição'": *ein Einfall*, *eine* "*Eingebung*". Conforme a etimologia, a palavra correspondente a *Einfall* seria "incidência", na qual se pode ler o sentido original de "queda" (do verbo latino *incidere*, a partir de *in* + *cadere* = cair), assim como o termo alemão (onde *fallen* = cair). Ocorre que em alemão veio a predominar o sentido figurado de "ideia repentina, algo que ocorre ou sobrevém". "Incidência" não tem essa conotação; assim como não a tem o sinônimo "ocorrência". O verbo "ocorrer", no entanto, traduz perfeitamente o alemão *einfallen* neste caso — como na frase famosa de Karl Kraus: "Acerca de Hitler nada me ocorre" ("*Über Hitler fällt mir nichts ein*"; o verbo é "separável": seu prefixo vai para o final da oração). Da família de *Einfall*, igualmente comportando a ideia de queda, são *Unfall*, *Zufall* e *Zwischenfall*: "acidente, acaso e incidente". Em espanhol, *ocurrencia* traz a conotação que discutimos, além da tradicional. Daí o tradutor Sánchez Pascual utilizar o termo. Nisso o espanhol parece diferir dos outros idiomas latinos, a julgar pelas traduções de que dispomos: "uma ideia súbita", *un'idea imprevista*, *une lubie*, *une idée de rencontre*, *quelque idée gratuite*. As duas em inglês oferecem *a hunch* e *a notion*.

Quanto a *Eingebung*, os dicionários bilíngues a traduzem por "inspiração, sugestão"; seu verbo cognato é *eingeben*, "ministrar" (um remédio, por exemplo), formado a partir de *geben*, "dar, doar" (em inglês, *to give*, assim como *fallen* = *to fall*). *Eingabe* é o substantivo que também semanticamente corresponde a *eingeben*. Já *Eingebung* veio a denotar "pensamento (importante, decisivo) que surge repentinamente, *Intuition*" (segundo o *Deutsches Wörterbuch*, de Gerhard Wahrig, Gütersloh, Bertelsmann, 1975). A ideia por trás desse deslocamento ou enriquecimento do sentido pode ser observada nos vocábulos "dom" e "dote", que designam virtude natural (dádiva de Deus) ou presente material. De modo equivalente existe em alemão *Gabe* e *Begabung*; de alguém talentoso diz-se que é *begabt* [dotado]. Além das três versões mencionadas para *Eingebung* — inspiração, sugestão, intuição —, entre os demais tradutores aparece uma quarta: *illumination* (Meyer/Guast).

"desejo íntimo": *Herzenswunsch*, literalmente "desejo do coração". Em si a tradução literal é mais bonita. Mas tornaria a frase ambígua ("do coração tornado abstrato") e seria prejudicial para o ritmo.

(17) "tartufice": *Tartüfferie*, falsa devoção ou hipocrisia; em português também se acha dicionarizada a forma "tartufaria". De Tartufo, personagem da comédia homônima de Molière (novamente citado por Nietzsche adiante, no § 11; para mais informações sobre autores mencionados no texto, ver o Glossário de Nomes Próprios, no final do volume).

(18) "encaminham, ou melhor, desencaminham": *führen*, *richtiger*, *verführen*. Outra opção seria "conduzem, ou melhor, seduzem", tomando este verbo na original acepção latina de "conduzir para o lado, desviar" (cf. nota 1). Mas a menção concreta às "trilhas ocultas da dialética" [*dialektische Schleichwege*] nos parece impor um verbo em que seja mais patente a significação de desvio, atualmente secundária em "seduzir" — onde é privilegiada a ideia de atração.

"imperativo categórico": eis uma definição desse imperativo, por seu próprio autor: "devo proceder sempre de maneira que *eu possa querer também que a minha máxima se torne uma lei universal* (*Fundamentação da metafísica dos costumes*, trad. Paulo Quintela, em Kant (II), Os Pensadores, São Paulo, Abril Cultural, 1980, p. 115).

(19) "hocus pocus": *Hokuspokus*. Expressão pseudolatina existente em inglês e em alemão: fórmula de magia, passe de mágica, prestidigitação; rodeio, circunlóquio, afetação; ilusão, artifício, brincadeira; "artes de berliques e berloques, jogo de passa-passa, trapaçaria" (estes segundo o *Neues Wörterbuch der deutschen und portugiesischen Sprache*, de H. Michaelis, Nova York, Frederick Ungar, s. d. [1934]). Conforme o *Wahrig*, trata-se de uma corruptela da fórmula religiosa *hoc est corpus meum*, "este é meu corpo". Para o *Wörterbuch der deutschen Umgangsprache*, porém, tem origem na fórmula mágica *hax*, *pax*, *max*, *Deus adimax*, que apareceu em inglês na forma *hocospocos* (século XVII), depois usada no título de um manual de magia que se traduziu para o alemão (em 1667). O termo se encontra em dicionários da língua inglesa e também no *Dicionário inglês-português*, de Antônio Houaiss e Ismael Cardim (Rio de Janeiro, Record, 1982), com a grafia *hocus-pocus*. Decidimos manter a expressão em português; ela contribui para a vivacidade da prosa de Nietzsche. As edições estrangeiras que a traduzem tendem a lhe restringir o sentido: *grimoire* (Bianquis), *charlatanisme* (Meyer/Guast e Heim), *giuoco di prestigio* (Masini).

(20) "amor à *sua* sabedoria": isto é, dele, Spinoza; alusão ao notório significado da palavra "filosofia": "amor à sabedoria". Quanto ao nome do filósofo, adotamos a grafia internacional, à diferença da edição de Os Pensadores, que reúne suas principais obras (São Paulo, Abril Cultural, 3ª ed., 1983, trad. Marilena de Souza Chaui e outros), onde é usada a forma "Espinosa".

Palas Atena, divindade grega associada à sabedoria, nasceu já empunhando armas e vestindo armadura, de dentro da cabeça de Zeus. Nietzsche compara jocosamente a filosofia de Spinoza a Palas Atena, devido à roupagem axiomática ("*hocus pocus* de forma matemática") com que ele a apresentou.

(21) "Impulso" é nossa tradução para *Trieb*, um termo frequente e de grande importância em Nietzsche. As traduções em línguas românicas usam quase sempre "instinto". Assim fazem a portuguesa, a espanhola, a italiana e também as três francesas consultadas. As versões em inglês se beneficiam do parentesco com o alemão: *drive* tem a mesma origem de *Trieb*. Este é um vocábulo bastante corrente na língua alemã. Pode ser traduzido como "impulso, ímpeto, inclinação, propensão, propulsão, pressão, movimento, vontade e (em botânica) broto ou rebento". O verbo do qual deriva, *treiben*, é usado em muitas situações coloquiais. Entre os sentidos que ele pode apresentar estão: impelir, mover, empurrar, enxotar, conduzir, estimular, animar, ocupar-se de ou dedicar-se a algo, fazer, "transar", brotar, germinar. Pode ser substantivado, como todo verbo alemão, e tomar um sentido diferente do substantivo cognato: *das Treiben*, a agitação, a maquinação. Pode fazer parte de palavras compostas, como é usual na língua alemã: *Treibgas*, gás combustível; *Treibhaus*, estufa. Como se vê, a sua latitude semântica é ainda mais ampla que a do equivalente inglês.

Por "instinto" se entende um comportamento inato, fixado hereditariamente, comum aos indivíduos de uma espécie: o instinto migratório de certas aves, por exemplo. Esta é a acepção mais estrita do termo, a partir da qual se critica a tradução de *Trieb* por "instinto". No entanto, etimologicamente essa tradução não deixa de ter sentido. Conforme o *Dicionário etimológico da língua portuguesa*, de Antenor Nascentes (Rio de Janeiro, Instituto Nacional do Livro, 1955), "instinto" descende do latim *instinctu*, "instigação", e o seu verbo *instigare* significa "aguilhoar, estimular". Outro dicionário etimológico, do português José Pedro Machado (Lisboa, Livros Horizonte, 3ª ed., 1989), dá "instigação, excitação, impulso" para *instinctu*, exemplificando com uma frase do século XVI: "[...] se não houvera instinto do céu, que movera espíritos, fora impossível haver nenhum sisudo que se sujeitara a tamanha carga".

O sentido original é concreto: "picada, aguilhoada". Ao entender "instigação" como um processo interior, já o fazemos em linguagem figurada, como explicita o *Lalande*: "*Le mot français vient du latin* instinctus, *qui, proprement, a le sens d'aiguillon, piqûre, sens transporté d'ordinaire par analogie du physique au moral. La notion d'intériorité résulte de l'emploi métaphorique du mot, et non de la préposition* in *qui dans* instinguere, impellere *etc., comme* 'εν *dans* 'ενστίζειν, *a le sens actif et signifie* vers. *D'ailleurs tous ces mots*, στίζειν, stimulus, instinctus, *ont une même ra-*

cine, dont le sens général est piquer". De acordo com dicionários alemães (o *Duden* etimológico e o *Wahrig*) essa raiz se encontra no indo-europeu **steig*, donde o inglês *sting*, o alemão *stechen* e o holandês *steek*, todos com o sentido de "picar, aguilhoar" (o asterisco à frente da palavra indica que a sua forma é deduzida, sendo o indo-europeu uma língua pré-histórica de que não há registro).

No alemão culto sempre houve a incorporação de palavras gregas e latinas, ao lado das germânicas de sentido análogo. Essas palavras estrangeiras (*Fremdwörter*) são claramente percebidas como tais, havendo dicionários próprios para defini-las e dar seus equivalentes nativos. Assim ocorreu que *Instinkt* foi adotado durante o século XVIII e continua fazendo parte do vocabulário culto, enquanto o termo tradicional, *Trieb*, é mais usado coloquialmente. Os *Fremdwörterbücher* [léxicos de estrangeirismos] apresentam *Instinkt* como *Naturtrieb* ou *innerer Trieb* [impulso natural ou interior]. Alguns autores empregam indiferentemente os dois termos, falando em *Geschlechtsinstinkt* ou *Geschlechtstrieb* [instinto sexual], por exemplo — mas isso em determinadas acepções.

Entre os dicionários brasileiros, o *Aurélio* traz o verbete mais detalhado sobre "instinto". Sua primeira definição corresponde à do "instinto migratório", mencionado acima. A segunda está ligada ao *innerer Trieb* de fundo biológico, inerente ao homem e aos animais superiores: instinto gregário, instinto materno. Mas esta definição nem sempre é distinguível da primeira: aqui entra em jogo a delimitação problemática do que é cultural e do que é biológico, isto é, de onde começa aquele e termina este. Os dois outros sentidos que encontramos no *Aurélio* são figurados: tendência, aptidão inata e segura ("instinto musical") e intuição, inspiração natural, espontânea ("Seu instinto o fez cancelar a viagem"). O *Caldas Aulete* distingue as mesmas acepções, de modo um pouco menos preciso. É interessante notar que os dicionários alemães — *Duden* e *Wahrig* foram os dois consultados — trazem as mesmas explicações para o termo, com pequenas variações de uso.

Nietzsche usa "instinto" em todos esses sentidos e em mais alguns. Com bastante frequência a palavra aparece figuradamente, acompanhando a tendência metafórica da linguagem nietzscheana. Vamos ilustrar essas afirmações com passagens de *Além do bem e do mal* e da *Genealogia da moral* (as duas obras centrais, que devem ser lidas conjuntamente).

No importante § 3, acima, ele nega a oposição entre "atividades instintivas" — inconscientes — e pensamento consciente. Já no § 10 o termo corresponderia a intuição natural ou disposição inata: "o instinto que os leva a se afastar da realidade moderna". A mesma coisa no § 44: "aquilo que está em nosso intento e nosso instinto". Já adiante (§ 55), sua semântica o aproxima de *Trieb*: "sacrifica-se ao deus os instintos mais fortes"; compare-se o § 201, onde se nomeiam alguns "impulsos [*Triebe*] fortes e perigosos": temeridade, astúcia, rapacidade etc. Tome-se igualmente a segunda dissertação da *Genealogia da moral* (seção 16), onde *Instinkte* e *Triebe* são usados alternadamente. A acepção mais restrita comparece no § 83 do presente livro, onde é lembrado o quanto é instintiva a alimentação. No § 191, instinto é contraposto a razão, tal como tradicionalmente se distinguia fé de conhecimento — ou seja, é entendido como uma espécie de sabedoria da carne, aquém, e no entanto além, da mediação do intelecto. Este sentido vem explicitado no § 218: "o 'instinto' é a mais inteligente das espécies de inteligência até agora descobertas". Desse modo pode ser compreendido o termo nos seguintes casos: "sua aversão [...] vinha da angústia de um instinto profundo" (§ 290); "No tempo de Sócrates, entre homens do instinto cansado" (212); "eis a clara afirmação e linguagem de um instinto geral" (251). Mas aqui ele também comportaria outros sentidos, como "tendência, disposição, intuição", ou mesmo "impulso vital". Das acepções mais incertas, e mais figuradas, são exemplos as seguintes expressões: "instinto inglês" (§ 189), "instinto de mediocridade" (206), "instinto divinatório" (224). Para outros usos do termo, o leitor pode consultar o índice remissivo no final do volume.

É evidente a polissemia de *Instinkt* (ou "megalossemia", com perdão da palavra feia). Já referimos passagens onde ele pôde ser trocado por *Trieb*: seções 55 e 201 de *ABM*; seção II, 16 de *GM*. Também poderia haver tal substituição no mencionado § 3, quando Nietzsche afirma que "o pensamento consciente de um filósofo é secretamente guiado e colocado em certas trilhas por seus instintos". Isto sucede quando predomina o sentido etimológico da palavra ("instigação, estímulo, impulso"), que condiz plenamente com o aspecto ativo e dinâmico de *Trieb*.

Mais do que aspecto, este seria o seu caráter, como se depreende dos contextos em que é usado. Na primeira dissertação da *Genealogia da moral* (§ 13), "um *quantum* de força equivale a um mesmo *quantum* de impulso, vontade, atividade — melhor, nada mais é senão este mesmo impulso, este mesmo querer e atuar". Por isso é questionada a existência de um impulso autônomo ao conhecimento, um *Trieb zur Erkenntnis* (ou *Erkenntnistrieb*, traduzido como "impulso a conhecer", também nesse § 6). Nem ele nem um "impulso de autoconservação" (*Selbsterhaltungstrieb*, § 13) se poderiam incluir entre os "impulsos básicos" (*Grundtriebe*]; esses impulsos configuram a realidade instável e conflituosa da nossa psique, a qual não temos como superar, pois "pensar é apenas a relação desses impulsos entre si" (§ 36; cf. *Ecce homo*, cap. 2, § 9: "consciência é superfície"; cf. também Shakespeare, soneto 151: "Mas quem sabe a consciência não nasceu do amor?" — *Yet who knows not conscience is born of love*?).

Deve-se atentar não só para o caráter ativo e irreprimível do *Trieb*, mas também para sua plasticidade e indeterminação — presentes no uso mais completo e complexo do termo. Sua riqueza é tal que desafia qualquer tradução. Sigmund Freud se refere a *Trieb* como "uma palavra que muitas línguas nos invejam" (em *A questão da análise leiga*, 1926). Ao traduzi-la como *pulsion*, na seção I, 13 de *La genealogía de la moral* (Madri, Alianza, 1971), A. Sánchez Pascual se mostra influenciado pela crítica francesa ao uso de "instinto". Instigados por Jacques Lacan, os tradutores franceses de Freud adotaram *pulsion* para *Trieb*. Os psicanalistas portugueses e brasileiros também recorrem a *pulsão*, como se constata no *Vocabulário da psicanálise*, de Laplanche e Pontalis (São Paulo, Martins Fontes, 11ª ed., 1991). O neologismo *pulsion* parece já ter se aclimatado à língua francesa: encontra-se nos dicionários e é ouvido na linguagem cotidiana. Talvez porque seria uma forma encurtada de *impulsion* ("impulso", em francês). Mas em português a palavra "impulsão" exprime um conceito limitado à física. E a "pulsão" (do latim *pulsare*, "bater, sacudir"; daí "pulso" e "pulsação") faltaria justamente a ideia de ímpeto ou pressão, que vem denotada no prefixo *im*, segundo a etimologia.

Estas considerações dizem respeito ao uso de *Trieb* por Nietzsche e à nossa tradução. Não cabe aqui examinar seu emprego nos escritos de Freud, onde o conceito é mais complicado e ramificado — onde se constata realmente uma teoria, uma *Trieblehre*. É certo, porém, que existem pontes entre os dois: também em Nietzsche deparamos com um "conceito-limite entre o psíquico e o somático", na célebre definição freudiana. Um tal conceito encontra seu lugar apenas numa "fisiopsicologia". Ainda nesse primeiro capítulo de *ABM* (§ 23), podemos ler: "Uma autêntica fisiopsicologia tem de lutar com resistências inconscientes no coração do investigador". Essa frase soa como um prenúncio da psicanálise.

Uma objeção que se pode fazer a "impulso" é de que designaria algo momentâneo, passageiro. Um homem "impulsivo" age sem refletir, "obedecendo ao impulso do momento" (*Aurélio*). A seguinte situação ilustraria bem esse problema: alguém pode ter o impulso de se jogar pela janela de um apartamento, mas é retido por seu "instinto de sobrevivência" (outra versão possível para *Selbsterhaltungstrieb*). A objeção é válida, sem dúvida. Só nos resta reconhecê-la e sugerir o uso de "ímpeto" nesse caso, nos contextos em que "impulso" for usado para *Trieb*. Isso também torna problemático o uso atributivo do termo, na tradução de uma palavra, composta como *Triebleben*, por exemplo. No § 36, adiante, nós a traduzimos como "vida instintiva", contrariando por um momento o que se pode chamar de "princípio da homogenia" em tradução, isto é, utilizar sempre o mesmo equivalente para traduzir um termo. Se recorremos a "instintivo" foi em parte por razões de eufonia, pois "vida dos impulsos" não soaria tão bem (e é uma expressão ambígua: pode significar a vida que têm os impulsos, e não a que os contém). E em parte para lembrar que não podemos separar resolutamente *Instinkt* e *Trieb*, que não existe clareza absoluta nessas questões.

Não obstante as limitações de "impulso", preferimos adotar um termo que soa natural, propondo de maneira implícita o seu alargamento semântico (como já fizemos no caso de "preconceito"), do que lançar mão de um neologismo bizarro e igualmente insatisfatório. Além disso, "impulso" já foi usado nas traduções de outros pensadores, sendo *Trieb* um termo familiar na tradição filosófica alemã. Assim o encontramos, sem muito procurar, nos seguintes autores: Schiller, *Cartas sobre a educação estética do homem*, trad. Roberto Schwarz e Márcio Suzuki (Iluminuras, 1990; sobretudo da carta 12 em diante); Fichte, *A doutrina-da-ciência de 1794*, col. Os Pensadores, trad. e notas de Rubens Rodrigues Torres Filho (Nova Cultural, 3ª ed., 1988, sobretudo na terceira parte); Novalis, *Pólen — Fragmentos, diálogos, monólogo*, mesmo tradutor e comentador (Iluminuras, 1988, p. 69). Por fim, também os alemães usam a palavra *Impuls*, em acepção análoga à que nos tem ocupado. Numa discussão sobre Nietzsche como psicólogo, incluída no vol. 7 da revista internacional dedicada ao filósofo, o anuário *Nietzsche-Studien*, o germanista Erich Heller se refere ao ser humano como "*sublimierendes und repressierendes* (*Impulse verdraengendes*) *Wesen*" — "um ser sublimador e repressor (recalcador de impulsos)" (*Nietzsche-Studien*, Bd. 7, de Gruyter, Berlim, 1978, p. 276). E o termo é conhecido também na linguagem coloquial-poética brasileira: "fraco impulso de vida", diz Caetano Veloso na canção "Eclipse Oculto", do LP *Uns* (Polygram, 1983).

(22) "do conhecimento (e do desconhecimento!)": *der Erkenntnis* (*und der Verkenntnis*!). A palavra *Verkenntnis* é criação de Nietzsche. Assim como *Erkenntnis* corresponde a *erkennen* [conhecer, reconhecer, discernir, perceber], *Verkenntnis* seria o substantivo de *verkennen* [não perceber, não reconhecer, errar no julgamento, conhecer erradamente, trocar uma pessoa por outra]. O prefixo *ver-* indica erro ou confusão neste caso, de modo semelhante a *verführen* (nota 18). A tradução por "desconhecimento" não satisfaz inteiramente, pois evoca um desconhecer ignorante, e não desfigurador. Em português, o prefixo *des-* denota sobretudo negação ou privação — e não distorção, como pede o caso. Ele traduz perfeitamente o alemão *un-*: *unmenschlich* = desumano, *Unkenntnis* = desconhecimento (mas não há o verbo "desconhecer"; os alemães o desconhecem). Das línguas latinas, parece que apenas o francês tem um prefixo equivalente a *ver-*, no sentido em questão. Trata-se do *mé-*, não por acaso aparentado ao inglês *mis-* e ao também alemão *miss-*: *méconnaissance* é a versão dos tradutores franceses para *Verkenntnis*. O inglês usa *false knowledge*, o americano *misunderstanding* (recorrendo a *understanding* para *Erkenntnis*; mas na mesma frase traduz *Trieb zur Erkenntnis* por *drive to knowledge*). O italiano coloca *errata conoscenza*; o português e o espanhol têm a mesma solução nossa.

(23) "hierarquia": *Rangordnung*. Um conceito importante em Nietzsche. A palavra que usamos em português é de origem grega, formada a partir de *hierós* [sagrado] e *archéin* [governar]. Designava antes a estrutura de governo na Igreja, a "hierarquia eclesiástica"; agora se aplica a toda estruturação escalonada do poder. A palavra alemã é de linhagem mais profana, sendo composta de *Rang* [linha, fileira, grau, posto; *rank*, em inglês] e *Ordnung* [ordem, ordenação, disposição].

(24) Sabe-se que Platão foi amigo de Dionísio II, tirano de Siracusa entre 367 e 357 a. C. A piada de Epicuro tira seu efeito da similitude entre o nome desse governante (Διονύσιος, em grego) e o do deus Dionísio (Διόνυσος; alguns helenistas preferem a grafia "Dioniso", que, embora mais próxima ao original, não se aclimatou tão bem à sonoridade do português). Este era o deus do vinho e da exaltação, inspirador da música e da poesia, ligado portanto à tragédia e à comédia. Em Atenas o teatro ficava no templo de Dionísio. Daí os atores serem apelidados de "aduladores" [*kólakes*] dessa divindade.

(25) "conforme a Stoa": os gregos chamavam de *stoá* uma espécie de pórtico, construído próximo a templos ou em praças. Em Atenas, no século III a. C., Zenão e seus discípulos reuniam-se na *stoá poikíle* [pintada]. Por isso vieram a ser conhecidos como "estoicos". Em algumas línguas, o nome do local de reunião iden-

tifica também a escola filosófica: os alemães dizem *die Stoa*; os franceses, *le Portique*. Decidimos manter este uso nessa passagem. O tradutor português prefere "estoicismo" — que reservamos para *Stoizismus*, usado por Nietzsche logo adiante.

(26) "vontade de poder": *Wille zur Macht*. A expressão é tradicionalmente vertida por "vontade de potência". Assim a traduziu Mario Ferreira Santos em 1943, como título de uma coletânea póstuma de fragmentos publicada pela irmã de Nietzsche. Nessa versão pode-se imaginar a influência do italiano e do francês: *volantà di potenza* e *volonté de puissance* é como se traduz *Wille zur Macht* nessas línguas. Deve-se considerar, no entanto, que nem sempre as duas palavras correspondem a "potência" em português. Um exemplo é a seguinte frase: "*Il n'est pas en notre puissance de décider*", onde sem dúvida "poder" é a tradução mais pertinente para *puissance*. Na tradição escolástica, "potência" denota virtualidade: é o "caráter do que pode se produzir ou ser produzido, mas não foi efetivamente [*actuellement*] realizado"; é o oposto de "ato". Esta a definição do *Lalande*, que nesse sentido a vê correspondendo a *Vermögen* e *Fähigkeit*, em alemão [faculdade, capacidade]. Na acepção que equivaleria a *Macht*, ele define *puissance* — do modo mais abrangente — como "caráter do que pode e, quando o termo é tomado de forma absoluta, do que pode bastante"; e exemplifica com *la puissance de l'exemple* e *la puissance de l'instinct* (onde novamente caberia "poder").

A questão é qual termo — "poder" ou "potência" — tem maior amplitude de sentido, que mais o aproxime do original. Pois *Macht* é usado por Nietzsche em todas as acepções conhecidas de "poder": capacidade, autoridade, império, domínio, força militar, força física ou moral, influência, eficácia (para uma lista extensa, mas não completa, desses usos, ver o índice remissivo da edição Karl Schlechta — o índice da edição Colli/Montinari é apenas onomástico; numerosos exemplos do emprego de *Macht*, traduzidos para o português, encontram-se em Scarlett Marton, *Nietzsche — Das forças cósmicas aos valores humanos*, São Paulo, Brasiliense, 1990, pp. 62-3). O sentido que um autor atribui a um termo deve ser depreendido de todos os usos que ele faz do termo, e não há por que excluir desse conjunto o emprego particular em "vontade de poder", cuja abrangência se faz visível nas poucas definições que Nietzsche oferece: "Onde encontrei vida, encontrei vontade de poder" (*Assim falou Zaratustra*, Parte II, "Da superação de si mesmo"); "[...] que toda força impulsora é vontade de poder, que não há outra força física, dinâmica ou psíquica"; "[...] Tampouco se trata de uma 'vontade *de vida*' [alusão a Schopenhauer]: pois a vida é apenas um *caso particular* da vontade de poder" (*Nachgelassene Fragmente 1887-1889*, *Kritische Studienausgabe*, ed. G. Colli e M. Montinari, vol. XIII, 14 [121]; mas veja-se adiante, § 259 de *ABM*: "vontade de poder [...] é precisamente vontade de vida"); "[...] supondo que se pudesse reconduzir todas as funções orgânicas a essa vontade de poder... então se obteria o direito de definir *toda* força atuante, inequivocamente, como *vontade de poder*" (§ 36 de *ABM*). É sabido que este conceito — ou hipótese — permaneceu embrionário, em estágio de prelúdio, no pensamento de Nietzsche. As anotações publicadas postumamente são fragmentárias, o que torna possível, para os intérpretes, uma margem maior de especulação a partir delas.

Para um falante da língua portuguesa, "potência" evoca, predominantemente, vigor biológico-sexual, nação forte e soberana e noções de física ou matemática (potência de um motor, elevação de um número à *n* potência). Se o português possui dois termos para traduzir *Macht*, isto se deve a que um deles deriva do latim vulgar *potere*, enquanto o outro tem origem culta, de *potentia* (conforme o *Dicionário etimológico* de Antenor Nascentes). No inglês, que também dispõe de duas palavras — *might* e *power*, aquela germânica (parente de *Macht*), esta latina —, os tradutores escolhem a de mais amplo sentido: *will to power*, dizem eles. No idioma mais próximo do português diz-se *voluntad de poder*.

(27) "evidência visual": *Augenschein*; *Auge* = olho, *Schein* = brilho ou aparência; mais adiante, no § 14, a mesma palavra é vertida por "evidência ocular". Sobre *Schein*, ver nota 71.

(28) "filosofastros da realidade": alusão a Eugen Dühring, que caracterizava o próprio pensamento como "filosofia da realidade".

(29) "possíveis": *möglich*; "em virtude de uma faculdade": *vermöge eines Vermögens*. Motivado por esse § 11, e incluindo sua tradução integral, há um texto de Rubens Rodrigues Torres Filho, "A *virtus dormitiva* de Kant", em *Ensaios de filosofia ilustrada*, São Paulo, Brasiliense, 1987. Sobre os termos alemães em questão, ele diz numa nota: "[...] temos aqui uma aproximação entre *möglich* [possível] e *Vermögen* [faculdade], remetendo à sua confluência com o sentido do verbo *mögen*. Verbo de tradução extremamente difícil, cujo sentido talvez possa ser indicado pelo uso: *es mag sein* [pode ser, talvez], *ich möchte* [eu gostaria, eu quisera], *ich mag es nicht* [não gosto disso], *möchte er bald kommen* [oxalá ele venha logo] [...]" (p. 31). Acrescente-se que Nietzsche realça a tautologia que quer evidenciar, através do recurso à preposição *vermöge* [graças a, em virtude de].

(30) *niaiserie allemande*: "simploriedade" seria talvez a tradução mais pertinente para *niaiserie*. Segundo nota da edição francesa da col. Pluriel (trad. A. Meyer/R. Guast), Nietzsche deparou com a expressão no romancista Prosper Mérimée, que, numa das *Cartas a uma desconhecida* (1874), comenta, a respeito do *Wilhelm Meister*: "É um estranho livro, onde as mais belas coisas do mundo alternam com as mais ridículas infantilidades. Em tudo o que fez Goethe há uma mistura, das mais singulares, de gênio e de simploriedade alemã: ele zombava de si mesmo ou dos outros?" (p. 39).

(31) "*real-politisch*": alusão irônica à *Realpolitik* do governo alemão sob Bismarck.

(32) "'achar' e 'inventar'": "*finden*" *und* "*erfinden*". Nessa mesma frase, trocou-se a palavra "fada", constante do original (*Fee*), por "gênio", para que houvesse adequação do gênero a "romantismo" — que em alemão é feminino (*die Romantik*). Na frase anterior, "os jovens teólogos" alude aos estudantes do seminário protestante de Tübingen, Hegel e Schelling entre eles. Na frase seguinte, "intuição intelectual" é a versão mais corrente para a *intellektuale Anschauung* de Schelling.

(33) A resposta do médico é dada em "latim macarrônico". Os versos são retirados da peça O *doente imaginário*, de Molière. Mas no original se lê *sensus amodorrativa*; *assoupire* é modificação de Nietzsche — provavelmente involuntária.

(34) " 'Necessária' — *nötig*; não confundir, sobretudo, com a necessidade lógica ou transcendental [*Notwendigkeit*], que é o que está sendo questionado aqui. Melhor seria traduzir-se deste jeito: 'Por que é *preciso* a crença em tais juízos?' — o adjetivo *nötig*, aqui, se prende muito mais ao substantivo *Not*, que se se traduzisse por 'necessidade', seria no sentido de 'indigência', 'carência', como em 'passar necessidade', 'estado de necessidade'." (Nota de Rubens Rodrigues Torres Filho, *Nietzsche*, Os Pensadores, p. 270). Mas acrescentemos que *Not* não se traduz apenas por "necessidade/indigência" (cf. notas 4 e 120).

(35) "possíveis": *möglich*; aqui no sentido de "toleráveis", tal como se diz coloquialmente a uma pessoa: *Du bist unmöglich*! [Você é impossível!].

(36) O termo alemão para "aspas" é *Gänsefüsschen*, que literalmente quer dizer "pezinhos de ganso". A ironia parece aludir à gravidade e rusticidade da filosofia alemã, tal como a vê Nietzsche. Cf. a frase de *Assim falou Zaratustra*, por ele repetida em *Ecce homo* (Prólogo, § 4): "As palavras mais silenciosas são as que trazem a tempestade, pensamentos com pés de pomba dirigem o mundo".

(37) "doutores": *Gelehrten*; "indouto": *ungelehrt*. Não há equivalente exato em português; "homem douto" seria o mais próximo. *Lehre* = doutrina, ensinamento; *lehren* = ensinar; *Lehrer* = docente, professor. Mais adiante, *Gelehrten* foi traduzida por "eruditos" (sexto capítulo, sobretudo), embora esta palavra tenha conotação mais livresca. Em inglês dizem *scholars*; o tradutor espanhol diz *los doctos*; o italiano, *i dotti*; os franceses, *les savants*. Em português, "sábio" é mais sublime; equivale ao alemão *Weise* — que Nietzsche teria usado, se fosse o caso.

"o polonês Boscovich": sabe-se que o matemático R. Y. Boscovich não era natural da Polônia, e sim da Croácia.

(38) "Da necessidade metafísica do homem" é o título de um célebre capítulo de O *mundo como vontade e representação*, de Schopenhauer.

(39) "alma como estrutura social dos impulsos e afetos": *Seele als Gesellschaftsbau der Triebe und Affekte*. A palavra *Gesellschaft é* normalmente traduzida como "sociedade"; *Bau* significa "construção, edifício", do verbo *bauen*, "construir". Os demais tradutores oferecem: "alma, base social dos instintos e afectos", *alma como estructura social de los instinctos e afectos*, *anima como struttura sociale degli instinti e delle passioni*, *l'âme édifice collectif des instincts et des passions*, *âme édifice commun des instincts et des passions* (idem a terceira versão francesa), *soul as social structure of the drives and affects*. O tradutor inglês também usa *social structure*, mas prefere *émotions* a *affects*.

"Afeto" é a versão natural para *Affekt*, que os alemães tomaram do latim. Segundo o *Novo dicionário latino-português* (Porto, Lello & Irmãos, 1984), *affectu* é o mesmo que *affectio*, significando "qualquer afecção, mudança ou perturbação, assim no ânimo como no corpo". "Afeto" é o arrimo de uma rica família de palavras, que no curso de sua história adquiriu apreciável patrimônio semântico. Todas as palavras seguintes remetem a *affectu* ou *affectio*, e ao verbo *affectare*: "afecção, afeição, afeiçoar, afeiçoado, afeitar (enfeitar), afeito, afetar, afetação, afetado, afetador, afetivo, afetividade, afetuoso, afetuosidade, afeto a (sujeito a), aficionado, desafeição, desafetação, desafeito, desafeto" (ainda outros termos em A. Geraldo da Cunha, *Dicionário etimológico da língua portuguesa*, Rio de Janeiro, Nova Fronteira, 2ª ed., 1987).

Certas línguas foram menos acolhedoras para com essas palavras, rejeitando algumas e limitando o sentido de outras. Assim, *affect* tem uso mais restrito em inglês e em francês. O que fez com que o tradutor americano o preferisse (por mais "técnico") e o inglês o evitasse. E o que fez os franceses usarem *passion*. Neste ponto as opções dos tradutores são elucidadas, em alguma medida, por uma passagem de santo Agostinho, na qual ele menciona os "movimentos da alma [*motus animi*] que os gregos chamam *pathe* e Cícero *perturbationes*, que por alguns são chamados *affectus* e por outros, mais conformemente à expressão grega, *passiones*" (*A cidade de deus*, livro IX, cap. 4; trecho lembrado no *Lalande*, e também pelo tradutor Walter Kaufmann). O mesmo Agostinho fala dos "afectos da alma" nas *Confissões* (seção 14 do livro x, Porto, Livraria Apostolado da Imprensa, 1966; essa tradução foi aproveitada na col. Os Pensadores). Outro grande precursor da autoanálise moderna, Spinoza, discute "a origem e a natureza das afecções" na sua *Ética* (também trad. port. reeditada em Os Pensadores). O termo é ali usado na acepção original de alteração psicológica ou física. Porém prevalece agora o sentido de "processo mórbido...; doença" (*Aurélio*), isto é, uma alteração negativa da normalidade. Secundariamente, é dado como sinônimo de "afeição" no *Caldas Aulete*, sentido que já não é consignado no *Aurélio*. Uma tradução atual recorreria provavelmente a "afeto".

Por "paixão" se entende um afeto imoderado, e também um grande sofrimento — a "paixão de Cristo" sendo o modelo clássico. Tomando-a na sua origem, ela se revela semanticamente afim à palavra "afeto". A indicação de Agostinho é corroborada pelo *Dictionnaire étymologique de la langue latine*, de A. Ernout e A. Meillet (Paris, Klinksieck, 4ª ed., 1959): o verbo latino *patior* apresenta o mesmo sentido do grego πάσχω: "sofrer, ser afetado (bem ou mal), suportar"; o substantivo *passio* correspondendo ao grego πάθος, "o que se experimenta (de bem ou mal)". Talvez se possa atribuir a essa abrangência (ou ambivalência) de origem — que lembra "afecção/afeição" — a diversidade dos termos que derivaram dessas palavras. Eis alguns deles, apenas adjetivos: "passivo, paciente (tb. subst.), patético, apaixonado, patológico, homeopático, simpático, incompatível".

(40) "invenção": *Erfinden*, "descoberta": *Finden*; dois verbos que já apareceram no § 11 (nota 32), aqui substantivados.

(41) "uma interpretação e disposição do mundo": *eine Welt-Auslegung und -Zurechtlegung*. O verbo *zurechtlegen* traduz-se como "ordenar, pôr em ordem, dispor, ajustar, ter pronto". Seu substantivo equivale, portanto, a "ordenamento, disposição". Nisso concordam quase sempre os demais tradutores: "adaptação subjetiva", *un arreglo*, *un ordine imposto* [ao mundo], *une adaptation de l'univers*, *ajustement du monde*, *adaptation du monde*, *exegesis of the world*, *arrangement of the world*.

(42) É preciso atentar para o sentido em que aqui se usa a palavra "fisiologia", que não é aquele convencional, de ciência que estuda as funções orgânicas dos seres vivos. Trata-se de uma acepção mais ampla, que estende esse estudo às funções propriamente mentais. Aproxima-se, então, do uso que literatos e psicólogos franceses do século XIX faziam do termo. Este sentido mais "literário" é assim explicado no *Caldas Aulete*: "Estudo de um caráter considerado como tipo ou de um estado especial e característico: a fisiologia do comediante, a fisiologia do casamento". *La physiologie du mariage* é justamente o título de uma obra de Balzac. O romancista Eça de Queiroz, que também aprendeu com os franceses, define-o do seguinte modo, numa conferência sobre "O Realismo como nova expressão da arte": "O Realismo deve proceder pela experiência, pela fisiologia, ciência dos temperamentos e dos caracteres" (citado por João Gaspar Simões, "Estudo Crítico-Biográfico", em Eça de Queiroz, *A cidade e as serras*, Rio de Janeiro, Aguilar, 1971, p. 24).

(43) Definição do *Lalande* para *reductio ad absurdum*: "raciocínio que leva a rejeitar uma proposição, fazendo ver que ela implicaria uma consequência notoriamente falsa".

Causa sui é um conceito da filosofia escolástica medieval, retomado e desenvolvido por Spinoza na sua *Ética*. Segundo ele, haveria uma única substância absoluta, causada por si mesma, cuja essência explica a existência: Deus — que é, ao mesmo tempo, a totalidade do que existe. Ver, a propósito, a nota do tradutor sobre a definição *causa sui*, no volume dedicado a Spinoza de Os Pensadores, pp. 121-3.

(44) *Contradictio in adjecto*: "contradição que ocorre entre um termo e o que se lhe acrescenta (entre um substantivo e seu adjetivo, por exemplo)" (*Lalande*).

"Que o povo acredite que conhecer é conhecer até o fim": *Mag das Volk glauben, dass Erkennen ein zu Ende-Kennen sei*. Nietzsche produz uma surpreendente paronomásia (não recriada em nossa tradução), ao juntar a expressão *zu Ende* [até o fim] ao verbo *kennen* (aqui substantivado), transformando *Ende* num prefixo, sobre o modelo de *erkennen*.

(45) "Se eu já não tivesse me decidido comigo a respeito": *wenn ich nicht darüber mich schon bei mir entschieden hätte*. A ligeira "agramaticalidade" da frase em português permite ecoar o jogo de pronomes do original: *ich / mich / mir*, "eu / me / comigo". Há um *crescendo*, no qual o pronome pessoal reto se transforma em oblíquo direto e depois indireto. De modo correspondente à declinação do sujeito na frase alemã: nominativo, acusativo, dativo. E como sempre em Nietzsche, o jogo formal tem implicações semânticas: essas modulações do "eu" se dão num contexto onde é questionada a noção do "eu", onde é constatado o declínio do sujeito. Sujeito que se entendia tradicionalmente como "o ser que conhece" — na definição do *Novo dicionário brasileiro*, da Melhoramentos (São Paulo, 5ª ed., 1969). As demais traduções consultadas oferecem: "se eu não estivesse já com ideias assentes sobre isso"; *si yo no hubiera tomado ya dentro de mí una decision sobre esto*; *Se io, infatti, non mi fossi già ben deciso al riguardo*; *si je n'avais pas tranche la question par avance et pour mon compte*; *si je n'avais pas, en mon for intérieur, tranché la question*;

si je n'ai pas tranché ces questions pour mon compte; *if I had not already decided within myself what it is*; *if I had not already decided that matter within myself*.

(46) "referência retrospectiva a um 'saber' de outra parte": *Rückbeziehung auf anderweitiges "Wissen"*. As traduções portuguesa e espanhola para *Rückbeziehung* são algo simplistas: "comparação" e *recurso*; a francesa mais recente emprega *mise en relation*; as anteriores recorrem a verbos: *recourir* e *reporter*. As de língua inglesa são mais precisas: ambas dizem *rétrospective connection*.

(47) "intuição": mesma palavra latina no original, *Intuition*.

(48) Na edição de Colli e Montinari, uma nota lembra ao leitor que isso já foi dito por Schopenhauer: "Mas os pensamentos não vêm quando *nós* queremos, e sim quando *eles* querem" (em *Parerga e Paralipomena*, II, 54); e também por Rousseau: "*Les idées viennent quand il leur plaît, non quand il me plaît*" (*Confissões*, livro 4).

(49) "Isso pensa": *Es denkt*. Na gramática alemã, a partícula *es* tem uma infinidade de usos. Trata-se de um pronome pessoal que com frequência atua impessoalmente. Corresponde ao inglês *it* e ao latim *id*, derivando, como estes, do indo-europeu **i*. Seu emprego mais simples é aquele em que substitui um termo ou toda uma frase, seja como sujeito, seja como objeto. Exemplos (extraídos do *Wahrig*): *es (das Kind) spielt*: "ela [a criança] brinca"; *schade, dass er nicht gekommen ist, er wird es bereuen*: "pena que ele não veio, ele vai lamentar isso". Em casos assim ele equivale ao pronome neutro inglês. Mas não tem equivalente ao substituir o predicado, em uso também corriqueiro: *ist Hans dein Freund? ja, er ist es*: "Hans é seu amigo? sim, ele (o) é /*yes, he is*"; *du bist gesund, ich bin es nicht*: "você é saudável, eu não (o) sou / *I am not*". Tampouco é traduzido na função de objeto indefinido, geralmente em expressões fixas: *ich halte es nicht mehr aus*: "não aguento mais"; *ich kann es mir nicht vorstellen, dass...*: "não posso imaginar que...". Seus usos impessoais são ainda mais diversos. Por exemplo, como sujeito indefinido, puramente formal: *es klopft, es knistert*: "bate(m), estala"; *es schneit, es donnert*: "neva, troveja" (verbos que exprimem ruídos e fenômenos naturais); *es ist spät*: "é tarde" (verbo copulativo); *es drängt mich, Ihnen mitzuteilen*: "sou levado a lhe comunicar", *es juckt mich*: "me coça" (ambos com objeto direto pessoal, na classificação da *Deutsche Grammatik* de G. Heibig e J. Buscha); *es geht mir gut*: "vou bem", *es gefällt ihm in Ungarn*: "agrada-lhe (estar) na Hungria" (verbos com objeto indireto pessoal). Outras possibilidades são: *es wird getanzt*: "dança-se" (literalmente: "é dançado"), *es wird Englisch gesprochen*: "fala-se inglês"; *es gibt viel zu tun*: "há muito a fazer"; *es lebe die Republik!*: "viva a república!". À luz de todos esses exemplos, percebe-se que a tradução de *es denkt* por "isso pensa" é apenas aproximada (embora a melhor, no caso). O tradutor português preferiu "algo pensa"; o espanhol, o italiano e os de língua inglesa empregaram *ello*, *esso* e *it*. De modo surpreendente, os três franceses optaram por *quelque chose* [alguma coisa], em detrimento de *ça* [isso, aquilo].

As amostras aqui apresentadas não cobrem todos os usos do *es*. Mas transmitem uma ideia da sua complexidade, e permitem algumas outras considerações.

Nota-se que para traduzir *es* recorremos aos pronomes "ele, ela, isso, o, a, lhe", à ausência de pronome, à voz passiva, à partícula apassivadora ("se"), ao verbo na terceira pessoa do plural. Esses recursos são, em boa parte, expedientes para exprimir impessoalidade e indeterminação. O fato de uma palavrinha expressar tanto, nesta direção, em alemão, tornava-a candidata natural para designar o conjunto das forças inconscientes, "impessoais", que determinam a conduta humana. Foi o que percebeu o psiquiatra Georg Groddeck, ao substantivar o *es* no livro que escreveu em 1921, *Das Buch vom Es* (*The book of the it* e *Le livre du ça* são os títulos das edições inglesa e francesa; em português: O *livro d'Isso*, São Paulo, Perspectiva, 1987, trad. Teixeira Coelho). De modo independente, sem conhecer as investigações da psicanálise, Groddeck postulou a existência de "um Isso, uma força pela qual somos vividos, acreditando vivê-la". Esse duplo acontecimento — a utilização do termo *es* por Groddeck e a sua "descoberta" do inconsciente — ilustra o que Nietzsche afirma pouco adiante (§ 20) acerca do direcionamento exercido pelas funções gramaticais sobre os conceitos filosóficos e acerca da relação entre eles.

O Isso de Groddeck não corresponde exatamente ao inconsciente freudiano, mas Freud incorporou a denominação em 1923, em *Das Ich und das Es* (*O Eu e o Isso*, ou *O Ego e o Id*], mencionando o seu criador. Esta menção vem acompanhada da seguinte nota: "O próprio Groddeck deve ter seguido o exemplo de Nietzsche, no qual comumente se encontra esse termo gramatical para [designar] o que é impessoal e, por assim dizer, necessário por natureza em nosso ser" (Freud, *Gesammelte Werke* [Obras reunidas], Londres, Imago, 1955, vol. XIII, p. 251).

(50) "Somos incapazes de dar uma definição ou descrição mais precisa do que seja a vontade, sendo ela mesma o que nos é dado mais diretamente na autoconsciência — pois nada existe que nos seja mais imediatamente conhecido, e portanto nenhum termo através do qual pudéssemos torná-la mais inteligível para nós do que já é. 'A identidade do sujeito do querer com o sujeito cognoscente, em virtude da qual (e necessariamente) a palavra 'eu' inclui e designa ambos, é o ponto nodal do mundo, e como tal inexplicável. [...] uma efetiva identidade do cognoscente com o que ele conhece como querente, portanto do sujeito com o objeto, *ocorre de imediato*' " (Bryan Magee, *The philosophy of Schopenhauer*, Oxford, Clarendon Press, 1983, p. 34; a citação de Schopenhauer, que o autor extraiu de *A quádrupla raiz do princípio da razão suficiente*, foi traduzida de *Sämtliche Werke* [Obras completas], edição Löhneysen, vol. III, Darmstadt, Wissenschaftliche Buchgesellschaft, 1974, p. 171). Outra referência a esta "superstição de Schopenhauer" foi feita por Nietzsche no § 16.

(51) "sensação": *Gefühl*. O termo alemão é com mais frequência traduzido por "sentimento" (como no § 4: "sentimentos de valor"; ou no 31, adiante: "pôr alguma arte nos sentimentos"). Seu sentido primeiro, mais pedestre, é de "tato" [*Tastempfindung*]; a partir dele é transposto para o plano espiritual. O verbo *fühlen* — obviamente aparentado a *feel*, em inglês — tem correspondência exata com o nosso "sentir". Assim como em alemão, sentimos aquilo em que tocamos ou que nos toca. E sentimos também o que [se] passa em nosso interior, sem nexo aparen-

te com o exterior. "Sensação" e "sentimento" designam, então, as impressões que se originam no mundo exterior e reverberam no interior, ou que neste mesmo têm origem. *Grosso modo*, "sensação" estaria mais próxima do corpo, e "sentimento", da alma. Mas não há fronteira absoluta entre os dois conceitos. Essas impressões (palavra imprecisa, pois "imprimir" é marcar, gravar) podem ser mais ou menos físicas, mais ou menos morais, ligeiras ou profundas, passageiras ou duradouras. E "sentimento" denota igualmente a capacidade e a disposição para sentir. Eis alguns exemplos, para atestar as definições aqui oferecidas: sensação de dor (por uma topada, digamos), sensação de estranheza, sensação de bem-estar, sentimento de luto, sentimento de gratidão, sentimento religioso, sentimento do belo.

O tradutor português, o italiano, o inglês e o americano usaram também "sensação" neste caso. Já o espanhol e os franceses preferiram "sentimento", não hesitando sequer diante de *sentimento muscular / sentiment musculaire*, no mesmo período (a tradutora Geneviève Bianquis hesitou: *sensation musculaire*, diz ela). Como se depreende do *Lalande*, os franceses parecem reservar a palavra *sensation* para traduzir *Empfindung* (de *empfinden*, equivalente a *fühlen* nos sentidos mais "concretos"). A preferência se explicaria também por um uso antigo de *sentiment*, encontrado ainda em Balzac, segundo o *Petit Robert* (Paris, S. N. L., 1977): *Le sentiment de la lumière*, escreveu o romancista.

(52) "livre-arbítrio": *Freiheit des Willens*, que literalmente quer dizer "liberdade da vontade". No período que segue, "Um homem que quer" traduz *Ein Mensch, der will*. O verbo *wollen* — *will*, na terceira pessoa do singular — é cognato de *Wille*, "vontade". Pouco adiante, "o querente" é nossa tradução para *der Wollende*. Com exceção do espanhol, os demais tradutores recorrem a paráfrases: "aquele que quer", *el volente*, *colui che vuole*, *celui qui veut*, *he who wills*. "Querente" é termo dicionarizado, mas apenas como adjetivo. Como substantivo encontra-se em Fernando Pessoa, nas *Páginas de doutrina estética* (seleção e prefácio de Jorge de Sena, Lisboa, Inquérito, 1946, p. 30). Mas foi adotado aqui antes de ser pesquisado nos léxicos e achado em Pessoa.

(53) *L'effet c'est moi*: paródia da frase atribuída a Luís XIV, *L'Etat c'est moi*, "O Estado sou eu".

(54) "encanto invisível": *unsichtbarer Bann*. O termo alemão evoca mais do que "encanto". *Bann* designava, na Idade Média, o domínio ou jurisdição do senhor, seu direito de instituir proibições e castigos, e o próprio castigo ou proibição. Tinha — tem — igualmente o sentido de desterro ou excomunhão (no caso da Igreja), aplicando-se também ao território onde vale a proibição. Figuradamente veio a significar encanto, feitiço, laço, magia, assim como o lugar onde tem efeito o encanto. Essa dupla acepção básica de "constrangimento" e "feitiço" foi notada pelo tradutor português, que utilizou esses dois termos para *Bann* — o segundo, na outra vez em que a palavra aparece, no final da seção. Mas o fez sem explicações, como se Nietzsche tivesse usado duas palavras diferentes. Os outros tradutores oferecem, em geral, alguma das possibilidades discutidas: *hechizo*, *incantesimo*, *magie/sortilège*, *magie/puissance magique*, *orbite/suggestions* (este exorbita

um pouco), *spell*. Algumas linhas adiante, "ar de família" traduz *Familienähnlichkeit*, que literalmente quer dizer "semelhança de família" ou, na versão portuguesa, "parecença de família".

(55) Nietzsche se refere à seguinte concepção de Locke: "Suponhamos, pois, que a mente seja, como dissemos, um papel em branco, desprovido de todos os caracteres, sem quaisquer ideias: como será ela suprida? De onde lhe vem esse vasto estoque, que a ativa e ilimitada fantasia do homem pintou nela com uma variedade quase infinita? De onde apreende todos os materiais da razão e do conhecimento? A isso respondo com uma palavra, da experiência. Todo o nosso conhecimento está nela fundado, e dela deriva fundamentalmente o próprio conhecimento [...]" (John Locke, *Ensaio acerca do entendimento humano*, Os Pensadores, São Paulo, Abril Cultural, 2ª ed., 1978, p. 159).

(56) "cativo-arbítrio": "*unfreier Wille*", literalmente "vontade não livre". Os demais tradutores neolatinos são literais nesse ponto; exceto os franceses, que criativamente usam *serf-arbitre*. Os de língua inglesa dispõem do adjetivo *unfree*. Mais adiante nesta seção, o substantivo *Unfreiheit* foi vertido literalmente: "não liberdade". "Cativeiro" ou "servidão" deixariam a desejar; "determinismo" foi a opção dos franceses.

Na frase seguinte, "coisificar" é versão de *verdinglichen*, cognato da palavra *Ding* [coisa]. Os tradutores português e espanhol usam o mesmo verbo; os outros dizem *reificare*, *concrétiser* (*dois* dos franceses), *chosifier*, *reify*, *make... into material things*. Ao citar esse trecho de *ABM*, no seu livro *Nietzsche as Philosopher* (Nova York, Columbia University Press, 1980 [1965]), Arthur C. Danto adota *objectify* (p. 95).

(57) "filólogo": Nietzsche teve formação em filologia clássica; tornou-se professor de língua e literatura grega e latina na Universidade de Basileia (Suíça) com 24 anos de idade. Nos países de cultura alemã, filólogo não era apenas o estudioso de línguas e textos escritos, mas aquele que, através destes, lida com as manifestações espirituais de um povo. Por isso o eminente "nietzscheólogo" Charles Andler propôs traduzir *Wir Philologen*, título de um ensaio que Nietzsche não chegou a completar, por "Nós, Humanistas" (em *Nietzsche. Sa vie et sa pensée*, Paris, Gallimard, 1958, vol. 2, p. 191). Nos textos de Nietzsche, '"filologia" denota sobretudo a arte de ler bem, com rigor e vagar, precisão e paciência (cf. § 47 e 209, adiante; e também os trechos nos quais exorta os leitores a lê-lo como filólogos: os prólogos de *Humano, demasiado humano*, *Aurora* e *Genealogia da moral*, e *Ecce homo*, "Por que escrevo tão bons livros", § 5). De modo inexplícito, ele põe ênfase no sentido etimológico da palavra: "amor ao *logos*", isto é, à linguagem, palavra ou razão — o rigor sendo corolário e cúmplice do amor. "Nosso deus Logos", disse Sigmund Freud.

"leis da natureza": *Gesetzmässigkeit der Natur*; literalmente, "conformidade da natureza às leis". É o que dizem as traduções inglesa e americana: *nature's conformity to law*. A solução aqui adotada simplifica um pouco a expressão, mas — espera-se — não o conteúdo; é a mesma do mais recente tradutor francês: *lois de la nature*. As demais traduções ou não são inequívocas, ou são paráfrases: "mecanismo das leis da natureza", *regularidad de la naturaleza*, *normatività della natura*, *règne des lois dans la nature*, *règne des lois de la nature*.

(58) "uma bela dissimulação": *ein artiger Hintergedanke*. O termo que mais se aproxima de *Hintergedanke* é francês: *arrière-pensée* (encontra-se no *Aurélio*). As outras soluções: "engenhoso pensamento reservado", *una graciosa reticência*, *un grazioso espediente mentale*, *a fine instance of ulterior motivation*, *a nice piece of mental reservation*.

Ni Dieu ni maître: lema revolucionário e título de um jornal fundado em 1877 por Auguste Blanqui.

(59) "cupidez, ânsia de domínio": *Habsucht*, *Herrschsucht*. São palavras compostas, em que os verbos *haben* [ter] e *herrschen* [dominar] qualificam o substantivo *Sucht* [anseio, vício, doença, mania]. Logo em seguida, "por princípio e de modo essencial": *grundsätzlich und grundwesentlich*; "na economia global da vida": *im Gesamt-Haushalte des Lebens*.

(60) *sacrifizio dell' intelletto*: segundo informa Sánchez Pascual, essa expressão italiana tornou-se corrente na Europa depois do Concílio Vaticano Primeiro (1870), que definiu a infalibilidade papal; designa a sujeição do conhecimento científico ao dogma eclesiástico, a submissão da inteligência à fé.

2. O ESPÍRITO LIVRE (pp. 29-46)

(61) Transcrevemos a nota de Sánchez Pascual: "*O sancta simplicitas! es frase que se dice pronunciada por Juan Hus (1369-1415) cuando, encontrándose sobre la hoguera, a que se le había condenado por hereje, vio cómo una viejecilla, movida por su celo religioso, arrojaba más leña a las llamas en que aquél se consumía*".

(62) "ignorância": *Unwissenheit*, "vontade de saber": *Wille zum Wissen*, "ciência": *Wissenschaft*, "vontade de não saber, de incerteza, de inverdade": *Wille zum Nicht-wissen, zum Ungewissen, zum Unwahren*, no mesmo parágrafo, "homens de saber": *Wissenden*.

(63) "panos vermelhos": presume-se que ele queira dizer "provocações", numa imagem que provavelmente retirou das touradas.

"cavaleiros da tristíssima figura": *Ritter von der traurigsten Gestalt*; referência à alcunha dada por Sancho Pança a D. Quixote: "o cavaleiro da Triste Figura" (*Dom Quixote de la Mancha*, parte I, cap. 19; pp. 160-1 da rica tradução de Aquilino Ribeiro, São Paulo, Difel, 1963).

(64) "homem do conhecimento": *Erkennender*; ver nota 22. Nas outras traduções: "cognoscente", *hombre del conocimiento*, *uomo della conoscenza*, *il veut les connaître* (a tradutora transforma em verbo o substantivo), *un héros de la connaissance* (os dois outros franceses), *a seeker after knowledge*, *a man of knowledge*. Na frase seguinte, "aflição" traduz *Not*, palavra um tanto complexa, que os dicionários dão como igual a "necessidade, pobreza, miséria, falta, escassez, apuro, desamparo, perigo, preocupação, dificuldade, urgência" (*Wahrig* e *Michaelis*).

(65) O termo sânscrito *gangasrotagati* — em transliteração mais correta —

significa literalmente "conforme o andar da corrente do Ganges"; *gati* é o porte ou modo de andar (*gait*, em inglês), relaciona-se etimologicamente ao verbo inglês *go* e ao alemão *gehen*. Já *kūrmagati* quer dizer "conforme o andar da tartaruga". Nietzsche traduz o terceiro vocábulo no texto, mas o translitera erradamente: o certo é *maṇḍūkagati*. Estas informações provêm de uma nota de Walter Kaufmann e da profª Lílian Proença de Menezes Montenegro, do Departamento de Letras Clássicas da Faculdade de Filosofia, Letras e Ciências Humanas da USP. Segundo observação do próprio Nietzsche, essas três palavras corresponderiam, nos termos italianos utilizados em música, a *presto*, *lento* e *staccato* (*Nachgelassene Fragmente, 1885-1887*, KSA, ed. G. Colli e M. Montinari, vol. XIII, 3 [18]).

(66) "Metabolismo" se diz *Stoffwechsel* era alemão (literalmente, "mudança de material"). Mais um exemplo de palavra que carrega o sentido "na cara", típico de uma língua concreta como o alemão. Em português recorremos à palavra grega *metabolé* [mudança, troca]. Na mesma frase, "tempo" é usado, naturalmente, no sentido musical de "andamento".

(67) "intuições": *Einsichten*, termo notoriamente problemático, cuja melhor correspondência estaria no inglês *insight*. As traduções em outras línguas usam: *intelecciones*, *conoscenze*, *vues* (duas das francesas), *intuitions*, *insights*. Para o *Michaelis*, *Einsicht* pode ser "inspeção, exame, vista, conhecimento, penetração, sagacidade, inteligência". O verbo *einsehen* se compõe do prefixo *ein*, a denotar penetração, e do verbo *sehen*, "ver". Literalmente, *Einsicht* seria "introspecção", mas por esta se entende o processo mais amplo, que consiste de *Einsichten*. Esta nossa solução — provisória, talvez — não deve levar a confusão com a "intuição intelectual" [*intellektuale Anschauung*] de Schelling (ver nota 32; *Anschauung* seria talvez uma "intuição vidente"). No mencionado artigo sobre as dificuldades no traduzir Kant (cf. nota 9), Valerio Rohden propõe "perspiciência" para *Einsicht*. No ambiente do texto de Nietzsche, "perspiciência" é por demais erudito, até mesmo esdrúxulo — o que pode não ser o caso no contexto de Kant.

(68) "valente/valor": *tapfer/Tapferkeit*; "superior e mais potente": *höhere und gewaltigere*.

(69) "tudo o que dela pode ser visto, sabido, 'tornado consciente'" : *alles, was von ihr gesehen, gewusst, "bewusst" werden kann*; ver nota 14.

(70) "como uma falsa *inferência*": *als falsch* erschlossen; em versão literal, "como falsamente *inferido*". O verbo alemão significa, no caso, "inferir, constatar através de dedução". Com exceção de Kaufmann, que traduz literalmente, os demais tradutores também recorrem a substantivos: "conclusão" e "dedução", além de "inferência".

(71) A ideia é de que aprendemos a língua, a gramática — e as "ficções" nela incorporadas — com as babás, governantas ou preceptoras. De modo que o filosofar tradicional estaria preso à "fé das governantas". Em alemão há apenas uma palavra para "fé" e "crença": *Glaube*; na penúltima frase, "credulidade" traduz *Gläubigkeit*.

(72) "aparência": *Schein*; no § 10, e depois no 34, surgiu "mundo aparente",

scheinbare Welt; *Scheinbarkeit* ("aparentibilidade"!) aparece no § 34 como "aparência". *Schein* é claramente aparentado ao inglês *shine*, "brilho". À diferença deste, porém, uma bendita evolução semântica o levou a significar também "ilusão, aparência", já no século XV. A implicação disso é que, filosoficamente, nada que reluz é ouro: nada que nos chega através dos sentidos é exatamente o que parece. Por isso é pertinente a tradução de *Erscheinung* por "fenômeno", já que o verbo grego φαίνϖ inclui os dois sentidos de *scheinen*, "brilhar" e "parecer".

(73) "atuante": *wirkend*; logo adiante, "'Vontade', é claro, só pode atuar sobre 'vontade'": *"Wille" kann natürlich nur auf "Wille" wirken*. Vale transcrever uma nota de Rubens Rodrigues Torres Filho: "*Wirklichkeit* — termo usual alemão para designar o 'real', a 'realidade'; do verbo *wirken* (fazer efeito), que em linguagem filosófica designa, especificamente, a atuação da causa (eficiente) na produção do efeito [*Wirkung*]. Nietzsche faz questão dessa derivação, já desde o texto de 1873 em que cita, a propósito de Heráclito, esta passagem de Schopenhauer: 'Causa e efeito são, portanto, toda a essência da matéria. Seu ser é seu efetuar-se. É com o maior acerto, portanto, que em alemão o conjunto de tudo o que é material é denominado *efetividade*, palavra que o designa muito melhor do que realidade' (Cf. *A filosofia na época trágica dos gregos*, § 5). Aqui, como no § 54 de *A gaia ciência* ('Aparência, para mim, é o próprio eficiente [*Wirkende*] e vivente'), assimila-se ainda a este sentido aquele em que se diz, por exemplo, 'frase de *efeito*' ou, na linguagem do cinema, '*efeitos* especiais' " (*Nietzsche*, Os Pensadores, p. 197).

(74) Segundo nota de Colli e Montinari, a citação de Stendhal foi encontrada por Nietzsche nas *Notes et souvenirs*, de Prosper Mérimée, em Stendhal, *Correspondence inédite*, Paris, 1855.

(75) "símile": *Gleichnis*; os dois tradutores de língua inglesa usam "parábola", o italiano, "alegoria", e os demais, "símbolo". Essas traduções se encontram em dicionários bilíngues e podem ser pertinentes, conforme o contexto. No entanto, "símile" é o equivalente mais essencial, já que os outros são formas de símile, maneiras de igualar, comparar, relacionar. *Gleichnis* é cognato do adjetivo *gleich* (*like*, em inglês), que significa "igual"; *gleichen* = igualar, *Gleichheit* = igualdade, *vergleichen* = comparar, *Vergleichung* = comparação. O termo está presente nas célebres linhas finais do *Segundo Fausto*: "*Alles Vergängliche /Ist nur ein Gleichnis*" — — "O perecível / É apenas símile", na versão de Haroldo de Campos (*Deus e o Diabo no Fausto de Goethe*, São Paulo, Perspectiva, 1981, p. 203).

(76) "toda pessoa é uma prisão, e também um canto": *jede Person ist ein Gefängnis, auch ein Winkel*, além de "canto" (recanto, local), *Winkel* pode significar "ângulo". No mesmo parágrafo, pouco adiante, "abandono e afastamento" não reproduz a aliteração de *Ferne und Fremde* — que também não aparece nas outras traduções.

(77) "tentativa/tentação": *Versuch/Versuchung*; *Versucher*: "tentadores" ou "experimentadores". *Versuch* também pode ser vertido pelos quase sinônimos "experiência" e "ensaio". O termo é essencial para Nietzsche, que caracterizou seu pensar como *Experimental-Philosophie* (*Werke* [Obras], ed. Schlechta, "*Aus dem Nachlass*

der Achtzigerjahre" [Fragmentos póstumos dos anos oitenta], vol. III, p. 834). Ver igualmente adiante (§ 210), sobre os filósofos do futuro como "homens de experimentos" (*Menschen der Experimente*, "experimentadores", no texto).

(78) Nietzsche joga com a ambivalência — ou "ambissemia" (!) — da palavra *gemein*, "comum, vulgar". Pense-se neste último adjetivo e nos verbos "divulgar" e "vulgarizar"; cf. adiante, nota 170.

3. A NATUREZA RELIGIOSA (pp. 47-61)

(79) "o problema da *ciência* e da *consciência*": *das Problem von* Wissen *und* Gewissen; literalmente, "saber e consciência"; ver nota 14. Logo antes, "imaginar" é tradução de *erraten*, normalmente vertido por "adivinhar, conjecturar".

(80) "fenicismo religioso": o que Nietzsche quer dizer é esclarecido em outra parte do livro: "[...] a autonegação no sentido religioso, ou a automutilação, como entre os fenícios [...]" (§ 229).

(81) 'Tresvaloração dos valores' é nossa tradução para *Umwertung der Werte*. O substantivo *Umwertung* corresponde ao verbo *umwerten*. *Werten* = avaliar, valorar. O prefixo *um-* indica movimento circular, retorno, queda ou mudança. Exemplos: *umgehen*, 'contornar'; *umkehren*, 'retornar, inverter'; *umfallen*, 'virar, cair'. Naquela que é a mais fiel tradução de Nietzsche até agora publicada no Brasil, a da coleção Os Pensadores, da Abril Cultural, Rubens Rodrigues Torres Filho usa o termo 'transvaloração'. Segundo o *Aurélio*, *tres-* é uma variante de *trans-*, que transmite ideia de "movimento para além ou através de'. No nosso entender, *tres-* expressaria de modo mais adequado a radicalidade da mudança. A tradução tradicional para *Umwertung der Werte*, 'transmutação dos valores', não conserva a repetição original, a ênfase na palavra 'valor' [*Wert*]. Em compensação, traz um enriquecimento semântico, pela alusão à alquimia: transformação de um elemento sem valor em algo valioso. 'Transmutação' era moeda corrente nas versões portuguesas e espanholas de Nietzsche, talvez devido às velhas versões francesas de Henri Albert. O pensador Gilles Deleuze, influente intérprete de Nietzsche, utilizou ainda essas traduções, daí falar em *transmutation des valeurs* (em *Nietzsche et la Philosophie*, Paris, PUF, 1962, passim; mas ele dá uma alternativa: *transvaluation*). A nova versão francesa de *Ecce homo*, por Jean-Claude Hémery (Gallimard), fala em *inversion des valeurs*; a nova versão espanhola, por A. Sánchez Pascual (Alianza), em *transvaloración de los valores*. Já o tradutor inglês, R. J. Hollingdale (Penguin), e o americano, Walter Kaufmann (Vintage), usam *revaluation of values*. Cada uma dessas traduções tem algo a seu favor; algumas mais, outras menos." — Esta é, com pequenas alterações, a nota incluída em nossa edição da "autobiografia" de Nietzsche, *Ecce homo* (tradução, introdução, cronologia e notas de Paulo César de Souza, São Paulo, Max Limonad, 1985, pp. 162-3). Cabe acrescentar que o tradutor português de *Além do bem e do mal* usa "transvalorização"; o italiano, *valutazione rovesciata* (*rovesciare*: "revirar, derrubar"; mas ele próprio, F. Masini, adota *transvalutazione* em sua tradução da *Genealogia della morale* [Milão, Mondadori, 1979, I, 7]). As três edições francesas utilizam *renversement*.

(82) "Ilustração": *Aufklärung*; outras traduções conhecidas para o termo, em ordem decrescente de adequação a esse contexto, são: "Esclarecimento, Iluminismo, Luzes". No período anterior, "catolicismo" aparece entre aspas, como forma de chamar a atenção para o seu sentido primordial de "universalismo" (do grego *katholikós*, "universal, geral").

(83) "afastar a vista, *afastar-se*": *wegsehn, weggehn*; em alemão a paronomásia é obtida com a troca de apenas uma letra. Pouco adiante surge o nome de Kundry, que é a principal personagem feminina da ópera *Parsifal*, de Wagner.

(84) "*das religiöse Wesen*": este é também o título original do capítulo. A dificuldade em traduzir a palavra *Wesen* se mostra nas soluções dos demais tradutores. O português usa "a essência do religioso" no título e "a religiosidade" no texto; o espanhol, *el ser religioso* nos dois lugares; os outros latinos, *l'essere religioso, le phénomène /l'être / le phénomène religieux* (as três edições francesas). Na linguagem filosófica, *Wesen* é geralmente vertido por "essência", havendo ocasiões em que "ser" é mais apropriado. No título desse capítulo cabe tanto "ser" como "natureza". Mas, como observaram os tradutores de língua inglesa, o sentido da expressão é complicado no contexto: o uso de aspas e a referência à neurose religiosa lembram situações em que ela pode significar conduta, estado, maneira, caráter e até mesmo confusão. R. J. Hollingdale acha que este é o *foreground meaning*, a primeira acepção neste caso: agitação ou *ado*, em inglês (palavra que aparece num título de Shakespeare, *Much ado about nothing* — "Muito barulho por nada" — e na expressão *without more ado*, "sem mais delongas"). Mas ele a traduz por *nature* também nesse § 47, mantendo uniformidade com o título. Walter Kaufmann colocou *What is religions* no título e conservou o original no texto, explicando numa nota a complexidade de *Wesen*. Optamos por "natureza" no título e o original alemão no texto. Querendo uma tradução que conciliasse os vários sentidos em jogo, a menos insatisfatória seria talvez "a coisa religiosa". Quanto à "religiosidade" do tradutor português, não considera o que discutimos e é uma outra palavra, também existente em alemão (*Religiosität*), usada por Nietzsche pouco adiante, no § 49.

(85) A citação de Renan foi extraída de um artigo de 15/10/1860, "*L'avenir religieux des sociétés modernes*", incluído em *Questions contemporaines*, vol. I das *OEuvres complètes* de Renan, Calman-Lévy, p. 280. Nietzsche inverte a ordem das duas frases (segundo nota do editor à trad. francesa da col. Pluriel).

(86) "Nem Tácito nem Suetônio fazem menção de sacrifícios humanos que Tibério teria realizado na gruta de Mitra, em Capri. O culto de Mitra, deus supremo dos antigos persas, fora introduzido na Itália durante a guerra de Pompeu contra os piratas, em 68 a. C. Sem dúvida Nietzsche confunde Tibério e Cômodo, que foi o primeiro imperador romano iniciado no culto de Mitra" (nota do tradutor André Meyer, na mesma edição).

(87) "no fascínio e delírio da moral": *im Bann und Wahne der Moral*. No § 20 a palavra *Bann* foi traduzida por "encanto"; ver nota 54.

(88) "voluntariedade": *willkürlicher Wille*; "vontade arbitrária", *voluntad ar-*

bitrária, *volontà spontanea*, *volonté arbitraire*, *volonté systématique*, *arbitraire* (subst.), *caprice*, *willfulness*.

(89) "degradação da raça europeia": *Verschlechterung der europäischen Rasse*. A versão literal seria "pioramento", como em espanhol: *empeoramiento de la raza europea*; os demais tradutores usam também "degradação", "deterioração" ou "corrupção", exceto Kaufmann, que recorre ao verbo *worsen*. Algumas linhas adiante, "'extramundano', 'antissensual' e 'homem superior'" traduz "*Entweltlichung*", "*Entsinnlichung*" *und* "*höherer Mensch*"; os dois primeiros são na verdade substantivos, formados com o prefixo *ent-*, que expressa afastamento, movimento em direção contrária. O tradutor português é literal, tal como o espanhol: "'desmundanização', 'dessensualização'". Quanto a *höherer Mensch*, expressão querida e habitual em Nietzsche, significa literalmente "homem (ser humano) mais elevado".

4. MÁXIMAS E INTERLÚDIOS (pp. 62-73)

(90) "o olhar do conhecimento": *der Blick des Erkennenden*; literalmente, "o olhar do homem do conhecimento", ou "do cognoscente" (ver nota 64).

(91) "como Ulisses de Nausícaa": alusão à cena do canto VIII da *Odisseia* (versos 457 a 468), em que, já no caminho de volta para casa, Ulisses agradece e diz adeus à bela Nausícaa, filha de Alcínoo, rei dos feácios, que o salvara depois de um naufrágio.

(92) No original: *Wenn man sein Gewissen dressiert, so küsst es uns zugleich, indem es beisst*. Esse aforismo tem efeito mais imediato em alemão, onde a palavra para "remorso" é *Gewissensbiss*, "mordida na consciência"; em latim, *morsus conscientiae* (cf. Spinoza, *Ética* III, definição XVII, e Nietzsche, *Genealogia da moral*, II, 15).

(93) "Deus tornado animal": *Tierwerdung Gottes*, literalmente "animalização de Deus". Com a palavra *Tierwerdung* Nietzsche parodia *Menschwerdung* ("humanização, transformação em homem"), termo com que os cristãos designam a encarnação de Deus em Jesus Cristo.

(94) "*Pia fraus*, 'fraude piedosa' (Ovídio, *Metamorfoses*, livro IX, 711). Diz em relação a um logro perpetrado com boa intenção" (Paulo Rónai, *Não perca o seu latim*, Rio de Janeiro, Nova Fronteira, 5ª ed., 1990, p. 139). Cf. *Crepúsculo dos ídolos*, "Os 'Melhoradores' da Humanidade", § 5: "[...] a *pia fraus*, a herança de todos os filósofos e sacerdotes que 'melhoraram' a humanidade".

(95) *Wo nicht Liebe oder Hass mitspielt, spielt das Weib mittelmässig*: o verbo *spielen* significa tanto "jogar" como "atuar, representar"; ou ainda "tocar"(um instrumento) e "brincar" — o que não é o caso...

(96) "tranquila / intranquila": *friedlich /unfriedlich*, literalmente "pacífica" e "não pacífica"; *peaceful / unpeaceful*, em inglês.

5. CONTRIBUIÇÃO À HISTÓRIA NATURAL DA MORAL (pp. 74-92)

(97) "Moral", no texto de Nietzsche, não se limita à ética e aos bons costumes, mas abrange todas as coisas humanas — sentimentos, pensamentos, atos —,

em oposição ao puramente físico, extra-humano; no mesmo sentido falava-se, há não muito tempo, de "ciências morais".

Também o título desse capítulo requer um esclarecimento. O original diz: *Zur Naturgeschichte der Moral*. A preposição *zu* (*zur é* resultado da junção com o artigo *der*) é às vezes traduzida equivocadamente por "para", em títulos de obras alemãs. O equívoco vem de tomá-la nos sentidos de finalidade ou direção — que efetivamente possui, em outros usos —, quando significa, no caso, "a propósito de" ou "contribuição a".

(98) O biógrafo a que Nietzsche se refere é W. Gwinner, que publicou a 2ª edição ampliada de sua vida de Schopenhauer em 1878. Algumas linhas acima, a citação de *Os dois problemas fundamentais da ética* (*Die beiden Grundprobleme der Ethic*, este o título exato) foi feita da edição Frauenstädt (Leipzig, 1874). Mas, como já foi apontado por vários editores de Nietzsche, o número correto da página é 137; e a ênfase em certas palavras não está no original — atende aos propósitos de Nietzsche.

(99) "semiótica dos afetos": *Zeichensprache der Affekte*; *Zeichen* = sinal ou signo, *Sprache* = linguagem. Cf. *Crepúsculo dos ídolos*, "Os 'melhoradores' da humanidade", § 1 : *Moral ist bloss Zeichenrede, bloss Symptomatologie* [Moral é somente fala de signos, apenas sintomatologia]. As traduções consultadas variam: "linguagem simbólica", *lenguaje mímico*, *linguaggio mimico*, *séméiologie*, *langage figure*, *langage symbolique*, *sign language*, *sign-language*. Para um exemplo de utilização da palavra "semiótica" (na forma alemã *Semiotik*) por Nietzsche, ver *Ecce homo*, "As Extemporâneas", § 3.

(100) "disciplina e cultivo": *Zucht und Züchtung*. *Zucht* é a educação severa e disciplinadora; *Züchtung* é a criação e o aprimoramento de plantas e animais — mas também de homens, como quer Nietzsche.

(101) "o impulso sexual foi sublimado em amor (*amour-passion*)": *der Geschlechtstrieb sich bis zur Liebe* (*amour-passion*) *sublimiert hat*. Nietzsche usa o verbo reflexivamente ("sublimou-se"; também no § 58), numa regência agora rara no alemão, assim como no português. *Sublimieren* (do latim *sublimare*, "elevar") remonta à Idade Média e foi empregado por vários antecessores de Nietzsche. Por Novalis, por exemplo, que no fragmento 77 de *Pólen* (1798) opõe o "filisteu rústico" ao "sublimado", e no fragmento 96 diz que "se o mundo é como que um precipitado da natureza, o mundo dos deuses é uma sublimação dela" (*Pólen*, trad. Rubens Rodrigues Torres Filho, pp. 81 e 91). Essa imagem derivada da química — onde sublimação é a passagem de um corpo do estado sólido para o gasoso e vice-versa — surge no § 1 de *Humano, demasiado humano*, onde Nietzsche propõe uma "química dos conceitos e sentimentos", para demonstrar que "também nesse domínio as cores mais magníficas são obtidas de matérias vis e mesmo desprezadas". E no segundo volume da mesma obra ele fala de "sexualidade sublimada" (parte I, § 95). Segundo Walter Kaufmann, Nietzsche foi o primeiro a usar o termo no sentido mais difundido atualmente, em geral associado ao nome de Freud (cf. Kaufmann, *Nietzsche: Philosopher, psychologist, Antichrist*, Nova Jersey, Princeton University Press, 1974, 4ª ed., p. 219).

A expressão *amour-passion* é retirada de Stendhal, que começa seu tratado *De l'amour* (1822) com a distinção de quatro tipos: o amor paixão, o amor prazer, o amor físico e o amor vaidade.

(102) A frase é uma paródia da descrição da Quimera feita na *Ilíada*: "Leão na frente, serpente atrás, no meio cabra" (canto VI, verso 181).

(103) A afirmação de Tácito sobre os judeus encontra-se no livro V das *Histórias*. A expressão "povo eleito" vem da Bíblia, *Salmos*, 105, 43.

(104) "partilhada": *gemeinsam*; as outras traduções: "comunitária" (português, espanhol e italiano), *universelle* (duas vezes em francês), *collective*, *shared*, *mutual*.

(105) "tresvalorar e transtornar": *umzuwerten*, *umzukehren*; este último verbo é geralmente traduzido por "inverter". Quanto à versão de *umwerten* por "tresvalorar", ver nota 80. Na mesma frase, "que atem no presente o nó, a coação": *welche in der Gegenwart den Zwang und Knoten anknüpfen*; literalmente, "que atem no presente a coação e (o) nó". Suprimindo o artigo do segundo substantivo (ambos são masculinos, em alemão), Nietzsche os toma como uma unidade e põe no singular o verbo da oração que segue ("que impõe caminhos *novos* à vontade de milênios").

6. NÓS, ERUDITOS (pp. 93-109)

(106) Alusão ao provérbio que diz: *Eigenlob stinkt*, "O elogio de si mesmo cheira mal". Quanto à tradução de *Gelehrt* por "erudito", ver nota 37. *Wissenschaftlicher Mensch* foi vertido por "homem científico" ou "homem de ciência". "Ciência" deve ser tomada no sentido mais amplo, tal como o original *Wissenschaft*; os alemães distinguem "ciências da natureza" [*Naturwissenschaften*] e "ciências do espírito" [*Geisteswissenschaften*]. Algumas linhas adiante, "cultivados e convencidos" traduz *gebildet und eingebildet*.

(107) "filósofos de fuzarca": *Mischmasch-Philosophen*; nas demais traduções: "filósofos mixordeiros", *filósofos del revoltijo*, *filosofi del guazzabuglio*, *philosophes du méli-mélo / du pot pourri / du micmac*, *hodgepodge philosophers*, *hotchpotch-philosophers*. Sobre o epíteto aplicado a Eugen Dühring, ver *Genealogia da moral*, II, 11 e III, 14; quanto ao "amalgamista" Hartmann, é assim chamado porque procurou fundir Schopenhauer e Hegel.

(108) "epoquismo": *Epochistik*. Transcrevemos a nota precisa de Sánchez Pascual: "*Nietzsche acuña el término alemán* Epochistik *derivándolo del griego* ἐποχή *(inhibición, suspención del juicio), usado por los escépticos antiguos. Según Sexto el Empírico, la* ʹεποχʹη *consiste en 'un estado de reposo mental en el cual ni afirmamos ni negamos'* ".

(109) "aliciador de espíritos": *Rattenfänger der Geister*; literalmente, "apanhador de ratos dos espíritos". Alusão à conhecida lenda medieval do *Rattenfänger von Hameln*, "o flautista de Hamelin", que com sua música atraiu para fora os ratos e depois as crianças da cidade. Nietzsche torna a usar o termo no § 295: "o deus-tentador e aliciador nato de consciências". Em geral não é possível manter a referência na tradução. Os tradutores obtêm resultados diversos, da excessiva literalidade à imprecisão do sentido imaginado (sendo mais bem-sucedidos os de lín-

gua inglesa): "vigarista", *cazarratas*, *accalapiatore* (*accalapiare*: "enlaçar; enganar"), *charmeur de rats* (nas duas primeiras traduções francesas), *charlatan*, *pied piper*. A frase seguinte no texto ("Isto é, afinal...") foi mutilada na edição espanhola: *Esta es, en última instância, una cuestión de conciencia.*

(110) "reconhecimento (que antes e sobretudo pressupõe capacidade de conhecer e ser reconhecível)": *Anerkennung* (*die zuerst und zuoberst Erkenung, Erkennbarkeit voraussetzt*. Há um jogo de palavras com os três substantivos, feito com base no duplo sentido de *erkennen*: "conhecer / reconhecer". No caso dos dois últimos, não houve unanimidade entre os tradutores: "identificação, possibilidade de se reconhecer", *conocimiento, cognoscibilidad*; *conoscenza e capacità di essere riconosciuto*; *qu'on soit reconnaissable et reconnu*; *que le savant soit reconnaissable et reconnu*; *qu'il soit reconnaissable* (omitiu-se um termo); *literal recognition and recognizability* (talvez a melhor solução); *recognizability* (outra omissão).

(111) "mesmicidade": *Ipsissimosität*; termo cunhado a partir de *ipsissimus*, superlativo de *ipse* ("o mesmo", em latim); "mesmissimidade" seria talvez mais fiel. A formação clássica de Nietzsche se manifesta também nas suas brincadeiras com palavras gregas e latinas.

(112) "*Caput mortuum*, 'Cabeça morta'. Expressão que usavam os alquimistas para designar o resíduo não líquido de suas análises, comparável a uma cabeça da qual a destilação houvesse tirado o espírito" (Paulo Rónai, *Não perca o seu latim*, p. 38).

(113) "niilina": *Nihilin*; neologismo formado a partir de *nihil* ("nada", em latim), aparentado a "niilismo, niilista". A utilização de um sufixo que é próprio da terminologia científica faz pensar numa substância química passível de ser isolada. Numa outra obra, Nietzsche fala da "virtude livre de moralina" (*Ecce homo*, "Por que sou tão inteligente", § 1).

(114) Na *Odisseia* (canto X), Circe é a feiticeira que transforma os companheiros de Ulisses em porcos, mediante uma poção mágica.

(115) "educação ocidental": *westländische Bildung*. Esta palavra é frequentemente traduzida por "cultura"; assim fizeram os demais tradutores. Mas "cultura" foi aqui reservada para *Kultur*, na mesma frase; *Bildung* é o substantivo de *bilden*, "construir, formar, educar". Na frase seguinte, "escola e espetáculo" traduz *Schule und Schaustellung*.

(116) "o golpe e a garra feliz do gênio": *den Griff und die Glücks-Kralle des Genies*, O pai de Frederico, o Grande, foi Frederico Guilherme I (1688-1740), o "Rei-soldado".

(117) "Sono dogmático" [*dogmatischer Schlummer*] é uma célebre expressão de Kant, na introdução aos *Prolegômenos a toda metafísica futura*, caracterizando o seu estado intelectual antes da leitura de Hume (os *Prolegômenos* se acham no segundo volume dedicado a Kant, em Os Pensadores, São Paulo, Abril Cultural, 1980). A "mulher masculinizada" é certamente Madame de Staël, autora do clássico *De l'Allemagne*. O encontro de Goethe e Napoleão deu-se em 2 de outubro de 1808; foi registrado por Goethe em seu diário (cf. *Werke*, vol. X, *Autobiographische Schrif-*

ten 2, Hamburgo, Christian Wegner, 1959, pp. 544-7). Segundo ele, as primeiras palavras de Napoleão foram: *Vous êtes un homme*! [O senhor é um homem!] — como que surpreso de que ele realmente existisse, entendemos nós. Mas Nietzsche recorda e interpreta esse diálogo ao seu modo...

(118) O "grande chinês de Königsberg" é evidentemente Kant. Para entender a qualificação deve-se recordar a crítica a Kant enquanto moralista, no § 11 de *O Anticristo*, por exemplo: "A 'virtude', o 'dever', o 'bem em si', o bem com o caráter de impessoalidade e validade universal — fantasias em que se manifesta o declínio, a debilitação final da vida, a chinesice königsberguiana"; e também o que representava a China para Nietzsche: "um país onde a insatisfação em grande escala e a capacidade de mudança se extinguiram séculos atrás; e os socialistas e idólatras europeus do Estado poderiam também, com suas medidas para a melhoria e maior segurança da vida, produzir facilmente condições chinesas e uma 'felicidade' chinesa na Europa [...]" (*A gaia ciência*, § 24).

(119) "livre pensador": *freier Geist*, literalmente "espírito livre". Ver o capítulo com esse título, especialmente o § 44, onde Nietzsche ironiza a denominação (adjetivação) tradicional desse tipo, "esses falsamente chamados 'espíritos livres'". Em alemão se usa *Freidenker* ou *Freigeist* para "livre-pensador". Nietzsche separa — e declina, consequentemente — o adjetivo, para destacar a sua impropriedade; mas também lhe dá uma acepção positiva, designando com ele os filósofos vindouros.

(120) "*determinações* de valores": *Wert*setzungen, literalmente, "colocações de valores"; *setzen* = pôr, colocar. As outras versões: "postulados", *posiciones*, *determinazioni*, *fixations*, *valeurs depuis longtemps établies*, *valeurs qui ont été posées*, *positings*, *assessments*. Na frase que segue, "tudo até hoje acontecido e avaliado": *alles bisher Geschehene und Geschätzte*; lembremos que *schätzen* significa tanto "avaliar" como "estimar"; uma versão alternativa, que recriaria parcialmente a aliteração, poderia ser "acontecido e querido".

(121) "humanidade": *Menschlichkeit*; designa o caráter do que é humano — em oposição a "animalidade", digamos —, e não o conjunto dos seres humanos (*Menschheit*). Em português há uma só palavra para os dois conceitos; em inglês se diz *humanity* e *mankind*. Logo em seguida, "egoísmo" é a versão para *Selbstsucht*; *Sucht* = anseio, vício, doença, mania; *selbst* equivale ao inglês *self-*, "auto-, ego-".

(122) "necessidade como aflição": *Notwendigkeit als Not*; ver notas 4 e 34. Na mesma frase, "digno do suor dos nobres" é citação do poeta Friedrich Gottlieb Klopstock (1724-1803), segundo informação de A. Sánchez Pascual.

7. NOSSAS VIRTUDES (pp. 110-31)

(123) "Mediocridade" (*Mittelmass*, em alemão) é aqui usado no sentido primário de "mediania"; "medíocre" (do latim *mediocre*) é aquilo que não é bom nem mau, apenas mediano. Ver adiante, § 262, sobre os medíocres como "os homens do futuro, os únicos sobreviventes".

(124) "desinteressado": *Uninteressiert*. Em outros lugares, "desinteressado" foi a tradução adotada para *selbstlos* (cf. nota 7). Adiante nesse parágrafo, adotamos "altruísta" para *unegoistisch*, e a mesma palavra para *uneigennützig*, no § 221.

(125) "Ele sofre, padece: mas para sua vaidade, apenas 'compadece'": *Er leidet: und seine Eitelkeit will, dass er nur "mit leidet"*. O verbo *mitleiden* — "compadecer-se, ter compaixão" — é composto de *leiden* [sofrer, padecer] e do prefixo *mit* [com]. O substantivo é apenas esse verbo substantivado: *das Mitleiden*, "a compaixão".

(126) "fantasias": *Kostüme*. Em português a palavra tem duplo sentido, inexistente em alemão, onde *Kostüm* designa apenas o traje. Com isso o texto ganha uma ambiguidade que certamente agradaria a Nietzsche.

(127) *gestaltende Kräfte*: "energias *criadoras*". O verbo *gestalten* significa literalmente "dar forma, concretizar"; *Gestalt é* "forma, configuração, figura" (cf. "cavaleiros da tristíssima figura", § 25). No § 213, *gestalten* foi traduzido por "modelar".

(128) *nitimur in vetitum*: "Uma das citações favoritas de Nietzsche, retirada dos *Amores*, de Ovídio. O seu contexto ajuda a entender por que ela o atraía: 'Recentemente vi um cavalo que resistia à brida; sua boca havia rejeitado o freio; ele voava como o raio. Ele parou, tão logo sentiu que afrouxavam suas rédeas, e que elas repousavam sobre sua crina, que tremulava ao vento. Nós nos lançamos ao que é proibido, e ansiamos o que nos é negado' (Ovide, *Les amours*, texte établi et traduit par Henri Bornecque, Paris, Les Belles Lettres, 1968, III, 4)" (nota extraída de *Genealogia da moral*, tradução e notas de Paulo César de Souza, São Paulo, Brasiliense, 2ª ed., 1988, p. 194).

(129) "adeja e anseia": *schweift und schwärmt*; no mesmo parágrafo estão essas duas outras aliterações: *verkennt und verwechselt* [incompreendidos e confundidos], *unser Putz und Prunk* [nosso adereço e arabesco]. Eis o que consta nas demais traduções, como prova de que raramente os adereços de Nietzsche são transpostos para outra língua: "divaga exaltada/ não nos reconheçam e nos confundam/ nosso adorno e pompa", *merodea y yerra/ no nos reconozcan y nos confundan con otros/nuestro adorno y vestido de gala*, *vaga e aleggia/ disconosciuti e confusi con altri/ il nostro sfarzoso ornamento*, *rôde et voltige sans cesse/ on nous confondra avec autres* [omissão de um verbo] / *notre parure et notre parade*, *rôde pleine de convoitise/ on nous confondra avec d'autres* [idem]/ *notre parure, notre parade*, *convoite sans cesse/ malentendus et confusion/notre parure et notre parade*, *flies and flutters/ misunderstood and mistaken/ our finery and pomp*, *wanders* [também omissão]/ *misunderstood and taken for what we are not/our pomp and finery*.

(130) "uma imagem homérica": *ein homerisches Gleichnis*. Nas outras traduções: "parábola", *comparación*, *similitudine*, *comparaison* (as três francesas), *simile*, *metaphor*: cf. nota 75 sobre *Gleichnis*. Nenhum desses nove tradutores de *Além do bem e do mal* (incluindo este que redige estas notas) usou a mesma palavra que havia usado no § 40; o que é indício da complexidade ou natureza camaleônica de alguns termos alemães. Quanto à imagem ou símile ou comparação, está no verso 424 do canto VI da *Ilíada* (informa Sánchez Pascual), onde Homero menciona "bois de

passo arrastado". Na tradução clássica de J. H. Voss (1793) encontra-se *schwerhinwandelndes Hornvieh*. Os verbos empregados por Nietzsche, *daherwandeln*, *dahinwandeln* ("vão e vêm", prosaicamente vertidos — e invertidos), estão ligados ou são reminiscentes do adjetivo cunhado por Voss. Recordemos ainda uma passagem reveladora — explícita —, onde Nietzsche se refere a "Outro gado erudito", *Andres gelehrtes Hornvieh*... (*Ecce homo*, "Por que escrevo tão bons livros", § 1).

(131) No seu exemplar de *ABM*, Nietzsche acrescentou as seguintes palavras na margem: "*ce sénateur* Pococurante, como diz Galiani" — *ce sénateur Pococurante, mit Galiani zu reden*. A frase foi incluída em várias edições das obras, por último na de Karl Schlechta; mas não na de Colli e Montinari, onde foi remetida para as notas. Esta é uma das raras diferenças entre as duas edições, no que toca ao presente livro. Quanto à origem e conteúdo da observação acrescentada, tomemos uma nota de Geneviève Bianquis: "Carta de Galiani a Madame d'Épinay, 9 de março de 1771. O senador Pococurante é um personagem do *Candide*, de Voltaire, homem rico, cultivado e generoso, tal como Helvétius". Em italiano, "*pococurante*" pode significar "descuidado".

(132) No original:

Heil euch, brave Karrenschieber,
Stets "je länger, desto lieber",
Steifer stets an Kopf und Knie,
Unbegeistert, ungespässig,
Unverwüstlich-mittelmässig,
Sans génie et sans esprit!

O tradutor português tem uma versão mais literal, sem rimas:

Salve, bravos carroceiros,
Sempre "quanto mais, melhor",
Cada vez mais entorpecidos de cabeça e de joelhos,
Sem entusiasmo, sem graça,
Irremediavelmente medíocres,
Sans génie et sans esprit!

Somente os tradutores de expressão inglesa fizeram versões rimadas. Eis uma delas, a de R. J. Hollingdale:

Hail, continual plodders, hail!
"Lengthen out the tedious tale",
Pedant still in head and knee,
Dull, of humour not a trace,
Permanently commonplace,
Sans génie et sans esprit!

(133) "leite do pensamento devoto": "*Milch der frommen Denkungsart*"; citação de um célebre monólogo da peça *Guilherme Tell*, de Friedrich Schiller (ato IV, cena 3). "Schiller havia traduzido *Macbeth* para o alemão, e sem dúvida foi influenciado pelo '*milk of human kindness*' " (observação de Walter Kaufmann). Citado também em *Genealogia da moral*, III, 5.

(134) "artes de Proteu": na *Odisseia* (canto IV, versos 365 ss.), Proteu é um ser mítico que tem o poder de assumir formas diferentes. Na mesma frase, e naquela anterior, há algumas aliterações de difícil tradução: *am Vordergrunde, am Vergrösserten, Verkleinerten, Verschobenen, Verschönerten* [da fachada, do que é ampliado, diminuído, deslocado, embelezado]; *Druck und Drang* [ímpeto e pressão] e *seine Masken- Vielfältigkeit und Verschlagenheit* [a astúcia e diversidade de suas máscaras]. Mas pouco adiante há alguns belos jogos de palavras que conseguimos recriar em português: *wenn man uns... nachsagte, nachraunte, nachrühmte*: "se de nós murmurassem, se nos imputassem e também reputassem"; *mit dergleichen moralischen Wort-Flittern und Fransen*: "com os floreios e franjas de tais expressões morais"; *auch dieser würdiger Wort-Prunk zu dem alten Lügen-Putz, -Plunder und goldstaub der unbewussten menschlichen Eitelkeit gehört*: "também essa digna pompa verbal é parte do velho enfeite-mentira, poeira e purpurina da inconsciente vaidade humana". O primeiro caso tem uma "coda": a frase termina com a palavra *Nachruhm* ("reputação", no texto), que literalmente significa "fama póstuma". Próximo ao fim desse parágrafo há uma outra referência à *Odisseia*, ao episódio do canto XII em que Ulisses tapa os ouvidos dos companheiros e se faz prender ao mastro do navio, para escapar ao belo e perigoso canto das sereias.

(135) "o eterno-tedioso da mulher": "*das Ewig-Langweilige am Weibe*". Paródia da conhecida expressão "eterno-feminino" [*Ewig-Weibliche*], dos versos finais do *Segundo Fausto*, de Goethe (também citados no § 236, juntamente com um verso de Dante, da *Divina comédia*, "Paraíso", II, 22).

(136) No original:

[*Sieben Weibs-Sprüchlein*]

Wie die längste Weile fleucht, kommt ein Mann zu uns gekreucht!
Alter, ach! *und Wissenschaft gibt auch schwacher Tugend Kraft.*
Schwarz Gewand und Schweigsamkeit kleidet jeglich Weib — gescheit.
Wem im Glück ich dankbar bin? *Gott*! *— und meiner Schneiderin.*
Jung: *beblümtes Höhlenhaus. Alt*: *ein Drache fährt heraus.*
Edler Name, *hübsches Bein*, *Mann dazu*: *o wär* er *mein*!
Kurze Rede, *langer Sinn — Glatteis für die Eselin*!

Estas frases são paródias de provérbios alemães; o título significa, literalmente, "sete proverbiozinhos de mulher". Quatro dos tradutores estrangeiros buscaram resgatar as rimas: Meyer/Guast, Heim, Kaufmann e Hollingdale. O tradutor português foi mais ou menos literal: "*Sete sentençazinhas femininas*: 1) Quando um homem se acerca de nós logo voa o aborrecimento; 2) Idade, ah, e ciência dão força também à fraca virtude; 3) Vestida de negro e calada, toda a mulher tem aspecto de — inteligente; 4) A quem estou grata, quando feliz? A Deus! — e à minha modista; 5) Jovem: caverna florida. Velha: dela sai um dragão; 6) Nome nobre, perna bonita, e ainda um homem: oh, se ele fosse meu!; 7) Poucas falas, sentido profundo — gelo em que cai a burra!" (a numeração foi acrescentada aqui).

(137) "§ 237a": na primeira edição do livro esse parágrafo recebeu o núme-

ro 237, possivelmente por um erro de impressão. Na edição de Schlechta ele não tem número, é juntado aos "provérbios". A edição de Colli e Montinari, sendo crítica, é rigorosamente igual à primeira. Na presente edição resolvemos numerá-lo desse modo, seguindo sugestão de Walter Kaufmann.

(138) "superficialidade": *Flachköpfigkeit*; a palavra portuguesa não tem o sabor coloquial da alemã, formada a partir de *Flachkopf* (onde *Kopf* = cabeça, *flach* = superficial, raso). Eis as outras traduções: "superficialidade", *memez*, *mente superficiale*, *platitude* (duas das francesas), *platitude intellectuelle*, *shallowness*, *shallow-mindedness*.

(139) "temor e compaixão": cf. a definição de tragédia por Aristóteles: "[...] é a imitação de uma ação nobre e completa em si mesma [...] com incidentes que despertam compaixão [*eleos*] e temor [*phobos*], de modo a realizar a catarse desses afetos" (*Poética*, seção 1449b). No trecho final, em seguida, "Europa" e "animal com chifres" referem-se a um mito grego: Europa era a filha de um rei fenício, raptada por Zeus sob a forma de touro.

8. POVOS E PÁTRIAS (pp. 132-52)

(140) "como que um hiato entre causa e efeito, um peso que leva ao sonho, quase um pesadelo": *gleichsam eine Lücke, die zwischen Ursache und Wirkung aufspringt, ein Druck, der uns träumen macht, beinahe ein Alpdruck*; eis a tradução literal: "como que uma lacuna que se abre entre causa e efeito, uma pressão que nos faz sonhar, quase um pesadelo" (Delfim Santos Filho). Mais adiante, "pujança" é nossa tradução para *Mächtigkeit*, e "plenitude", para *Überfülle*; as outras versões: "poderio e plenitude", *Potencialidad y sobreplenitud*, *possanza e sovrabbondanza*, *vigueur et plenitude débordante* (duas vezes), *puissance et surabondance*, *powerfulness and overfulness* (duas vezes; na versão britânica com dois eles na segunda palavra).

(141) "diante de tudo maciço": *vor allem Massenhaften*; em inglês, *massive*; em francês, *massif*. A palavra tem o sentido de "compacto, sólido, que não é oco" ("ouro maciço") e de "em grande quantidade" ("presença maciça de espectadores", *Aurélio*). Sua ortografia talvez leve a esquecer a relação com "massa": "maciço" é aportuguesamento do espanhol *macizo*, de *masa* (*massa*, em latim). Um pouco acima, "estudante de corporação" [*Korpsstudent*] designa aquele que pertencia a um clube ou associação universitária, com cores e emblemas próprios.

(142) "achatamento espiritual": *geistige Verflachung*; ver nota 136, sobre o adjetivo que originou este substantivo; os tradutores português e espanhol preferem "superficialização". O estadista em questão — o que "inspirou" essa passagem — é certamente Bismarck (1815-98), que fundou o Estado alemão, após a guerra com a França. Os dois povos são os alemães e os franceses; cf. *Crepúsculo dos ídolos*, "O que falta aos alemães", § 3: "No momento em que a Alemanha emerge como grande potência [*Grossmacht*], a França adquire nova importância como *potência cultural* [*Kulturmacht*]'. Os nomes são omitidos por duas razões, pode-se conjecturar: por um lado, o texto foi escrito quando Bismarck estava no

auge do seu poder (nisso o autor demonstra "espantosa independência de espírito", observa Walter Kaufmann), e Nietzsche talvez temesse a censura prussiana; por outro lado, a reflexão pretende ter aplicação mais geral.

(143) "europeu em evolução": *werdender Europäer*. Nas outras traduções: "evolução do europeu", *europeo que está deviniendo*, *europeo in divenire*, *européanisation* (as três francesas, imprecisamente), *evolving european*, *becoming european*. *Werdend*, adjetivo, deriva do verbo *werden*, "tornar-se, vir a ser, devir"; ele aparece adiante, no § 244: "O alemão mesmo não *é*, ele *se torna*, se 'desenvolve' " (*Der Deutsche selbst* ist *nicht*, *er* wird, *er* "*entwickelt sich*"). Na frase anterior, recorremos a "homogeneização" para verter *Anähnlichung*, cunhado por Nietzsche a partir de *ähnlich* [semelhante]; o tradutor espanhol tem uma solução concreta como o original: *asemejamiento*; o português prefere "assemelhação", o italiano, também *omogeneizzazione*, o inglês, *assimilation*; os demais transformam em verbos o substantivo. Na oração que precede o termo, antes do travessão, tanto o espanhol como o italiano cometem um erro de leitura: traduzem *in Fluss geraten* [avançar, ganhar ímpeto] por "fluir, tornar-se fluido".

(144) Na Grécia Antiga, Hércules personificava a fortaleza do corpo e da vontade.

(145) "Duas almas, oh! habitam em meu peito": *Zwei Seelen wohnen, ach! in meiner Brust*; verso da segunda cena do *Fausto* ("Frente à porta da cidade"), pronunciado por Fausto em conversa com Wagner.

(146) "Guerras de Libertação" [*Freiheitskriege*]: as guerras de 1813-15 contra Napoleão. Pouco acima, "exageros e adulações de Fichte" refere-se aos *Discursos à nação alemã*, pronunciados por este filósofo na Universidade de Berlim e publicados em 1808. Jean Paul criticou os *Discursos* em 1810, nos *Anuários de Heidelberg*.

Na tradução de *Gemüt* por "ânimo", poucas linhas adiante, seguimos o que propõe Valerio Rohden no mencionado artigo sobre termos problemáticos em Kant (nota 9). Os tradutores consultados divergem quanto à versão e também no procedimento: "carácter" (em nota, conservando o original no texto), *talante* (entre colchetes, junto ao original, no texto), *sentimento* (no texto, sem o original); os três franceses não o traduzem e nada explicam, os de língua inglesa não o traduzem no texto, mas procuram explicá-lo em notas. Eis a do americano Kaufmann: "*A word without any exact equivalent in English. It is variously rendered as feeling, soul, heart, while* gemütlich *might be translated as comfortable or cozy*".

(147) "desenvolvimento": *Entwicklung*; referência ao conceito hegeliano. Na frase que segue, "bonomia e perfídia" traduz *gutmütig und tückisch*, na verdade dois adjetivos: *bonachones y pérfidos*, diz Sánchez Pascual; suábitos são os habitantes da Suábia, região no Sul da Alemanha.

"economia da alma": *Seelen-Haushalt*. Assim como no § 23 ("na economia global da vida": *im Gesamt-Haushalte des Lebens*), empregamos o termo "economia" num sentido mais amplo, tendo presente sua origem grega (*óikos* = casa, bens, família; *nómos* = uso, costume, lei); ele designa, então, a "organização dos diversos elementos de um todo" (*Aurélio*, acompanhando o *Petit Robert*: "*Organisation des divers éléments d'un ensemble*"). Os tradutores de expressão neolatina são unânimes em usar o termo, enquanto os de língua inglesa dispõem de *household*, análogo ao alemão *Haushalt* — que nos dicionários bilíngues grego-alemão (cf. o Benseler, Leipzig, VEB, 1985) é versão exata de *oikonomia*, assim como o verbo *haushalten* [manter ou administrar casa] equivale a *oikeo*.

Logo abaixo usamos "correção" para *Biederkeit*, "correto" para *bieder* — palavra peculiarmente alemã, que se originou de um personagem burguesmente honrado e estreito, criado por Victor von Scheffel em 1848 (daí a denominação *Biedermeier* para um certo estilo arquitetônico e cultural do século XIX).

(148) "roupão": é o que consta no original: *Schlafrock*; *robe de chambre*, dizem as versões francesas. Na frase seguinte, "'arrojo' prussiano e engenho e areia berlinenses": *preussische "Schneidigkeit" und Berliner Witz und Sand*. Segundo o *Michaelis*, *Witz* é "espírito, bom-senso; engenho, graça, agudeza, finura, sutileza; gracejo, remoque, rasgo, chiste, donaire (!), dito gracioso, chalaça, pilhéria, sal na conversação; motejo, mote, dito picante, motete". Os naturais de Berlim são conhecidos por seu *Witz*. Mas no texto ele é depreciado, inclusive pela associação com "areia" (a região em torno de Berlim *é* notoriamente arenosa). Assim se explica a interpretação do tradutor italiano: *l'inconsistente arguzia berlinese* é a versão dele para *Berliner Witz und Sand*. Os franceses usam *esprit* e *blague* para verter *Witz*; os que traduzem para o inglês, sempre felizardos, dispõem de *wit*.

(149) Não existe essa relação. O verbo *täuschen* [enganar] tinha a forma *tiuschen* no chamado "médio-alto-alemão" (o estágio de evolução do "alto-alemão" — a língua como a conhecemos hoje — nos séculos XII a XV). O vocábulo *deutsch* resultou de *diutisc*, "popular", relativo a *diot*, "povo", no velho-alto-alemão (séculos IX a XI; daí também *dutch*, "holandês", em inglês). Nietzsche se aproveita da semelhança gráfica e fonética para brindar o leitor com uma etimologia fantasiosa. Prosseguindo na fantasia, ele talvez relacionasse *diot* e *Idiot*, como outra forma de invectivar seus patrícios teutões.

(150) "seu prazer infantil em floreios e *chinoiseries*": *seine Kinderlust am Chinesischen und Geschnörkelten*. Excepcionalmente utilizamos aqui uma palavra estrangeira, para verter o que é alemão no original. Não confundir o gosto por *chinoiseries* de Mozart com a chinesice de Kant (cf. nota 116). O tradutor português diz "prazer infantil no que é chinês e cheio de arabescos"; o espanhol usa *lo chinesco*, o italiano, *le cineserie*, os franceses, *chinoiseries*, o americano, *Chinese touches*, o inglês, *chinoiserie*.

(151) "Suíça saxônica": região montanhosa perto de Dresden, na Saxônia, Leste da Alemanha. Algumas linhas adiante, "se retirando e retraindo timidamente": *sich scheu verziehend und zurückziehend*; e também *noli me tangere* [não me toques]: palavras de Jesus Cristo a Madalena, segundo a versão latina da Vulgata (Evangelho de São João, 20, 17).

(152) "todo o sublime romantismo das problemáticas morais": *die ganze Romantik und Erhabenheit der moralischen Fragwürdigkeiten*. Esta última palavra foi criada a partir do adjetivo *fragwürdig*, "problemático, digno de questionamento";

nas versões inglesa e americana usa-se *questionabilities*, nas francesas, *problèmes* e *enigmes*; a portuguesa, a espanhola e a italiana têm a mesma solução nossa.

(153) Trocadilho com a palavra alemã para Áustria: *Österreich*, "Reino do Leste".

(154) "*aere perennius*": citação de um verso famoso de Horácio, referindo-se à própria obra: *Exegi monumentum aere perennius*, "Ergui um monumento mais duradouro que o bronze" (*Odes*, livro III, 30,1). Cf. Paulo Rónai, *Não perca o seu latim*, p. 63.

(155) "judeu errante": em alemão, *ewiger Jude*, "judeu eterno". O judeu errante não é simplesmente, como diz o *Aurélio*, um "indivíduo que está sempre viajando", mas antes de tudo uma figura mítica, condenada a vagar até o dia do Juízo Final, por uma ofensa feita a Cristo no dia da Crucificação.

(156) "Marca": *Mark*, em alemão; designa Mark Brandenburg, região de origem da maior parte dos oficiais prussianos. Na mesma frase, "juntar e enxertar": *hinzutun, hinzuzüchten* (quanto ao verbo *züchten*, "cultivar", ver notas 2 e 98). Na última frase, "meu jovial e 'germaníaco' discurso": *meine heitere Deutschtümlei und Festrede*; nas demais traduções: "a minha jovial alemanice e o meu solene discurso", *mi jovial alemanería y mi solemne discurso, la mia gioviale teutomania e solennità di discorso, ces joyeuses divagations teutomanes*, (idem), *assez de teutomanie, brisons-là cette harangue, my cheerful Germanomania and holiday oratory, my cheerful Germanomaniac address*.

(157) "tendiam / se desentendiam": a paronomásia não consta do original, onde se lê *auseinanderstrebten /sich dabei unrecht taten*; na versão literal portuguesa: "se afastaram / se tratavam injustamente". Se eventualmente fazemos jogos que não se acham no original alemão, aproveitando acasos felizes da língua portuguesa (como está em "nosso intento e nosso instinto", § 44), é para compensar ocasiões em que a tessitura ou textura formal do alemão de Nietzsche não foi recriada a contento — na esperança, assim, de que não haja perda significativa (de significantes...) na economia global do texto.

(158) "profunda mediania": *tiefe Durchschnittlichkeit*; *durchschnittlich* = médio; (cf. "mediocridade", nota 121). O oxímoro ("*ingegnosa unione di cose discordante*" — L. Rocei) perde-se na tradução espanhola: *bajo nivel medio*. Um pouco acima, "O abismo entre saber e poder": *Die Kluft zwischen Wissen und Können, El abismo entre tener conocimientos y tener capacidad de obrar, between knowing and being able*.

(159) "*Juego de palabras entre* Augenblick *mirada de los ojos, pestañeo, instante y* Augenschein *apariencia de los ojos, apariencia visible. Nietzsche quiere decir que hay que defender esa tesis tanto contra las ideas de la época* (*instante*) *como contra el testimonio de los sentidos* (*apariencia visible, evidencia*)." — Andres Sánchez Pascual.

(160) "alguns séculos de trabalho moralista": *ein paar Jahrhunderte moralischer Arbeit*. A edição de Colli e Montinari apresenta *Art* [espécie, tipo], em vez de *Arbeit* [trabalho]. No caso acompanhamos a edição de Schlechta, pois *Arbeit* é sem dúvida mais pertinente no contexto. Tanto assim que algumas traduções feitas a partir de Colli e Montinari — a de C. Heim e a de F. Masini — adotam esse termo.

(161) "ferro e sangue": expressão tornada célebre, usada algumas vezes por

Bismarck; numa sessão do Parlamento prussiano, por exemplo: "Não é com discursos e resoluções da maioria que as grandes questões da época serão decididas — este foi o erro de 1848 e 1849 —, mas com ferro e sangue" (30/9/1862; citado em nota por Walter Kaufmann).

"que até este momento me ensinou a espera, mas não a esperança": *welche mich warten und warten, aber bis jetzt noch nicht hoffen lehrt*; ao pé da letra: *que a mí me enseña a aguardar y a aguardar, pero, hasta ahora, no todavía a tener esperanzas* (*todavia* = ainda).

(162) "Tântalos da vontade": na mitologia grega, Tântalo foi condenado à eterna insatisfação da fome e da sede, por ter roubado e ofendido os deuses.

(163) No original:

— Ist das noch deutsch? —
Aus deutschem Herzen kam dies schwüle Kreischen?
Und deutschen Leibs ist dies Sich-selbst-Entfleischen?
Deutsch ist dies Priester-Händespreizen,
Dies weihreich-düftelnde Sinne-Reizen?
Und deutsch dies Stocken, Stürzen, Taumeln,
Dies ungewisse Bimbambaumeln?
Dies Nonnen-Äugeln, Ave-Glocke-Bimmeln,
Dies ganze falsch verzückte Himmel-Überhimmeln?
— Ist das noch deutsch? —
Erwägt! Noch steht ihr an der Pforte: —
Denn, was ihr hört, ist Rom — Roms Glaube ohne Worte!

Dos tradutores consultados, apenas Kaufmann e Hollingdale mantêm fidelidade às rimas. Eis a versão portuguesa, quase literal: "— Será isto ainda alemão? —/ Veio de coração alemão esta guincharia sórdida [*este sofocante vocear*, na espanhola]?/ Será de corpo alemão esta autodescarnação?/ Será alemão este abrir as mãos sacerdotal,/ Esta excitação dos sentidos com perfumes de incenso?/ E será alemão este hesitar, precipitar, cambalear,/ Este indefinido bim-bam-bumlear-se?/ Estes olhares de freira, este badalar de sinos do Avé,/ Toda esta falsamente extasiada contemplação dos céus e sobrecéus?/ — Será isto ainda alemão? —/ Reflecti! Ainda estais à porta: —/ Pois, o que ouvis, é *Roma*, — *a fé de Roma sem palavras*!

9. O QUE É NOBRE? (pp. 153-79)

(164) "*pathos*": adotamos a grafia transliterada do termo grego, em vez da forma aportuguesada ("patos") que se encontra nos dicionários; assim fazem os demais tradutores, com exceção dos franceses, que o traduzem por *sentiment passionné* (Bianquis e Meyer/Guast) e *désir passionné* (Heim). Sobre a etimologia da palavra, ver nota 39. A expressão "*pathos* da distância" aparece posteriormente em *Genealogia da moral* (I, 2) e *O Anticristo* (§ 43).

(165) "abnegação": *Selbstlosigkeit*; o adjetivo *selbstlos* foi traduzido antes por "desinteressado" (cf. § 2: "ação desinteressada"; ver nota correspondente).

(166) "cavaleiros-poetas provençais": *provençalische Ritter-Dichter*; referência aos trovadores medievais da Provença (na atual França), cuja arte foi denominada *gai saber* — "saber alegre" ou "gaia ciência". Nietzsche deu esse título a um de seus grandes livros, e em várias ocasiões louvou a atitude expressa nessa fórmula (cf. adiante, § 293; *Genealogia da moral*, Prólogo, § 7; *Ecce homo*, "A gaia ciência"). Conforme indicação de André Meyer, a noção da dívida europeia frente à cultura provençal foi encontrada em Stendhal, *De l'amour*, cap. LI: "Deve-se considerar o Mediterrâneo como o *foyer* da cultura europeia [...] o gênio eminentemente *gai* dos provençais havia atravessado a religião cristã sem ser alterado". Uma bela amostra da poesia trovadoresca se acha em Augusto de Campos, *Verso reverso controverso* (São Paulo, Perspectiva, 1978). Quanto à ideia central desse parágrafo, a distinção entre uma moral de senhores e uma de escravos, será desenvolvida na primeira dissertação da *Genealogia da moral*.

(167) "agora ela é, ela está 'ultrapassada'": *jetzt ist sie, wird sie "überlebt"* — ou, mais literalmente, "ela é 'sobrevivida'". Esse verbo terá ressonância no "viver além" (*hinwegleben*) da frase seguinte. Também nessa frase, a palavra "indivíduo" vem aspeada, recordando sua origem latina: *individuum*, "o que não pode ser dividido".

(168) "*Différence engendre haine*": frase do romance O *vermelho e o negro*, de Stendhal (livro I, capítulo XXVII).

(169) "*Naturam expellas furca, tamen usque recurret*, "Ainda que a expulses com um forcado, a natureza (isto é, a índole inata de uma pessoa) voltará a aparecer". Verso de Horácio (*Epístolas*, I, 10, 24) — Paulo Rónai, *Não perca o seu latim*, p. 115.

(170) "vulgaridade": *Gemeinheit*. "O encanto de Casimiro de Abreu está em sua tocante vulgaridade. Em sua poesia tudo é comum a todos" (Carlos Drummond de Andrade, *Confissões de Minas*, p. 27, apud *Aurélio*). À diferença de Drummond, Nietzsche não vê muito encanto na vulgaridade; ele gosta de lembrar como é significativo que a palavra *gemein* signifique "comum" e "vulgar" (na acepção de "baixo"; cf. § 43 e nota correspondente; ver também nota 104). Nesse parágrafo a tradução alterna entre os dois adjetivos. No § 284, adiante, os dois são usados simultaneamente: "Toda comunidade torna, de algum modo, alguma vez, em algum lugar — comum, vulgar" — *Jede Gemeinschaft macht, irgendwie, irgendwo, irgendwann* — "*gemein*". Em português, esta associação é reforçada pelos verbos cognatos: comunica-se o que é comum, divulga-se o que é do vulgo, o que é vulgar ou vulgarizável. Em alemão se diz *mitteilen* [com-dividir] para "comunicar"; daí a versão de *Mitteilbarkeit* por "comunicabilidade", também nesse parágrafo.

Na segunda frase, "sinais sonoros" traduz *Tonzeichen*, "sinais-imagens", *Bildzeichen*. O mesmo se encontra no tradutor português; nos outros: *signos-sonidos / signos-imágenes*, *notazioni /segni più o meno figurati*, *symboles /signes imagés*, *symboles sonores /signes imagés*, *signes phonétiques / signes figurés*, *acoustical signs / image signs*, *sounds / images*.

(171) A exemplo do que houve no § 228 (nota 131), Nietzsche acrescentou no seu exemplar de *ABM*, após "incuráveis": "(o cinismo de Hamlet — o caso

Galiani)". Esse parêntese consta em várias edições do livro, entre elas a de Schlechta, mas não na de Colli e Montinari, onde foi incluído no volume de notas.

(172) "do que é turvo, do infortúnio": *aus dem Trüben, der "Trübsal"*. Nietzsche coloca o termo entre aspas para salientar seu parentesco com o adjetivo *trübe*; na versão portuguesa literal, "do turvo, da 'tribulação'".

(173) "Rafael sem mãos": referência a um diálogo entre o pintor Conti e o príncipe de Guastalla, na peça *Emília Galotti* (1772), de G. E. Lessing: "Ou o senhor acha, Príncipe, que Rafael não teria sido o maior gênio da pintura, se por infelicidade tivesse nascido sem mãos?" (Ato I, cena 4). Logo em seguida, a palavra grega *kairós* é traduzida no próprio texto: "momento justo ou adequado, oportunidade".

(174) "*Para entender la alusión de Nietzsche a las arpías recuérdese que estas (según la mitologia griega, tres pájaros fabulosos, con rostro de mujer y cuerpo de ave de rapiña) tenían fama de sucias y matolientes* [sujas e malcheirosas] (Sánchez Pascual). No fim do parágrafo, "a náusea da sobremesa": *den Nachtisch-Ekel*; *the after-dinner nausea*.

(175) *Hier ist die Aussicht frei,/ der Geist erhoben*; literalmente, "Aqui a visão é livre,/ o espírito, elevado". Versos do ato final do *Segundo Fausto*, ditos pelo "Doctor Marianus", antes de se dirigir à Rainha do Céu.

(176) "não se escrevem livros para esconder precisamente o que se traz dentro de si?": *schreibt man nicht gerade Bücher, um zu verbergen, was man bei sich birgt?*

"um abismo atrás de cada chão, cada razão, por baixo de toda 'fundamentação'": *ein Abgrund hinter jedem Grunde, unter jeder "Begründung"*. No § 284 tivemos *Vordergrund* ("fachada"; cf. nota 11) e *Grund* (ali vertido por "fundo"). O jogo com *Grund e* seus derivados e cognatos é aqui levado adiante, beneficiando-se do sentido múltiplo da palavra ("fundo, solo, fundamento, motivo"). Optamos por desdobrá-la em "chão/razão", de modo a manter o nexo concreto com "abismo", por um lado, e permitir o prolongamento fônico e semântico em "fundamentação", pelo outro lado. Um jogo semelhante se verifica numa frase de Ludwig Wittgenstein, próxima de Nietzsche no espírito e na letra: *Am Grunde des begründeten Glaubens liegt der unbegründete Glaube* — "No fundo da fé fundamentada se encontra [literalmente, "jaz"] a fé sem fundamento" (*Da certeza / Über Gewissheit*, ed. bilíngue, Lisboa, Edições 70, 1990, p. 76).

(177) Segundo Walter Kaufmann, parece haver ao todo cinco passagens em que Thomas Hobbes discute o riso, e em nenhuma delas se encontram exatamente essas palavras... Numa dessas passagens — citadas na nota de Kaufmann — ele conclui que "a paixão do riso nada mais é que a *súbita glória* que advém de alguma *concepção* súbita de uma *eminência* em nós mesmos, por comparação com a *enfermidade* de outros, ou nossa mesma anteriormente: pois os homens riem das folias de si próprios no passado [...] Ademais, é vã glória, e argumento de escasso valor, considerar a enfermidade de outrem matéria bastante para o triunfo" (de *Human nature*, cap. IX, 13). Isso não destoa do que diz o próprio Nietzsche, numa das várias ocasiões em que trata do tema: "Rir é ficar alegre com o mal dos

outros [*schadenfroh sein*], mas com boa consciência" (*A gaia ciência*, § 200). Mas ele também diz, em harmonia com esse § 294: "Não é com a ira que se mata, mas com o riso. Eia, vamos matar o espírito de gravidade!" (*Assim falou Zaratustra*, 1ª parte, "Do ler e escrever").

(178) "mais grácil frágil fraco": *zärtlicher zerbrechlicher zerbrochener*. Esta é apenas a aliteração mais visível de um trecho densamente elaborado. Nietzsche o reproduziu em *Ecce homo* ("Por que escrevo tão bons livros", § 6), ostensivamente para "dar uma ideia de mim como psicólogo", segundo disse, mas também pelas qualidades poéticas do texto. Duas informações se perdem na nossa *Umdichtung* [transpoetização] para o português (além daquela já apontada na nota 109, relativa ao *Rattenfänger*): *Versucher-Gott*, "deus-tentador", pode significar também "deus dos tentadores ou experimentadores": (cf. § 42); e *Wünschelrute*, traduzido por "mágico ímã", designa a pequena vara bifurcada com que se busca água ou minério debaixo do solo, numa prática denominada "rabdomancia" (em grego, *rhabdos* = vara, *manteia* = adivinhação).

(179) "meu primogênito": Nietzsche usa o plural: *meine Erstlinge*, "meus primeiros frutos", ou "minhas primícias", conforme o tradutor português. Ele faz alusão a O *nascimento da tragédia*, sem dúvida. Mais adiante aparece o nome de Ariadne. Originalmente — na mitologia grega — Ariadne era filha do rei de Creta, Minos; ela ajudou Teseu a derrotar o Minotauro, dando-lhe um fio para escapar do Labirinto onde habitava o monstro. Teseu a levou consigo, abandonando-a porém na ilha de Naxos, onde foi encontrada por Dionísio, que a desposou.

(180) À diferença dos outros poemas, nessa "canção-epílogo" não procuramos manter as rimas do original. Isso acarretaria, em vários trechos, algum sacrifício da fidelidade semântica — que é muito importante no caso, pois o poema é uma mensagem aos amigos, o lamento de um "caçador" solitário (cf. § 45). Resolvemos oferecer uma versão literal com o texto alemão em face. Dos tradutores conhecidos, somente Walter Kaufmann recriou as rimas, desculpando-se pela relativa infidelidade e também incluindo o texto original. Ele comenta que o poema não é dos melhores do autor. De fato, é um momento não muito inspirado de autodramatização. Nietzsche é considerado um dos bons poetas menores da literatura alemã, mas não devido aos poemas deste livro. Kaufmann destaca apenas um verso, sem dúvida excepcional, e tipicamente nietzscheano: *Nur wer sich wandelt, bleibt mit mir verwandt*: "Somente quem muda pertence ao meu mundo" (ou, de modo literal: "Somente quem muda permanece a mim aparentado").

Posfácio
UM LIVRO INESGOTÁVEL

"É um livro terrível, o que desta vez me saiu da alma", escreveu Nietzsche a seu amigo Heinrich Köselitz — conhecido como Peter Gast — em abril de 1886. Também sobre *Além do bem e do mal* escreveu, a um professor americano, que era seu livro "mais abrangente e mais importante", ao lado da *Genealogia da moral* (a Karl Knortz, junho de 1888). Mais de cem anos depois, a opinião da posteridade confirma a do autor, e pode ser resumida nas palavras de Walter Kaufmann: "É um dos grandes livros do século XIX, e mesmo de qualquer século".

Como a maioria das obras de Nietzsche, a sua gênese foi gradual. Foi redigido essencialmente no verão de 1885, na localidade suíça de Sils-Maria, e no inverno de 1885-6, em Nice, Sul da França. Mas na redação foram incorporadas anotações anteriores, da primeira metade da década. Após ser recusado por vários editores, *Além do bem e do mal* foi publicado às custas do autor, em agosto de 1886, numa edição de trezentos exemplares. Quase um ano depois, apenas 114 exemplares haviam sido vendidos, e 66 tinham sido enviados para jornais e revistas. "Muito instrutivo! Ninguém quer o que eu escrevo" (carta a Peter Gast, junho de 1887). "Tenho escrúpulo em te mandar o livro, porque realmente não é um livro que se leia; os meus mais cultos amigos e conhecidos o acham incompreensível" (carta à mãe, janeiro de 1887).

Alguns desses amigos o compreenderam ao menos em parte. O historiador Jacob Burckhardt, agradecendo o exemplar que recebera, elogiou principalmente a agudeza dos juízos históricos e do olhar sobre a época. Mas afirmou que muitas coisas estavam além de sua "velha cabeça", que nunca fora muito filosófica. Peter Gast, que havia ajudado na correção das provas, foi certamente o mais entusiasmado: "Estou assombrado com a riqueza de sua linguagem, que sabe exprimir os estados d'alma mais raros e mais sutis". E há evidência de um ou outro conhecido, ou mesmo desconhecido, que se deixou impressionar pelo novo livro. O próprio Nietzsche soube de um jovem matemático judeu que havia perdido a noite, imerso na sua leitura. O conjunto das reações, porém, levou-o a concluir, com humor e melancolia, que *Além do bem e do mal* encontraria leitores "por volta do ano 2000".

Na verdade, já no início do século XX ele conheceu várias edições, e desde então vem sendo, depois do *Zaratustra*, a obra mais lida e mais comentada do autor. Isso não obstante as dificuldades que ele se compraz em colocar para o leitor.

A mais evidente, entre elas, seria a extrema concentração dos argumentos — que se mostra já no primeiro capítulo, aquele mais propriamente filosófico. Esta concisão pressuporia, na pessoa que lê, algum conhecimento das demais obras de Nietzsche. O questionamento do valor da verdade e a noção correlata de perspectivismo, por exemplo, são prenunciados em *Humano, demasiado humano* (§ 32, 33, 34) e *Aurora* (§507), e desenvolvidos em *A gaia ciência* (livro V, § 344 e 347), na *Genealogia da moral* (parte III, § 12) e nas anotações editadas postumamente. A crítica da noção de sujeito e a proposição parametafísica de uma vontade de poder são também elaboradas nos "fragmentos póstumos" da década de 80. Sobretudo as referências à vontade de poder são a parte visível de um continente que permaneceu fragmentário e submerso — um torso de filosofia (torso de Dionísio). *Além do bem e do mal* é um prelúdio do que viria e um coroamento e suma do que veio antes.

Uma outra ordem de dificuldade estaria nos "modos" do livro, isto é, nas maneiras, nos gestos, no estilo do autor — que, apesar de aristocrático, é com frequência dramático, exagerado, hiperbólico. Segundo Alexander Nehamas, autor de *Nietzsche. Life as literature* (Harvard University Press, 1985), esta característica responde por muitas das reações à sua leitura: de fascínio, para alguns; de repulsa, para outros; de oscilação entre encantamento/compreensão e desespero/pasmo, para outros ainda. Uma tradicional figura de retórica perpassa quase toda essa obra, iluminando e obscurecendo-a: vantagem e desvantagem do abuso da hipérbole.

Uma questão de forma, aparentemente, na qual ressoam determinações de fundo, porém, e da qual se pode dizer que, se transfigura, também (ou sobretudo) distorce. Pois há uma certa distância — exemplificando — entre afirmar que viver implica necessariamente enxergar a realidade de uma perspectiva, privilegiando ou excluindo partes dela, e dizer que "fantasiamos a maior parte da vivência e [...] somos, até a medula e desde o começo, *habituados a mentir*" (§ 192). Uma coisa é enfatizar que afetos como ódio, inveja, cupidez e ânsia de domínio pertencem irrevogavelmente à vida psíquica, e outra concluir que devem ser realçados, "se a vida é para ser realçada" (§ 23).

De acordo com Nehamas, *Além do bem e do mal* deve ser lido como um "contínuo monólogo, através do qual uma personalidade clara e surpreendente é exibida ou talvez construída" (p. 18). Uma proposta que vai ao encontro do que diz Giorgio Colli, numa bela nota introdutória: "Tudo, aqui, se reduz a uma declaração de gosto, e o gosto, como se sabe, é a coisa mais incomunicável e menos refutável" (*Al di là del bene e del male*, p. XII da edição de bolso Adelphi, Milão, 1982). Os juízos marcantes e extremados sobre os antecessores filósofos ("Descartes era superficial"), sobre artistas, estadistas, povos e épocas seriam parte dessa construção ou declaração de si, tendo por meios os recursos de estilo. No caso dos predecessores, a irreverência de Nietzsche não deve levar a esquecer o quanto ele é seu devedor. O convite a crer na sua maior inteligência deve ser declinado. Cada pensador é produto de seu tempo: move-se no horizonte dos preconceitos desse tempo. A fé num Deus absoluto e numa razão autônoma delimitava o mundo em que viveu Descartes. Nietzsche é nosso contemporâneo: é o pensador da nossa amplidão (ou ausência) de horizontes. A insistência no papel legislador e determinante dos filósofos (§ 211), na qual ele busca fundamentar sua diferença, ilustra à perfeição a crítica que lhe fez o criador da psicanálise: "O que nos perturba é ele ter transformado o 'é' em um 'deve'" ("Freud fala de Nietzsche", em P. C. Souza, org., *Sigmund Freud & O gabinete do dr. Lacan*, São Paulo, Brasiliense, 2ª ed., 1990).

A dificuldade maior, para um leitor moderno, estaria na antimodernidade deste livro. Pois certas páginas dele constituem o mais veemente libelo contra tudo o que nos habituamos a ver como privilégios e conquistas da modernidade: a democracia liberal, o senso histórico, a objetividade científica, a igualdade de direitos, a igualdade entre os sexos. É natural que muitos comentadores de Nietzsche, em interpretações refinadas e espiritualizantes, procurem atenuar esse antidemocratismo, esse "radicalismo aristocrático". Sendo modernos, eles tenderiam justamente à nivelação, à negação dos conflitos, à pseudoconciliação enganosa por ele denunciada. Gostariam, acima de tudo, de abolir a exploração e a dor. Mas não há como esconder que uma e outra são realçadas por Nietzsche: "A exploração [...] faz parte da *essência* do que vive" (§ 259); "O sofrimento profundo enobrece" (§ 270). No comentário preciso de G. Colli: "Il dolore è nel gusto di Nietzsche — ed è contro il gusto del mondo moderno".

Esse radicalismo parece imaginar que, tomando partido resolutamente, no que seriam dilemas centrais da atual condição humana (domínio de poucos ou desgoverno das massas, eutanásia ou compaixão, por exemplo), será possível ultrapassar os dilemas. Eles persistem, mas o modo como são analisados leva a uma matização ou problematização quase infinita, e esta lucidez é bastante moderna. No curso da análise, alguns traços questionáveis da nossa época resultam em outras tantas virtudes: o sentido histórico (§ 224) é plebeu e de mau gosto, traduz uma enorme falta de medida, mas também um anseio de infinito como nunca houve.

Trechos de tamanha beleza e complexidade como o § 224 são muitos, afinal, e fornecem uma medida da inesgotabilidade deste livro. Já houve quem atribuísse a riqueza de interpretações de que Nietzsche é objeto à "ambiguidade da grande poesia". Mais correto seria, talvez, atribuí-la à amplitude de uma alma capaz de abrigar os impulsos mais contraditórios, e de portanto atingir os espíritos mais diversos. Tal amplitude aproxima esse pensador-artista dos artistas-pensadores (aos quais, à diferença dos filósofos, ele sempre reserva elogios). Uma afinidade que se manifesta bem claramente nos instantes confessionais e de sondagem psicológica, tão frequentes em toda a sua obra.

As dificuldades se transformam em atrativos, afinal. Elas significam que o leitor lucrará se não tomar este livro como um repositório de ensinamentos, mas como uma fonte quase inesgotável de estímulos para o questionamento, aceitando-o no que tem de fecundo e de provocante, de belo e de terrível.

PCS

GLOSSÁRIO DE NOMES PRÓPRIOS

AGOSTINHO (354-430): *Santo* Agostinho, na Igreja Católica; teólogo e filósofo, autor de *A cidade de Deus* e *Confissões*.

ALCIBÍADES (*c*. 450-404 a.C): aristocrata e político ateniense, amigo de Sócrates.

ARISTÓFANES (*c*. 445-386 a.C.): poeta cômico ateniense, autor de inúmeras peças, das quais apenas onze sobreviveram.

BACON, Francis (1561-1626): estadista e filósofo inglês.

BALZAC, Honoré de (1799-1850): romancista francês, autor de *A comédia humana*.

BAYLE, Pierre (1647-1706): filósofo e crítico francês.

BEETHOVEN, Ludwig van (1770-1827): compositor alemão.

BENTHAM, Jeremy (1748-1832): filósofo e jurista inglês, "pai" do utilitarismo.

BERKELEY, George (1685-1753): filósofo irlandês, autor de *Princípios do conhecimento humano*.

BEYLE, Henri: ver Stendhal.

BIZET, Georges (1838-75): compositor francês, autor da ópera *Carmen*.

BORGIA, César (1476-1507): político italiano; inspirou Maquiavel em O *príncipe*.

BOSCOVICH, Roudjer Yossif (1711-87): matemático e pensador croata.

BRUNO, Giordano (1548-1600): filósofo italiano, queimado vivo por heresia.

BUDA: nome dado a Sidarta Gautama, príncipe hindu que criou uma nova religião (séc. V a.C.).

BYRON, George Gordon, *Lord* (1788-1824): poeta inglês; herói romântico.

CAGLIOSTRO, Alessandro: pseudônimo de Giuseppe Balsamo (1743-95), aventureiro italiano praticante do ocultismo.

CARLYLE, Thomas (1795-1881): historiador e crítico escocês.

CATILINA, Lúcio Sérgio (*c*. 108-62 a.C.): político romano; chefiou conspiração fracassada contra o Senado.

CÉSAR, Júlio (101-44 a.C.): estadista, general e historiador romano.

CÍCERO, Marco Túlio (106-43 a.C.): político e orador latino.

COMTE, Auguste (1798-1857): filósofo francês, fundador do positivismo.

COPÉRNICO, Nicolau (1473-1543): astrônomo polonês que demonstrou o duplo movimento dos planetas (sobre si mesmos e em torno do Sol).

CROMWELL, Oliver (1599-1658): político e revolucionário inglês; destronou o rei Carlos I e tornou-se *Lord* Protetor de Inglaterra, Escócia e Irlanda.

DANTE Alighieri (1265-1321): poeta e político italiano, autor da *Divina comédia*.

DARWIN, Charles (1809-82): naturalista e biólogo inglês, autor de *A origem das espécies*.

DEMÓSTENES (384-322 a.C.): orador e político ateniense, autor da *Oração da Coroa*.

DESCARTES, René (1596-1650): filósofo e matemático francês; principal obra: *Discurso do método*.

DIDEROT, Denis (1713-84): pensador, crítico e ficcionista francês, um dos organizadores da *Enciclopédia* iluminista.

DIONÍSIO: nome de dois governantes de Siracusa: Dionísio I (governou de 405 a 367 a.C.) e seu filho Dionísio II (de 367 a 357 a.C.).

DÜHRING, Karl Eugen (1833-1921): filósofo e economista alemão.

EMPÉDOCLES (*c.* 490-435 a.C.): um dos filósofos "pré-socráticos"; concebeu uma cosmogonia fundada nos quatro elementos, regidos pelo Amor e pela Discórdia.

EPICURO (341-270 a.C.): filósofo grego; adotou o atomismo de Demócrito, advogou a busca da felicidade pela moderação dos anseios.

D'ÉPINAY, Madame (1726-83): escritora francesa; deixou ensaios, memórias e vasta correspondência.

ÉSQUILO (*c.* 525-456 a.C.): o primeiro dos grandes trágicos gregos; escreveu cerca de 90 peças, das quais sete se conservaram.

FICHTE, Johann Gottlieb (1762-1814): filósofo idealista alemão, autor da *Doutrina-da-ciência*.

FLAUBERT, Gustave (1821-80): romancista francês, autor de *Madame Bovary*.

FREDERICO II, o Grande (1712-86): rei da Prússia, "déspota esclarecido".

FREDERICO II Hohenstaufen (1 194-1250): rei da Sicília e imperador germânico.

GALIANI, *abbé* Ferdinando (1728-87): escritor, economista e diplomata italiano.

GOETHE, Johann Wolfgang von (1749-1832): poeta, ficcionista, teatrólogo, memorialista, cientista; o maior nome da literatura alemã.

GOGOL, Nicolau (1809-52): escritor russo, autor de *Almas mortas*.

GUYON, Madame (1648-1717): mística francesa.

HAFIZ, pseudônimo de Muhammed Chams al-Din (c. 1320-89): grande poeta lírico persa, autor de "gazais" reunidos no volume *Divã*.

HARTMANN, Eduard von (1842-1906): filósofo alemão, autor de *Filosofia inconsciente*.

HEGEL, G. W. F. (1770-1831): filósofo alemão, autor de *Fenomenologia do espírito*.

HEINE, Heinrich (1797-1856): poeta, ficcionista e crítico judeu-alemão.

HELVÉTIUS, Claude Adrien (1715-71): filósofo francês, sensualista e ateu.

HERÁCLITO (*c.* 540-480 a.C.): filósofo pré-socrático; concebia o universo como um fluxo dinâmico.

HOBBES, Thomas (1588-1679): filósofo e cientista político inglês.

HOMERO (séc. IX a.C): poeta grego tido como autor da *Ilíada* e da *Odisseia*.

HUGO, Victor (1802-85): romancista, poeta e político francês.

HUME, David (1711-76): filósofo e historiador escocês, autor de *Inquérito sobre o entendimento humano*.

JEAN PAUL (Johann Paul Friedrich Richter, 1763-1825): ficcionista romântico e satírico alemão.

KANT, Immanuel (1724-1804): o mais influente filósofo alemão, autor da *Crítica da razão pura*.

KLEIST, Heinrich von (1777-1811): dramaturgo e ficcionista alemão.

KOTZEBUE, August von (1761-1819): dramaturgo e jornalista alemão, crítico das ideias liberais; foi assassinado por Karl Sand.

LAMBERT, Madame de (1647-1733): escritora francesa, deixou tratados de moral e pedagogia.

LEIBNIZ, Gottfried Wilhelm (1646-1716): filósofo e matemático alemão.

LEOPARDI, Giacomo (1798-1837): poeta e pensador italiano.

LESSING, Gotthold Ephraim (1729-81): dramaturgo e crítico; o mais influente escritor alemão da época anterior a Goethe.

LOCKE, John (1632-1704): filósofo inglês, autor de *Ensaio sobre o entendimento humano*.

LUTERO, Martinho (1483-1546): sacerdote e teólogo alemão, iniciador do movimento da Reforma.

MAQUIAVEL, Nicolau (1469-1527): escritor e político italiano, autor de *O príncipe*.

MARSCHNER, Heinrich August (1795-1861): compositor romântico alemão.

MENDELSSOHN-BARTHOLDY, Felix (1809-47): compositor alemão de origem judaica, neto do filósofo Moses Mendelssohn.

MICHELET, Jules (1798-1874): historiador e escritor francês.

MILL, John Stuart (1806-73): filósofo e economista liberal inglês.

MOLIÈRE: pseudônimo de Jean-Baptiste Poquelin (1622-73), comediógrafo e ator francês.

MONTAIGNE, Michel Eyquem de (1533-92): pensador francês, autor dos *Ensaios*.

MOZART, Wolfgang Amadeus (1756-91): compositor austríaco.

MUSSET, Alfred de (1810-57): dramaturgo e poeta romântico francês.

NAPOLEÃO Bonaparte (1769-1821): soldado e imperador dos franceses.

PASCAL, Blaise (1623-62): matemático, cientista e pensador religioso francês.

PÉRICLES (*c.* 495-429 a.C.): estadista ateniense.

PETRÔNIO (séc. I d.C.): escritor latino ao qual se atribui o *Satyricon*.

PLATÃO (*c.* 428-348 a.C.): filósofo e prosador grego; a maior influência na filosofia ocidental.

POE, Edgar Allan (1809-49): poeta e ficcionista americano.

RAFAEL (1483-1520): pintor italiano, um dos gênios do Renascimento.

RENAN, Ernest (1823-92): historiador e filósofo francês.

ROLAN, Madame (1754-93): militante da Revolução Francesa, teve influência no ministério girondino e depois foi executada no período do Terror.

ROUSSEAU, Jean-Jacques (1712-78): escritor e filósofo suíço de expressão francesa.

SACCHETTI, Franco (*c.* 1330-1400): escritor italiano, autor de *Trecento Novelle*.

SAINTE-BEUVE, Charles Augustin (1804-69): escritor e crítico literário francês.

SAINT-ÉVREMOND, Charles de (*c.* 1615-1703): moralista e crítico francês.

SAND, George: pseudônimo de Aurore Dupin (1804-76), romancista francesa.

SAND, Karl Ludwig (1795-1820): estudante alemão que assassinou Kotzebue; foi condenado e executado pelo crime.

SCHELLING, Friedrich W. J. von (1775-1854): filósofo idealista alemão.

SCHILLER, Friedrich von (1759-1805): poeta, dramaturgo, historiador e pensador alemão.

SCHLOSSER, Johann Georg (1739-99): funcionário público e escritor, amigo de Goethe.

SCHOPENHAUER, Arthur (1788-1860): filósofo alemão, autor de O *mundo como vontade e representação*.

SCHUMANN, Robert (1810-56): compositor alemão; autor de canções e peças para piano.

SHAKESPEARE, William (1564-1616): poeta e dramaturgo inglês.

SHELLEY, Percy Bysshe (1792-1822): poeta e ensaísta inglês.

SÓCRATES (*c.* 470-399 a.C.): filósofo grego, principal personagem dos diálogos de Platão.

SPENCER, Herbert (1820-1903): pensador evolucionista inglês.

SPINOZA, Baruch (1632-77): filósofo holandês de origem judaica, autor da *Ética*.

STAËL, Madame de (Germaine Necker, 1766-1817): escritora francesa, autora de *De l'Allemagne*.

STENDHAL: pseudônimo de Henri Beyle (1783-1842), romancista e cronista francês, autor de O *vermelho e o negro*.

SYBEL, Heinrich von (1817-95): historiador e político alemão, adversário de Bismarck.

TÁCITO, Públio Cornélio (c. 55-120 d.C.): historiador romano, autor dos *Anais*.

TAINE, Hippolyte (1828-93): crítico, historiador e filósofo francês.

TIBÉRIO (*c.* 42 a.C.-37 d.C.): imperador romano, sucessor de Augusto.

TREITSCHKE, Heinrich von (1834-96): historiador alemão, partidário de Bismarck.

VINCI, Leonardo da (1452-1519): pintor, escultor e cientista italiano; gênio renascentista.

VOLTAIRE: pseudônimo de François Marie Arouet (1694-1778), poeta, ficcionista, dramaturgo, historiador e pensador francês.

WAGNER, Richard (1813-83): compositor alemão; revolucionou o gênero da ópera.

WEBER, Carl Maria von (1786-1826): compositor e regente, um dos criadores da ópera nacional alemã.

ÍNDICE REMISSIVO

Os números se referem a seções, não a páginas.

Friedrich Wilhelm Nietzsche nasceu no vilarejo de Roecken, perto de Leipzig, na Alemanha, em 15 de outubro de 1844. Perdeu o pai, um pastor luterano, aos cinco anos de idade. Estudou letras clássicas na célebre Escola de Pforta e na Universidade de Leipzig. Com 24 anos foi convidado a lecionar filologia clássica na Universidade da Basileia (Suíça). Em 1870 participou da Guerra Franco-Prussiana como enfermeiro. No período em que viveu na Basileia foi amigo de Richard Wagner e escreveu *O nascimento da tragédia* (1872), *Considerações extemporâneas* (1873-6) e parte de *Humano, demasiado humano*. Em 1879 aposentou-se da universidade, devido à saúde frágil. A partir de então levou uma vida errante, em pequenas localidades da Suíça, Itália e França. Dessa época são *Aurora*, *A gaia ciência*, *Assim falou Zaratustra*, *Além do bem e do mal*, *Genealogia da moral*, *O caso Wagner*, *Crepúsculo dos ídolos*, *O Anticristo* e *Ecce homo*, sua autobiografia. Nietzsche perdeu a razão no início de 1889 e viveu em estado de demência por mais onze anos, sob os cuidados da mãe e da irmã. Nessa última década suas obras começaram a ser lidas e ele se tornou famoso. Morreu em Weimar, em 25 de agosto de 1900, de uma infecção pulmonar. Além das obras que publicou, deixou milhares de páginas de esboços e anotações, conhecidos como "fragmentos póstumos".

Paulo César de Souza fez licenciatura e mestrado em história na Universidade Federal da Bahia e doutorado em literatura alemã na Universidade de São Paulo. Além de muitas obras de Nietzsche e de Freud, traduziu *O diabo no corpo*, de Raymond Radiguet, *Poemas (1913-1956)* e *Histórias do sr. Keuner*, de Bertolt Brecht. É autor de *A Sabinada — A revolta separatista da Bahia* e *As palavras de Freud — O vocabulário freudiano e suas versões*, entre outros livros. Coordena as coleções de obras de Nietzsche e Freud publicadas pela Companhia das Letras.

1ª edição Companhia das Letras [1992] 11 reimpressões
1ª edição Companhia de Bolso [2005] 25 reimpressões

Esta obra foi composta por Tânia Maria dos Santos em Janson Text e impressa pela Gráfica Bartira em ofsete sobre papel Pólen da Suzano S.A. para a Editora Schwarcz em junho de 2024